JN114363

新
NPO
コロナ禍を
越えて
とやまが動かく
動かく

とやま NPO 研究会編

桂書房

刊行に寄せて

富山県知事
新田　八朗

　このたびは、『コロナ禍を越えて　新・NPO が動く　とやまが動く』の刊行、誠におめでとうございます。

　2012 年に刊行されました『NPO が動く　とやまが動く』でも申しあげましたが、私が日本青年会議所の副会頭で政策担当をしていた頃、各政党や経済界、NPO 関係者と何度も議論を重ねるなど、1998 年の NPO 法（特定非営利活動促進法）の成立に向けた活動に参画いたしました。また、会頭に就任した際には、全国各地域の青年会所に NPO のサポート役を引き受けるよう要請もしました。地域で活動する団体が増えることは、地域の活性化に資すると考えていましたし、各地域の青年会議所の活躍の場が増えるのではないかと期待もしていました。

　こうした経緯もあり、現在、全国で 5 万を超える NPO 法人がそれぞれの分野で活躍していることは、大変心強く感じており、そして感慨深いものがあります。

　本県においても、386 の NPO 法人（令和 4 年 6 月 30 日現在の認証数）のみなさん、その他あらゆる分野のボランティアのみなさんが、多方面でご活躍されておられます。私自身も、高次脳機能障がいの方々を支援するボランティア団体に 20 年前から参加しており、今でも時間が合えば参加しています。支援すると言いながらも障がい者のみなさんから、いろいろなことを学ばせていただいています。

ボランティア・NPO活動は、地域社会の担い手のひとつとして重要な役割を担っています。参加することによって、人と人との出会いや助け合いにより生まれる満足感、充実感を得ることができますし、活動を通して自分が役に立てるんだ、もっとこうしたらよくなるのではないか、という実感や思いも湧いてきます。

　今回のタイトルにもありますが、2020年頃から世界中に拡大した、新型コロナウイルスの感染は、経済活動や県民のみなさんの生活様式、価値観を大きく変容させました。私も知事として、感染防止対策を徹底するなかで、人との交流や活動の制限をお願いせざるを得なくなったことは、大変つらいことでした。皆さんも、人と人のつながりといった、何にも代えがたい価値を痛感し、「どんな生活が『幸せ』なのだろうか」と考えさせられたのではないでしょうか。

　今日のような成熟した社会では、「量」を追い求めるだけでは、幸せを実感しにくくなりました。これからは、県民の皆様一人ひとりが、社会とのつながりを感じながら、自分らしくいきいきと生きられることにこそ幸せを実感することができる。それこそが、主観的な幸福度を重視した「真の幸せ」（ウェルビーイング）であり、ウェルビーイングの向上が、県民のみなさんのやる気や意欲につながり、結果として経済・社会の活力をさらに高めていくのではないかと考えています。

　本年2月にビヨンドコロナを見据えた富山県成長戦略を新たに策定しました。この戦略の策定にあたり、県内の全15市町村でビジョンセッションを開催し、県民のみなさんからお話を聞かせていただきました。地域ならではの企画をご提案いただくなど、大変すばらしい機会でした。同時に各地域には様々な課題があり、それらを解決するためには志を共にする仲間の力が必要だと改めて感じました。NPOのみなさんにも是非仲間に加わっていただきたいと思っています。

「保健、医療や福祉」、「子どもの健全育成」の分野など、多くのボランティア・NPO活動は、対面で行う活動が中心でした。長引く新型コロナウイルスの影響もあり、以前と同じ活動を行うことが難しいかもしれません。一方で、コロナ禍を契機に、オンラインの活用など、新しいコミュニケーション手段も定着しつつあります。NPO法人、ボランティア団体のみなさまには、新たな手法も上手く活用しながら、引き続き、活動に取り組んでいただきたいと思います。NPOが存在感を増すことが、成熟した社会の証であり、ひいては、富山県がどこよりもウェルビーイングを感じられる場所になること、「ウェルビーイング先進地域、富山」の実現につながることだと信じています。

はじめに

伊東　悠太郎

2012年11月、とやまNPO研究会は、未来に希望が持てる市民社会をつくるための「新しい地域物語の創造」をめざして、『NPOが動く　とやまが動く』を発刊した。そしてNPO法誕生のきっかけとなった阪神淡路大震災から25年の節目を迎える2020年1月17日、とやまNPO研究会ではあらたなメンバーを迎え、続編となる第二弾を出版すべく再び動き始めた。日本で新型コロナウイルスが初確認されたのはこの年の1月15日、コロナ禍がここまで人々の生活に影響を及ぼすとは誰も想定していなかった。感染拡大の影響で、NPOへの取材はおろか、日常生活までが困難な状況になり、続編第二弾も当面延期となった。

その頃、新聞のお悔やみ欄では「葬儀は終了しました」が徐々に増えていった。葬儀会場は「三密」や「ソーシャルディスタンス」など、感染拡大につながる要素があるので、お悔やみ欄は申し合わせたように「葬儀は終了しました」になるのであろう。

時を同じくして、私自身、祖父の終末期医療の選択を迫られた。その時は既に祖父と意思疎通を出来る状態ではなく、治療をしない選択をした。同年3月、祖父が亡くなった。

私たち遺族も葬儀をどうするかで悩んだ結果、当時、何とか入手できたマスクを参列者に配布し、執り行うこととした。皆さんに迷惑を掛けることを嫌う祖父だったので、「万が一感染を広げたらいけないから葬儀は家族だけにしなさい」と思っていたかもしれない。

生と死を感じる出来事が続き、万が一の時のことを話し合っておく「人生会議」の必要性を痛感した。人生会議とは「あなたが大切にしていることや望み、どのような医療やケアを望んでいるかについて、自ら考え、また、あ

なたの信頼する人たちと話し合うこと」を指す。

　コロナ禍は人々の生活だけでなく、社会のあり方や価値観も大きく変えることになった。コロナ禍拡大前の続編第二弾のテーマは「志から生まれた市民活動の世代交代」であった。

　しかし、コロナ禍は人と人との分断を強い、多くのNPOに活動の休止、あるいは解散を迫った。逆にコロナ禍を契機にあらたに生まれたNPOもある。私たちは今こそ「コロナ禍で可視化されたあらたな課題を探り、市民活動の再構築に向けて現状を共有する」必要がある。

　『コロナ禍を越えて　新・NPOが動く とやまが動く』は、パンデミック（世界的大流行）というグローバルな視点から始まったコロナ禍を経由して、私たちが日々生きる富山というローカルな地域社会を再び希望の持てる市民社会に創造したいという試みである。

　本書の執筆はいずれも富山県内の各分野において市民活動に取り組む11人のNPO人である。執筆者の略歴は次ページ以降に掲載するが、30代から70代まで年齢層も幅広く、活動の経歴も多彩である。

　そうした多彩なNPO人とスクラムを組みながら、再び未来に希望が持てる市民社会をめざし『コロナ禍を越えて　新・NPOが動く とやまが動く 』を始めることにしたい。それはまさしく富山というこの地域にあって、豊かな志の森を訪ねる旅とも言える。

　どこまで本書執筆の目的に近づけたか心もとないが、願わくば、本書が、富山という地域で未来を見つめる新しいNPOの生き生きとした姿を知っていただく一助になれば幸いである。

　今回の刊行にあたっては特に富山県知事 新田八朗様から「刊行に寄せて」のお言葉をいただいた。新田知事はかつて日本青年会議所の副会頭をされていた頃、1998年のNPO法（特定非営利活動促進法）の成立に尽力され、NPO活動には日頃からご理解をいただいている。本書冒頭にお言葉を掲載させていただいたが、お忙しいなかご寄稿いただいたことにお礼を申し上げたい。

　本書の刊行により、NPOによる活動がさらに広がり、市民社会の前進につながることを願っている。

執筆者略歴（執筆順）

伊東悠太郎（いとう・ゆうたろう）

1986年　富山県砺波市生まれ。水稲種子農家（八代目伊東仁太郎）。農業界の役に立ちたい代表。全国で農業界の世代交代に関する講演、執筆、個別支援を行う。「事業承継ブック親子版、集落営農版、部会版、大分県版」「ハッピーリタイアブック」の発行に携わる。新刊に『今日からはじめる農家の事業承継』家の光協会、2022。

向井嘉之（むかい・よしゆき）

1943年　東京都生まれ。富山市在住。ジャーナリスト。元聖泉大学人間学部教授。
日本NPO学会会員。日本NPOセンター会員。とやまNPO研究会代表。
著書に『イタイイタイ病と戦争』『二つの祖国を生きて　恵子と明子』など。

川添夏来（かわぞえ・なつき）

1977年　富山市生まれ。富山市在住。NPO法人ぴーなっつ代表。
学生時代に障害当事者運動と出会ったことで、子ども関係の仕事をする予定が障害者支援の仕事をするきっかけとなった。

吉川夕佳（よしかわ・ゆか）

1960年　富山市生まれ。富山市在住。NPO法人市民活動サポートセンターとやま　理事。Nobody's Perfect Japan認定ファシリテーター。認定BPファシリテーター。初級ベビーマッサージセラピスト。

成川正幸（なりかわ・まさゆき）

1965年　富山県黒部市生まれ。　黒部市在住
黒部市議会議員。NPO法人黒部まちづくり協議会　事務局長
NPO法人ワンハート野良猫応援隊　副理事長。

志甫さおり（しほ・さおり）

1962年　富山市生まれ。富山市在住。ホテルの筆耕業務担当。
「富山の地方自治を考える会」「イタイイタイ病を語り継ぐ会」など市民団体の活動に参加。

宮田妙子（みやた・たえこ）

1968年　富山県高岡市生まれ。射水市在住。日本語教師。多文化共生マネージャー。富山国際学院理事長。NGOダイバーシティとやま代表理事。高岡法科大学留学生センター顧問。フードバンクとやま理事。富山ダルクリカバリークルーズ監事。

大坪久美子（おおつぼ・くみこ）

1973年　富山県高岡市生まれ。富山市在住。NPO法人Nプロジェクトひと・みち・まち（通称：Nプロ）理事長。防災士。2級ビオトープ管理士。現在、老若男女共同参画により持続可能な社会をめざし、「みんなの力を活かす地域防災力UP」の講演、サポートに力を入れる。

堺　勇人（さかい・はやと）

1972年　東京都生まれ。富山市在住。一般社団法人　環境市民プラットフォームとやま（PECとやま）常務理事・事務局長。環境省EPO中部 協働コーディネーター。元富山県立大学地域協働コーディネーター。

村上和博（むらかみ・かずひろ）

1981年 富山県立山町生まれ。会社員。NPO法人立山クラフト舎 理事。まわしよみ新聞 北陸支局 代表。読書会情報富山 運営。富山県内のマーケットイベントや読書会をはじめ様々なイベントに関わる。

金澤敏子（かなざわ・としこ）

1951年　富山県入善町生まれ。入善町在住。ドキュメンタリスト。
元北日本放送ディレクター。細川嘉六ふるさと研究会代表。
著書に『泊・横浜事件70年』（共著）『米騒動とジャーナリズム』（共著）など

装丁

高　才弘（こう・じぇほん）

1962年　大阪府生まれ。富山県立山町在住。デザイナー。(有)コーズ代表。
福祉、教育、環境系NPOの活動をデザイナーの仕事を通して応援している。

目次

コロナ禍を越えて　NPOが動く　とやまが動く

刊行に寄せて

富山県知事　新田　八朗　　1

はじめに　　　　　　　　　　　　　　　　伊東悠太郎　　4

執筆者略歴　　　　　　　　　　　　　　　　　　　　　6

第1章　コロナ禍が変えた日常　　　　　　　向井　嘉之　　11
　　　　―NPOアンケート調査から―

第2章　検証　社会的弱者への直撃　　　　　　　　　　　49

　　　1、高齢者ケアの最前線　　　　　　　向井　嘉之　　50

　　　2、誰もが当たり前に地域で生きるために　川添　夏来　　66

　　　3、子ども支援と子育て支援　　　　　　吉川　夕佳　　86

　　　4、貧困と格差　　　　　　　　　　　成川　正幸　103

　　　5、食をつなぐ市民活動　　　　　　　志甫さおり　111

　　　6、国際化とダイバーシティ　　　　　宮田　妙子　126

第3章　地方に生きることの新しい意味　　　　　　　　143

　　　1、地域と農　　　　　　　　　　　　伊東悠太郎　144

　　　2、ジェンダー平等・女性のエンパワーメント　大坪久美子　157

　　　3、新しい日常とSDGs　　　　　　　堺　勇人　186

　　　4、変わる社会の仕組み　　　　　　　村上　和博　198

第4章　耕論　これからの市民社会を語る　　　　　　　　217

　　これからの市民社会
　　　　　　　　　恩賜財団済生会理事長　　　炭谷　茂　　218

　　コロナ禍を越えて
　　富山のNPO・市民活動への提言
　　　　　　　　　日本NPOセンター常務理事　　　田尻　佳史　　221

　　執筆者耕論　「これからどうする　富山のNPO」　　225

資料（作成 金澤敏子）　・富山県認証のNPO法人一覧　　　　　232

　　　　　　　　　・本書で取り上げたNPO法人以外の市民活動団体 312

おわりに　　　　　　　　　　　　　　　　　向井　嘉之　　317

出版協力　　　　　　　　　　　　　　　　　　　　　　319

第1章

コロナ禍が変えた日常

—NPO アンケート調査から—

向 井 嘉 之

NPOの起点

　新型コロナウイルスのNPOへの影響を考える前に、そもそもNPOのルーツはどこにあったのかかから始めていきたい。日本の市民活動の第1ステージになったのは、直接的には兵庫県南部を中心に6,400人以上が犠牲になった1995年の阪神淡路大震災である。当時、被災地には若者を中心に延べ138万人が駆けつけ、「ボランティア元年」と呼ばれた。被災地に集まった市民活動のうねりは、その3年後に営利を目的としない団体（Non-Profit-Organization）の後押しをする特定非営利活動促進法（NPO法）を成立させ、行政や企業とは異なる価値観を育む社会の第3セクターを生み出した。

　NPO法ができてまもなく25年になる。2022年4月現在、全国のNPO法人数は認証法人数で5万件を超えた。しかしこの間、阪神淡路大震災から28年、NPO法施行から25年、公共を担ってきたNPOの歩みは決して平坦ではなかった。

　この四半世紀、日本は幾多の大災害に見舞われ、災害への備えとともに、何よりも地域と人のつながりが問われた。

1995年	阪神淡路大震災
2004年	新潟県中越地震
2011年	東日本大震災
2014年	広島土砂災害
2016年	熊本地震
2018年	西日本豪雨

　記憶にあるだけでも、阪神淡路大震災以降の28年は、災害に次ぐ災害の試練に見舞われた。特に阪神淡路大震災の教訓に学び、ようやく防災への体制づくりを始めた2011年3月11日に発生した東日本大震災は、あらためて人のつながりの大切さを教えてくれた。

　この国は、災害の頻発という残酷な体験を積み重ねながら、災害に強い地域づくりをはじめとする地域コミュニテイのあり様を少しずつ進化させてきたと言えるのではないだろうか。

東日本大震災から10年になろうとしているその矢先、想像もしなかった新型コロナウイルスの猛威が襲い掛かった。

　2020年初頭から世界中を襲った新型コロナウイルスは、NPOをはじめとする市民活動を根底から揺さぶった。もちろん、感染拡大の影響は市民活動のみならず、経済活動における非常事態を生み、私たちに根本的な社会変革を迫っている。大規模災害などでは常に支援者として登場してきた市民活動は、人と人との分断を強いる感染症によって停滞を余儀なくされ、ポストコロナ社会に向けて、NPOを中心とする市民活動がどのような理念や運営体制を作っていくのか厳しい問いを突きつけている。

　「はじめに」で触れたように、NPO活動が活発化するきっかけとなった阪神淡路大震災から25年目にあたる2020年、私たち「とやまNPO研究会」も活動の中止を余儀なくされたが、市民活動にとって致命的だったのは、何よりも人と人との社会的距離の確保をはじめとする行動変容を要求されたことだ。そして自宅などで勤務するテレワークが推奨され、感染リスクが高まるとされる「3密」を回避する動きが広まった。さらには外出する人や営業を続ける店を非難する「自粛警察」なるものまで登場した。「ステイホーム」が歓迎され、コロナ禍により、社会の日常は一変したのである。

　ここでNPOとか、市民団体とか、市民活動とか、筆者が柔軟に使っているキーワードについて少し説明をしておきたい。

　まず、いわば学問的にいう「NPO」の定義であるが、NPOの母国とも言えるアメリカで1990年、世界で初めてNPOに関する共通の枠組みと手法を用いて、国際比較のためのプロジェクトが立ち上がった。ジョンズ・ホプキンス大学非営利セクター国際比較プロジェクト（JHCNP）という組織である（組織の代表はNPO研究者として世界をリードするレスター・サラモン Lester M. Salamon）。

　JHCNPによれば、NPOを以下のように定義している。

① 非営利（Non-Profit）：利潤を分配しないこと。ただし、活動の結果として利潤が発生しても、組織本来のミッション（慈善的目的）のために再投資すればよい。

② 非政府（Non-Governmental, Private）：民間の組織であり、政府から独立していること。ただし、政府からの資金援助を排除しない。

③ フォーマル(Formal)：組織としての体裁を備えていること。

④ 自立性（Self-Governing）：他組織に支配されず、独立して組織を運営していること。

⑤ 自発性（Voluntary）：自発的に組織され、寄付やボランティア労働力に部分的にせよ依存していること。[1]

　この定義を準用して日本のNPOを考える時、それはもちろんNPO法人だけが該当するのではない。組織としての継続性や自立性、自発性を考えると当然、任意の市民団体も該当する。定義の中でNPOを語る最も重要なキーワードは「ミッション」(Mission)である。

　本書でも「ミッション」という言葉を多用していくと思うが、一番ぴったりする訳語は「使命」であろう。各組織の存在理由、目的、価値観を表し、活動の基軸となるもので、「ミッション」なくしてNPOはあり得ない。こうしたNPO法人、市民団体などの活動を一般的に市民活動という。NPO法人、市民団体を問わず、それぞれ独自のミッションを持ち、社会の公益に貢献しようとして活動する、これこそ企業などとの決定的な違いと言える。

　ただ、ここで一つ付け加えておきたいことがある。それは日本の市民社会における110年ぶりの大改革といわれた公益法人制度改革のことである。公益法人制度改革というのは、5年間の移行期間を経て、2013年12月1日から施行されたもので、従来、財団法人とか社団法人とかの名称があった公益法人を改革し、新しく一般社団法人、一般財団法人、公益社団法人、公益財団法人の4つの法人格に転換するというものであった。従来の公益法人（財団法人・社団法人）は、「旧民法の『祭祀、宗教、慈善、学術、技芸、その他の公益に関する社団又は財団であって、営利を目的としないものは、主務官庁の許可を得て、法人とすることができる』という規定によって主務官庁に許可された法人」[2]であった。

　この改革の目的は、わかりやすく言えば、主務官庁の許可などを得ない

で、国家から非営利の公益団体が自立性を獲得することにあり、市民社会の多様な活動を促進することにあった。具体的には従来2万5,000団体ほどあった公益法人についてまず法人格の取得を法務局に届け出る登記だけの簡単なものにし、一般社団法人か一般財団法人かの取得を簡便にした。そのうえで公益性の認定によってさらに公益法人（公益社団法人、公益財団法人）とするか否かを一般社団法人、一般財団法人のうち希望する法人に対し、民間の有識者による委員会の意思にもとづき行政庁が認定することになった。

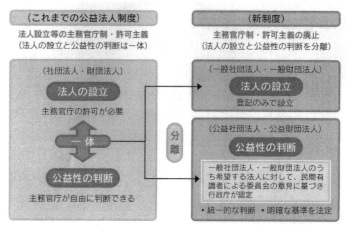

公益法人制度改革の概要　　　資料：内閣府公益認定等委員会「改革の概要」

　参考までに公益法人制度改革の図を引用するが、一般社団法人、一般財団法人の設立に関し準則主義が適用され、登記のみで設立が可能になった。準則主義というのは、「法人を設立する場合、行政の許認可等が必要な場合と、法律に則って手続きを行えば設立できる場合があり、後者の行政の裁量余地がない場合を準則主義[3]」という。こう書いてくると市民活動の分野はどこまでかとややこしくなるが、本書では、基本的に前述のNPOの定義に準じた形で、NPO法人、法人格のないNGOを含む任意の市民団体、さらに公益法人改革で生まれた一般法人、公益法人、また従来の社会福祉法人などに加えて、社会貢献活動に比重を置いている、いわば社会的企業も

幅広く取り上げることにした。

コロナ禍の2年半

　さて、2020年1月から、2年余りにわたって富山県内のNPOはコロナ禍をどのように生き延びたのかをまず検証することから始めたいが、2年余りにわたる新型コロナウイルスの流れ（編集期限の関係で原稿は2022年6月末まで）を簡単に表にして概観してみる。

　表にある国の「緊急事態宣言」「まん延防止等重点措置」は新型インフルエンザ等対策特別措置法に基づき医療の逼迫度合いを示す病床使用率などを目安に判断されるが、「緊急事態宣言」では、飲食店などに対し、休業や営業時間短縮の命令・要請ができる。一方、「まん延防止等重点措置」では休業の命令や要請はできず、営業時間の短縮のみ。「緊急事態宣言」では各都道府県が対象になるのに対し、「まん延防止等重点措置」は知事が指定した特定の地域のみとなる。また、表にある富山県独自の警戒レベルは「ステージ1」（小康期）、「ステージ2」（警戒期）、「ステージ3」（非常事態）となっており、感染状況に応じて注意報的な「富山アラート」や「特別警報」を出している。

世界・日本のコロナ禍と富山県関連の主な動き（富山県関連は太字）
参考文献：富山県「新型コロナウイルス感染症の県内における発生状況」
www.pref.toyama.jp › kenkou › covid-19
『北日本新聞』『富山新聞』『北陸中日新聞』『読売新聞』
『朝日新聞』『毎日新聞』（2020年1月1日〜2022年7月31日）
社会福祉法人・大阪ボランティア協会『ウォロ』2022年6・7月号

2020年
1月　　武漢で新型コロナウイルス判明
　　　　日本で最初の感染確認を発表

WHO　緊急事態宣言

2月　新型コロナウイルス感染症を指定感染症に指定する政令施行

クルーズ船「ダイヤモンド・プリンセス」横浜に寄港。700人以上感染13人死亡

3月　全国小中高の臨時休校始まる

WHO　パンデミックを宣言

東京五輪・パラリンピックの1年延期決定

タレントの志村けんさんが新型コロナによる肺炎で死去

富山県内で感染者を初確認

4月　**第1波**（以下、第6波までの表記はピーク時を中心に記述）

安倍首相が布マスクを国内全世帯に2枚ずつ配る方針を表明

首都圏など7都府県に緊急事態宣言を発出（4/7〜5/25）

富山市民病院で富山県内初のクラスター発生

緊急事態宣言を全国に拡大（富山県にも）

全国民に一律10万円給付を安倍首相表明

老人保健施設「富山リハビリテーションホーム」でクラスター

5月　**首都圏などを除く富山など39県の緊急事態宣言を解除**

政府の専門家会議「新しい生活様式」呼びかけ

6月　世界の感染者1000万人超える

7月　政府の観光支援策「Ｇｏ Ｔｏ トラベル」が東京都以外で始まる

8月　**第2波**（8月〜9月）

高齢者を中心に第1波の倍以上の感染者

富山県内でカラオケ、スナックでクラスター多発

富山県内では独自の感染拡大警報「富山アラート」発令（第1回）

9月　菅首相　就任

世界で感染者が3000万人を超え、死者も100万人を超える

10月　「Ｇｏ Ｔｏ トラベル」東京発着分の旅行も加えて実施

国内の累計感染者が10万人を超える。増加ペース加速

11月　ＷＨＯが「オミクロン株」を「懸念される変異株」に指定

12月	ヨーロッパでコロナ再拡大、各国でロックダウン（都市封鎖）策
	アメリカ・ファイザー社などがワクチンの承認申請を厚労省に提出
	「Ｇｏ Ｔｏ トラベル」を全国で一斉に停止
	富山県、独自の感染拡大警報「富山アラート」発出、２回目
	日本、全世界からの新規入国を１月末まで原則停止

2021年

1月	**第３波**
	武漢での初確認から１年、世界の累計感染者１億人
	政府が東京など首都圏４都県に２度目の緊急事態宣言を出し、さらに７府県追加
	富山県、「ステージ２」に、外出自粛21時以降、飲食店時短要請、県外往来自粛
2月	厚労省が新型コロナウイルスのワクチンを初承認
	医療従事者を対象にワクチン接種開始
3月	緊急事態宣言、2ヵ月半ぶりに全面解除
4月	大阪府・兵庫県・宮城県にまん延防止等重点措置を初めて適用
	高齢者対象のワクチン接種開始
	富山県、感染者警戒度を「ステージ２」に、「２時間会食」「県外往来」自粛へ
	３回目の緊急事態宣言、東京・大阪・京都・兵庫（GWの人出抑制のため）
	国内のコロナ感染症死者、累計で１万人を超える（8割が2020年12月以降）
5月	**第４波**
	大阪では変異株の感染拡大で医療崩壊、東京の倍近い死亡者が出る
	緊急事態宣言の対象を東京・大阪など4都府県に愛知・福岡加え6都府県に拡大
	富山県、県独自の「感染拡大特別警報」

	射水市の障害者支援施設「いみず苑」で過去最多のクラスター
6月	富山県、独自の「感染拡大特別警報」を解除、警戒レベル「ステージ2」は維持
	富山県、3ヵ月ぶりに感染ゼロ（3/26以来）
7月	インドで確認された変異株（デルタ株）が世界で猛威
	富山県独自の警戒レベルを「ステージ1」に引き下げ
	東京都に4度目の緊急事態宣言発令。5月から宣言期間が続く沖縄県も延長
	東京オリンピック開幕、無観客開催（7月23日）
	富山県、4回目の「富山アラート」県外往来自粛などを呼びかけ
	国内の新規感染、初の1万人突破
8月	**第5波**（デルタ株）
	緊急事態宣言地域が6都府県に拡大（埼玉・千葉・神奈川・大阪を追加）
	石川など5道府県にまん延防止等重点措置適用
	政府が「中等症以上は原則入院」方針を転換、自宅療養を打ち出したが批判を受け、3日後に再び「中等症以上は原則入院」に
	富山県、警戒レベルを「ステージ2」に、県外往来自粛、夜の会食2時間以内
	富山県「感染拡大特別警報」②(8/10)
	国内感染100万人突破
	富山県「ステージ3」（非常事態）8/16
	富山県の1日あたりの感染者が8月19日にこれまでの最多147人
	まん延防止等重点措置（富山県を含む）8/20～9/12、酒類の提供自粛など
9月	富山県（富山市）まん延防止等重点措置解除（9/12）
	富山県、警戒段階を「ステージ2」に引き下げ（9/27）
10月	岸田首相　就任
	富山県、警戒レベルを「ステージ1」（小康期）に引き下げ、県外

往来自粛解除

11月　南アフリカで新型コロナウイルスの変異株確認、ＷＨＯ「オミクロン」と命名

政府が外国人の新規入国禁止に

オミクロン株感染者を国内で初確認

富山県内2回目ワクチン接種88％

12月　オミクロン株　世界で拡大

沖縄県キャンプ・ハンセンで日本人従業員オミクロン株に感染

オミクロン株　富山県内初確認

2022年

1月　**第6波**（1月～6月）

世界の累計感染者3億人

富山県の新田知事、オミクロン対応で「原則入院見直し、宿泊・自宅療養」表明

東京など13都県、さらに18道府県にもまん延防止を適用（富山県は含まれず）

富山県内で学校クラスターなど、2021年8月以来、145日ぶりに70人超え感染

富山県、独自の警戒レベルを「ステージ2」（警戒期）に引き上げ

オミクロン株拡大で、社会の支え手「エッセンシャルワーカー」も逼迫

2月　「オミクロン株」による感染第6波で大都市を中心に死者急増、病床逼迫

まん延防止等重点措置適用の13都県、3月6日まで延長決定

1月からの富山県内第6波の感染者累計が1万人超え、自宅療養者急増

3月　**富山県内で1日の新規感染者数が過去最多の628人、クラスターが7件**

富山県内の感染者、累計で2万人を超える

コロナ死者、世界累計で600万人超え

まん延防止等重点措置の適用地域が全国でゼロに（適用全国ゼロ
は1月8日以来）

4月　　**富山県独自のコロナステージ1（小康期）1月24日以来、会食・
外出制限解除**

富山市　現役世代（18歳〜64歳）ワクチン接種25％

世界の感染者5億人超える

富山県内　感染確認100日連続（過去最長）

ワクチン3回目接種、全国で人口の半数を超える

5月　　国内の累計死者数3万人を超える

政府は、コロナ対策の一部緩和を発表、入国者上限を6月から2
万人に引き上げ、

また、一定の条件下で屋外のマスク着用を不要とする見解を示す

6月　　団体ツアー客に限り訪日観光客の受け入れ再開

政府は感染症対策を一元的に担う「内閣感染症危機管理庁」の創
設など、司令塔機能や医療提供体制の強化策を正式に決定

**オミクロン株、富山県内で初確認されてから半年、1日当たりの
新規感染者数は6月中も100人前後で推移**

2022年6月末現在（新型コロナウイルス感染確認から2年半）

	感染者数	死者数	（総計は概数）
富山県	4万人	95人	
日本	930万人	3万1千人	
世界	5億4千万人	630万人	

新型コロナウイルスの影響に関するNPOアンケート

このように当初、予想もできなかった長期にわたるコロナ禍の状況が続

いているが、「とやまNPO研究会」では、このコロナ禍が富山県内のNPO
にどのような影響を与えたのかを2022年3月に調査した。コロナ禍およそ
2年3ヵ月後の調査結果を以下に掲載した。

［調査概要］

　　目的　　　：これまでの2年余りにわたる新型コロナウイルス感染症が富
　　　　　　　　山県内のNPO（NPO法人、一般社団法人をはじめ、法人格の
　　　　　　　　ない市民団体など非営利団体）にどのような影響を与えてい
　　　　　　　　るのかを明らかにし、今後の市民活動を考える資料として活
　　　　　　　　かすとともに、2022年に「とやまNPO研究会」が発刊を予定
　　　　　　　　している『コロナ禍を越えて　新・NPOが動く　とやまが動
　　　　　　　　く』の内容にこの調査結果を反映するために実施。

　実施期間　：2022年3月1日（火）～3月31日（木）

　対象　　　：NPO法人100団体とNPO法人以外の非営利団体50団体、計
　　　　　　　　150団体
　　　　　　　　内訳　・NPO法人　100団体
　　　　　　　　　　　　富山県認証のNPO法人より任意に100団体抽出
　　　　　　　　　　（2022年3月31日現在の富山県認証NPO法人は381団体）
　　　　　　　　　　　・NPO法人以外の非営利団体　50団体
　　　　　　　　　　（広い意味での社会貢献活動団体）
　　　　　　　　　　　　2012年に「とやまNPO研究会」が発行した『NPO
　　　　　　　　　　　　が動く　富山が動く』に掲載した75団体について
　　　　　　　　　　　　2020年4月、活動状況を再調査。さらに2012年以
　　　　　　　　　　　　降に新しく団体を設立した非営利団体などの中か
　　　　　　　　　　　　ら、現在活動中の50団体を抽出

　回答方法　：調査票（アンケート用紙）を各団体に郵送、返信用封筒にて
　　　　　　　　回答を返送

　回収率　　：58%（回収はNPO法人と法人以外の非営利団体の計87団体）
　　なお、アンケートの回答にあたっては「このアンケート結果については

個別の団体名を記述することはありませんので、ご自由にお書きくださ
い」を明記した。

Q1、この2年余において新型コロナウイルスによる団体活動への影響は
ありましたか？　　　　　　　　　　　　　　　（一つだけ回答）

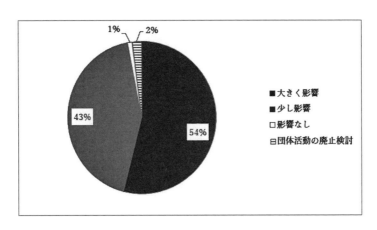

　2年余という長期にわたるコロナ禍は、地域住民の孤立や貧困などさま
ざまなところに影響が及び、多くの問題が顕在化、深刻化しているなかで、
こうした住民に寄り添う支援に取り組んできた市民活動団体にもかつてな
い困難をもたらし、今後の活動に大きな不安を与えている。今回のアンケ
ートに回答した87団体（NPO法人、それ以外の団体）の97％、ほぼ全ての
団体が何らかの影響を受けたと回答した。このうち「大きく影響を受けた」
が半数以上の54％に及んだ。特にNPO法人ではおよそ3分の2が「大きく
影響を受けた」と答えている。団体のミッション別では、NPO法人である
なしを問わず、やはり海外との交流や外国人に関連する団体が直接的な影
響を受け、活動を継続することが難しかったようだ。次に影響を受けた団
体種別では介護やデイサービスなどの福祉系団体が多いが、福祉系団体は
日々やらなければならないことについては、大変な困難を抱えながらも対
応したという団体も多く、他者との交流を自粛せざるを得ないという活動

の根幹に関わる難局を乗り切ってきた。

　今回のアンケートで「まったく影響はなかった」と答えた団体が1団体あった。この団体は広域的な活動というより地域を限定した形で、地域社会の仕組みに活動を定着させて日々、地域に欠かせない活動の継続になったものだろう。一方、反面、「団体活動の廃止を検討している」と回答したのが2団体あった。市民活動団体は今、会員の高齢化という構造的な問題を抱えている団体が多い。こうしたところへコロナが追い打ちをかけたような格好で、団体活動の廃止を検討せざるを得ない団体も出てきたのでないか。また、そこまでいかなくても、このあとの各アンケート項目への回答でも、「今がせいいっぱい」「なんとかやっているが、もう限界」などの回答もある。

　コロナ禍で接触機会の激減により「人のため人による活動」という市民活動の原点に衝撃的な影響を与えたコロナ禍に市民活動団体はどう対応したのか、今後の課題としてどのようなことが浮き彫りになったのか、以降のアンケート結果を参照してほしい。

Q2，Q1で「大きく影響を受けた」「少し影響を受けた」を選択された団体に伺います。具体的にどのような影響がありましたか？

（複数回答可）

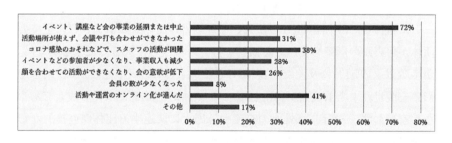

　人が集い、顔を合わせて交流するのが最も大事にされてきた市民活動にあって、社会的距離を十分取ったり、感染症の対応策が重視されるコロナ禍では、まず従来の「イベント、講座など会の事業」の延期や中止が相次

24

いだ。回答でも団体の4分の3がまず具体的な影響の最初に事業の延期、中止を挙げている。これはNPO法人もそれ以外も違わない。新型ウイルス感染症に対する確実な対応策がないことに戸惑い、不安を覚えればまず当面の3密回避のための延期や中止が最大の対策にならざるを得ない。これに付随して感染の恐れによるスタッフの活動が困難になったり、事業を行う施設や会議、打ち合わせなどの活動場所に使用制限が出たりして活動そのものを自粛せざるを得なかった。

　とにかく社会全体的な自粛ムードの中で、参加者や会員、スタッフを感染症の危険にさらさないということが最も重要視されたため、活動は一気に縮小、およそ3割の団体では、この間に開催した「イベントなどの参加者も少なく事業収入も減少した」と回答している。同時に会全体の活動意欲が低下したり、回答した87団体のおよそ1割近くの団体では会員の数が少なくなったと答えている。会員数の減少は主にNPO法人に見られた。

　こうしたコロナ禍による悪影響とは別に、なんとか難局を乗り切ろうと各団体が活動方法を工夫する中から、非常に肯定的に各団体が評価したのが「活動や運営のオンライン化が進んだ」ということだった。回答数全体の4割以上が「オンライン化が進んだ」と答えている。これはたぶん、スタッフ、メンバー間でのコミュニケーションや打ち合わせにオンラインが利用されたことやイベント、講座、講演そのものがオンラインで実施されたことを評価するものであろう。こうしたオンラインによる新しい活動方法の開拓は今後の市民活動の活性化に寄与すると考えられるが、前述の回答では、「オンラインでのノウハウがなく、今後の支援策の課題として、オンラインツールの講習は欠かせない」と述べている団体もある。

Q3，新型コロナウイルスの影響を受けながらも活動を維持・継続・再開するために実践した対策や取り組みなどを教えてください。

（複数回答可）

　前問のQ2では、コロナ禍による具体的な影響について回答を求めたが、

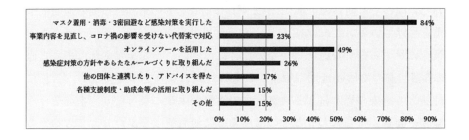

マスク着用・消毒・3密回避など感染対策を実行した 84%
事業内容を見直し、コロナ禍の影響を受けない代替案で対応 23%
オンラインツールを活用した 49%
感染症対策の方針やあらたなルールづくりに取り組んだ 26%
他の団体と連携したり、アドバイスを得た 17%
各種支援制度・助成金等の活用に取り組んだ 15%
その他 15%

0% 10% 20% 30% 40% 50% 60% 70% 80% 90%

このＱ３のアンケートはそうした影響を受けながらも活動を維持・継続するためにどのような対策や取り組みをしたかを問うたものである。当然のことながら、マスク着用や消毒などの対策はほぼ全団体が対策を講じている。ほかにはアクリル板を購入したり換気装置を設けたり非営利組織としては相当に負担になったはずである。社会的にも「新しい生活様式」という言葉が多用されたが、各団体はコロナ禍の影響を受けない代替案やあらたなルールづくりで対応した。たとえば、人数制限、予約制を取り入れたり、思い切って講習会を屋外で実施したりした。こうした工夫はおよそ４分の１の団体で見られた。

　一方、前述のオンラインツールの活用はNPO法人であるなしを問わず、およそ半数近くの団体で試みられた。こうしたオンラインの取り入れ方にも先行団体のノウハウが生かされたと思うが、「他の団体と連携したり、アドバイスを得た」という回答が17％ほどしかなく、市民活動にとってコロナ禍という正念場にあってはもっと各団体の連携、特にノウハウの交換やアドバイスという知恵の出し合いがあってもよかったのではないか。富山県は他府県と比較してこのようなNPO関係の横の連携やネットワークが薄いことが従来から指摘されている。後に更に触れるが、こうしたネットワークの弱さは社会課題の解決に取り組むNPO活動の弱点になってしまう。

　また、このＱ３では「各種支援制度・助成金等の活用状況」についても尋ねたが、NPO法人が10件、NPO法人以外がわずかに３件だった。これは極めて意外で、コロナ禍では参加者が少なく収入が期待できなかったところをサポートするのが支援制度である。制度や支援金の周知がこうした団

体に届いていたのか、いなかったのかこれはさらに調査する必要があろう。その意味で行政のNPOに対するアプローチにも物足りなさを感じるし、NPO側にも一体となって行政と話し合おうという積極的な姿勢があまり感じられないのはどういうことだろうか。

Q4，富山県を主たる活動の場とする団体に伺います。コロナ禍のなかで特にお感じになった地域の課題について教えてください。

（複数回答可）

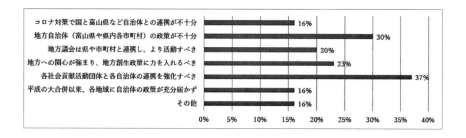

コロナ対策で国と富山県など自治体との連携が不十分　16%
地方自治体（富山県や県内各市町村）の政策が不十分　30%
地方議会は県や市町村と連携し、より活動すべき　20%
地方への関心が強まり、地方創生政策に力を入れるべき　23%
各社会貢献活動団体と各自治体の連携を強化すべき　37%
平成の大合併以来、各地域に自治体の政策が充分届かず　16%
その他　16%

　新型コロナウイルスへの対応では当初から国と地方自治体の不協和音が目立った。一方でテレワークなど働き方の多様化により地方移住への関心が高まった。こうした中、NPO各団体は地方自治体のコロナ行政をどう見ているのだろうか。Q4のアンケートはコロナ対策について行政に対するNPO側からの注文である。アンケート結果で特に注目すべきは、「各社会貢献活動団体と各自治体の連携を強化すべき」に4割近い回答が集まったことである。これは記述回答にもあったように、そもそも行政は、あるいは自治体はNPOに目が向いているのかという厳しい投げかけを象徴しているのではないか。コロナ禍にあってNPOは社会的な孤立や貧困問題をはじめ、さまざま社会的谷間にある課題に取り組んでいる。まさに自治体が見逃しがちな分野に目を向けて活動を展開している。こうしたことを含めて約3割のNPOが「地方自治体（富山県や県内各市町村）の政策が不十分」と答えている。さらに約2割の団体が「地方議会は県や市町村自治体と連

携し、より活動すべき」と回答した。このことは県議会、各市町村議会を問わず、市民の声を最もよく聞ける立場にある議員がもっと現場の生の声を議会に届けてほしいということであろう。その中には、もちろんさまざまなNPOの活動にもアプローチしてほしいとの声も入る。

　ところで、今回のコロナ禍を機にリモートワークの普及やコロナ拡大に伴い、東京を離れる動きが出てきた。企業では働く場所や居住地を柔軟に選べる制度を導入する動きが広まった。東京一極集中是正が叫ばれ、地方への関心が高まったのは良いことだが、東京を離れる人は地方というより、近隣の首都圏にとどまる人が多い。富山県内では相変わらず転出超過である。地方移住に追い風が吹いているとはいえ、国が旗を振る地方のデジタル化に向けたインフラ整備「デジタル田園都市国家構想」なるものが、人を呼び込む活性化策につながるかどうか、まだまだ看板の段階のような気がする。アンケートでは約4分の1の団体が「地方創生政策に力を入れるべき」と答えている。

　最後に問題提起の意味で、平成の大合併以来、地域の均衡ある発展について不満が出てきていることをNPOの団体から聞いてこの項目を追加した。「2005年前後の平成の大合併以来、各地域に自治体の施策が充分届かなくなっている」という項目に16％の団体が地域の課題と考えていると回答した。この指摘の代表例として富山市がよくあげられるが、記述回答にもあるように、都市部の周辺、郊外というか中山間地域に取り残され感があり、コンパクトシティへの投資集中で旧町村部に不満が出てきているのである。

　富山市ではこの問題について2022年度から市町村合併の効果や課題の検証に着手するというが、災害や高齢者対応など、NPOの支援とも密接に関連するだけにコロナ禍の影響以前に十分な検証が必要だ。

Q5. アフターコロナを見据え、今後の活動において特に支援を必要とすること、あるいはご提案をお願いします。 （複数回答可）

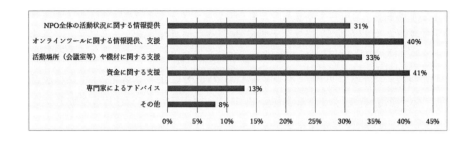

NPO全体の活動状況に関する情報提供　31%
オンラインツールに関する情報提供、支援　40%
活動場所（会議室等）や機材に関する支援　33%
資金に関する支援　41%
専門家によるアドバイス　13%
その他　8%

　このアンケートをNPO各団体にお願いしたのは2022年3月である。コロナ禍はまだまだ収束とは言えないし、各団体は不安の中で今後の活動のあり方を模索している。アフターコロナ時代を見据えて要望の高いのは、「オンラインツールに関する情報提供、支援」だった。約4割の団体がこの提案を出している。ということは、コロナ禍はそう簡単に収束しないとみて、「新しい市民活動様式」における必要性を痛感しているのである。ただ、これまでの回答であったように必要性を認識しながら高齢者が多かったりしてすぐには対応できないため、今後の活動を維持する一番の課題として認識しているのであろう。また「資金への支援」も要望が多い。これも活動を支える収入源確保に相当苦しんだ各団体の状況が目に見えるようだ。「資金への支援」も4割を超える団体から要望が出された。このあとは「活動場所（会議室等）や機材に対する支援」に提案が多かったが、「とやまNPO研究会」としては、「NPO全体（社会貢献活動団体全体）の活動状況に関する情報提供」が3割余りとかなりの数に上っていることに注目したい。

　富山県には前述したように、NPO全体を横につなぐネットワークがない。過去にあることはあったが、十分その機能を果たせないままに活動をほぼ停止している。また、他県にあるNPOの個別の団体を支援する中間支援組織、いわば資金・人材・情報などの資源提供者とNPOを仲介しNPOを育成したり、行政・企業などとNPOをつなぐ組織がない。ただ、NPO法人「富山県民ボランティア総合支援センター」という、中間支援そのものがミッションとなっている団体もあることはあるが、NPO全体をネットワーク化するような存在には成り得ていない。富山県ではなぜそうしたネットワ

ークが育たないのか不思議である。こう見てくると、アフターコロナ時代への課題と展望が少しずつ見えてくるような気がする。

Q6, 長びく新型コロナウイルス感染症の影響により、多くの社会貢献活動団体が影響を受けていると思います。コロナ禍にあって大きな取り組みの変化があれば教えてください。

また、コロナ後（アフターコロナ時代）の市民活動のあり方に対して、皆さま方の団体ではどのような課題をお感じになっているのか、現在、貴団体が困っていること、コロナ禍を乗り越えてこれから活動していきたいことなど、多くの方に周知したいことがあればご自由にお書きください。

（自由記述）

・富山県では行政からNPO諸団体への働きかけも少なく、NPO諸団体の横のつながりも薄く、有効な活動の場が設けられていないように感じる。

・行政はオンライン化を率先して進め、政策実行や地域活動、市民活動がコロナ禍でもできるように支援すべき。自治体によって大きな差が出ている。市民が本来なら受けられるはずの研修が単に中止という対応ではなく、オンラインで実施、あるいは実施支援をするようにしてほしい。オンラインを使い慣れていない地域の人へのスキルアップ支援もすべき。オンラインスキルは災害時にも必要で、コロナでなくとも必要である。

・コロナ助成金でIT機器を購入し、外国人を講師にオンラインで研修会を開くことができた。全国から受講者が参加してくれたが、オンライン授業ではIT機器が充実していても受講者のWifi環境が整わないと支援がしにくい。とにかく、コロナ以前に比べると参加者が少なく、飲食を伴う講座は中止となったのが厳しかった。

・私たちの基本的な活動は障がいを持つ人たちの支援であり、コロナ禍に関係なくやるべきことはやらなければならない。コロナによる活動の制限は、必要なもの、不必要なもの、大切なもの、改めるべきことを教えてくれた。

・目の前のことに一生懸命で先のことは考えられない。今、必死。

・新型コロナ感染症より、日本社会の高齢化の影響のほうが大きいと感じる。ボランティア、スタッフの確保がどんどん難しくなっていくのではないかと心配だ。

・リアルが必然である障がい者への支援に関し、コロナ禍の現状は大変大きな出来事だった。コロナをきっかけに多様な暮らし、多様な人たちの存在を知ってほしい。社会は誰のためにあるのか、少数派が疎外される社会の実情を目の当たりにした。誰も取り残されない社会を作るためには、コロナ禍は一つの良いきっかけとアプローチではないかと感じる。

・コロナ感染は誰にでもありうるし、避けて通れないこと。アフターコロナ時代にあっても、障がい者や介護などの地域活動が気兼ねなくできるようにバックアップしてほしい。偏見をなくし、協力し合える体制を構築してほしい。あすは我が身。

・困窮者への食糧支援を行っているが、最近は取扱量が増え、無償スタッフだけでは厳しい状況。コロナ禍で新しいスタッフ募集も困難で一部のスタッフに大きな負担がかかっている状況。アフターコロナ時代にはさらに社会の役に立てるよう、活動の周知と募金活動に力を入れている。

・地域バスの運営がミッションの主体で、県・市の補助を得て高齢者が安心して暮らせる社会の実現をめざしているが、現実はそうなっていない。行政としての高齢者の足を守るという基本方針は全く人まかせになっている。高齢化社会とはいえ、バス利用もできない人が増えてきて会員の減少も進んでいる。なんとかやっているがもう限界。地域の発展のために頑張ってはいるが、虚しい思いを心の中に伏せ、過疎の村を守り続けている。

・オンライン化が進むとはいえ、私たちのような福祉サービス事業は、人対人の仕事。働き手が安心できる制度を進めてほしい。

・同調圧力や世間の雰囲気を気にし、リスク回避を重点におきすぎた、いびつな取り組みになっていないか、客観的に眺めてみることも大切。今まで行ってきた取り組みと新しいマナーやルールとのコラボによる価値創出ぐらいの前向きな気持ちで活動していきたい。

・オンラインになったからこそ、対面で人と人との交流の大切さに気づかされた。

・コロナだからといって、大きく変わった活動もできないので、これまでと変わらないが、早く不安のない安心して生活できるようになりたい。

・今も高齢者交流サロンの各種教室の開催が中止になっている。コロナ後の活動も今のところ見えてこない。まだ2～3年続くのかなー。

・オンラインは遠方の人、何らかの障がいを持っている人も参加しやすくなるなどメリットもある。コロナ収束後もオンラインを完全になくしてしまうのではなく、対面とオンラインの併用という考えで、新しいミーティング参加の形を創造していくべき。

・一番の問題は海外との行き来が不可能になったこと。イベントが開催できない中で年会費の徴収もむずかしく経費が自己負担になった。

・コロナ禍で当初は制限が多く大変だったが、今は慣れてきた。コロナ禍での運営スキルが身についてきたので今はそんなに困っていない。ただ県民や企業ではコロナに対する考え方が異なるので、私たちなりの方針にはまだ反発もあり周囲の目が気になる。

・コロナ以前は会員の交流についてはほとんど対面活動。コロナ禍でオンラインの環境がない人もいるため解決すべき課題も多く、今後はオンライン等の環境設定に温度差がないように、機材に対する支援を実施するなど全体的なWeb環境充実を図りたい。

・会員の活動が制限され、活動への全員参加も難しく、定例会もできないので、今後、退会者が出ないか心配である。

・コロナ禍で、医療に従事する人たちがエッセンシャルワーカーであることを再認識したことは良い。私たちもひきこもりの人たちの相談に応じているが、こうしたコロナ禍でも相談に初参加の人がいたり、例会を休まずに続けたことで、私たちの活動が必要とされることを認識できた。

・団体のメンバーは高齢化している。そんな中、オンラインツールを駆使していくための学習はなかなか進まない。自助努力に限界を感じるが、今後、さまざまな団体とのゆるやかなネットワークを図っていくことに希

望を見出したい。

・コロナ禍で総会や講演会など人が集まる活動を中止してきたが、そろそろコロナとの共生を考える時期ではないかと思う。今後、コロナ対策はもちろん徹底していくが、これまで県内の感染者数を目安に活動してきたが、これではいつまで経っても活動できないので、あらたな活動の目安を考えたい。

・個々の住民の生活課題を認識し、解決していけるサービス体制を構築するためには、行政の管理部門のIT化による人員削減と同時に、現場の専門職の人員を増やしていくことが重要。サービスにアクセスしやすい行政窓口の整備が必要ではないか。

・移住の促進や関係人口創出をミッションとしてきたが、リアル活動が制限されるため、団体の本格活動を遅らせた。今後はSNSを中心とした情報発信に力を入れたい。

　以上、「とやまNPO研究会」が行った「新型コロナウイルスの影響に関するNPOアンケート」について報告したが、今回のアンケートの特徴はこれまで福祉や災害、生活困窮や地域発展などの分野において、いわば支援者の立場であったNPO自身がコロナ禍という被害を受け、NPOにとって最大の資源である「人」を活動に活かすことができなくなったという状況にどう対応したかを調査することが目的だった。つまり支援者の立場から時には支援を求める立場におかれたNPOの現状を知ることにあった。

　世界的なパンデミックにあって、富山というローカルな地域でも社会経済活動の「自粛」（市民の外出自粛と政府・自治体による営業自粛）が要請された。これによりNPOが行うさまざまな活動も縮小や中止を余儀なくされた。これに伴う問題点や課題については前述したが、特に以下の3点を要望として指摘しておきたい。

1，NPO（NPO法人、NPO法人以外の非営利団体）自身が今回のコロナ禍で痛感させられたことは、整備されたNPOネットワークがないために、他の団体と連携したり、行政への働きかけができず「情報不足」が響いたこ

とである。特に行政の各種支援金制度や助成金などの情報がNPO法人以外の団体ではほとんど入手できず、いわば「資金支援」につながらなかったことも大きい。NPOサイドは早急に「機能できるネットワークづくり」に取り組んでほしい。

２．NPOと行政の連携の不足により、行政からの積極的な情報提供がないために、「オンラインツールに関する情報提供、研修会開催などの支援」につながらなかった。こうした問題などNPO側の各種課題に対応できるようにするため、行政はNPOへの支援窓口を整備し、中間支援組織であるNPO法人「富山県民ボランティア総合支援センター」をはじめ、富山県社会福祉協議会、富山県生活環境文化部県民生活課の役割分担を明確にしてほしい。

３．2年余に及ぶ新型コロナウイルスはまだまだ収束に至る状況ではない。今後の市民活動が有効に継続するために、NPO、行政、中間支援組織などが中心となって、「コロナ禍でNPOが行った活動上の創意工夫」や「コロナ禍で浮かび上がった課題」を整理・共有し、これからの支援活動に活かしてほしい。

NPOの現状

　コロナ禍の影響に関するNPOのアンケート結果を見ていただいたが、この結果だけを見てもいかに市民活動にとってコロナ禍が衝撃的だったかをおわかりいただけると思う。

　つまりこれまでの大規模災害では、NPOによる市民活動が、被災者や生活困窮者の支援で大きな役割を果たしてきたのに対し、コロナ禍にあっては、支援者としてではなく、活動そのものができなくなり、支援者から逆に支援を求める側に立たざるを得ないNPOもあった。その中にあって今、NPOはコロナ禍を乗り越えて、支援者の側に立つ再準備を始めている。このあとは、あらためてNPOとは何かを知ってもらう意味で、NPOの歴史と

現状を説明していきたい。

　その原点は前述したように1995年の阪神大震災から生み出された「特定非営利活動促進法」（NPO法）にあった。

　そもそも「特定非営利活動促進法」（NPO法）の主旨は「特定非営利活動を行なう団体に法人格を付与することなどにより、ボランティア活動をはじめとする市民が行なう自由な社会貢献活動としての特定非営利活動の健全な発展を促進し、もって公益の増進に寄与することを目的」（第1条）となっている。具体的には、保健・医療・福祉、社会教育、まちづくり、環境、国際協力など現在は20の活動目的のいずれかを主たる活動目的とする団体を都道府県知事などが認証するとなっているので、小規模な団体でも比較的簡単に法人格が取れるようになった。NPO法人となる最大のメリットは、法人格を持つことによって、法人の名の下に取引などを行うことができるようになり、団体に対する信頼性が高まるということである。

　NPO法による特定非営利活動をあらためて掲載しておく（内閣府資料）。

1．保健、医療又は福祉の増進を図る活動
2．社会教育の推進を図る活動
3．まちづくりの推進を図る活動
4．観光の振興を図る活動
5．農山漁村又は中山間地域の振興を図る活動
6．学術、文化、芸術又はスポーツの振興を図る活動
7．環境の保全を図る活動
8．災害救援活動
9．地域安全活動
10．人権の擁護又は平和の推進を図る活動
11．国際協力の活動
12．男女共同参画社会の形成の促進を図る活動
13．子どもの健全育成を図る活動
14．情報化社会の発展を図る活動
15．科学技術の振興を図る活動

16. 経済活動の活性化を図る活動
17. 職業能力の開発又は雇用機会の拡充を支援する活動
18. 消費者の保護を図る活動
19. 前各号に掲げる活動を行う団体の運営又は活動に関する連絡、助言又は援助の活動
20. 前各号に掲げる活動に準ずる活動として都道府県又は指定都市の条例で定める活動

　内閣府資料によれば、NPO法が施行された1998年以来これまでNPO法人として認証されたのは、2022年3月末現在、5万786法人である。NPO法ができて5年で1万法人になり、10年にもならないうちに3万法人を超えた。ところが5万法人を超えた2014年あたりから法人認証数が鈍化しはじめ、現在はほぼ横ばい状態になっている。

　ただ気になるのはここ数年における解散数の急激な増加である。2022年3月末現在、全国の認証数5万786法人、解散数は2万2,342法人になっている。問題は解散数2万2,342法人のうち4,544法人が認証取消になっているということである。これはきちんと解散手続きをする前に、事業報告書の提出をしなかったり、事務的な手続きを放置した法人もあったということであろう。

　次に富山県の認証状況をみてみる。富山県のNPO法人第1号は福祉の分野で、富山型デイの草分けとしてしられるNPO法人「このゆびとーまれ」がNPO法施行の翌年、1999年に富山県の認証を受けている。「このゆびとーまれ」については、第2章の富山型デイで詳述したいが、縦割り行政への挑戦から始まり、まさに社会変革といってもいい存在となった富山のNPOフロンティアである。富山県の認証数も当初の10年は急激に認証が増加したが、2013年頃から横ばい状態となり、解散が目立つようになってきた。2022年3月末現在の認証数は384法人、解散数が107法人、転出数が5法人である。

　NPO法ができてからの富山県のNPO法人数認証数・解散数そして現在の

法人数をグラフにしてみた。また、富山県のNPO法人の活動分野別割合も
わかりやすくグラフにしてみたが、やはり「保健・医療・福祉の増進」に
関するNPO法人が最も多く、次いで「子どもの健全育成」に関わるNPO
法人が多い。

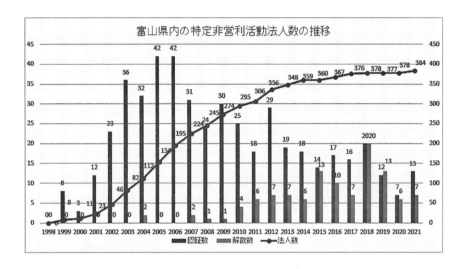

　なぜ解散数が急激に増加しているのかについてはこのあとの分析課題と
したいが、一つには2013年に施行された公益法人改革の影響が考えられる。
NPO法人のように、年間の事業報告書を必ず提出する必要がないなど、一
般社団法人や一般財団法人にメリットを感じる団体がNPO法人ではなく、
一般社団法人を選択しているのではないかと考えられる。正確に把握する
のは困難であるが、NPO法人の解散の増加はそれだけではないと考えられ
る。ちなみに2022年3月末現在の富山県内の一般社団法人は370団体、一
般財団法人は56団体である。
　2017年3月から2021年3月の全国的な趨勢について『非営利法人制度改
革の研究』によれば、「一般社団法人数は増加の一途をたどっているもの
の、一般財団法人およびNPO法人数は微減、公益社団法人の団体数は微
増、公益財団法人の団体数は緩やかに増加していることがわかる。NPO法

施行以来、NPO法人が市民活動の受け皿の役割を一手に担ってきた。しかし、公益法人制度改革による一般社団法人の制度化によって、新たな法人格の選択肢が生まれたことが、一般社団法人数の増加とNPO法人数の微減をもたらしているのではないかと推測される」との解説がある。

また法人格のない市民団体も実数を把握するのが困難であるが、富山県社会福祉協議会ならびに各市町村社会福祉協議会が把握しているボランティアの中で、主にボランティアが主目的である市民団体は約1,200団体（2019年3月末現在）というデータがある。これに前述した2022年3月末現在のNPO法人数384団体を加えると、富山県内では、約1,500団体がボランティアに関わる市民活動を展開していると理解していいであろう。

さて、本書において「とやまNPO研究会」が特に着目したのは、以下のような課題に対応するNPOの動きである。

1、全国平均より15年早く高齢化が進む高齢化先進県、一方では少子化に歯止めがからからないこの地域にあって、NPOには何ができるか、そしてどこをめざすのか。

2、過疎という言葉に象徴される富山の「農」を取り巻く現状はどうなっているのか。コロナ禍で地方回帰の現象がみられるというが、中山間地をはじめとする地域基盤は自立可能の状態なのか。

3、身体や心に障害を持つ人たちやマイノリティゆえに生きづらさを感じている人たちが社会的孤立に陥らない社会に向かっているか。格差社会の谷間で苦しむ人たちがいないか。そして「誰も排除しない」という共生社会の理念が災害時やコロナ禍の時代にあってもきちんと大切にされるかどうか。

4、富山の市民社会にも新しい潮流がある。国連が採択したSDGs（持続可能な開発目標）を目指す動きが富山県内でも行政・企業を問わず広がりつつある。地域のNPOはこうした動きを市民社会にどう広げていくことができるか。外国人労働者が富山県内でも過去最多となったが、地域における国際化の課題とは何か。さらにNPOに関わる女性が多いが、女性による多様なミッション・ステートメントとはどのような内

容なのか。さらには「社会起業家」「プロボノ」「コミュニテイ・ビジネス」など、社会問題解決を目指すダイナミズムの現状はどうか。

本書では概ね上記のような課題について、富山のNPOの志と活動の現在を記録していくが、NPOは地域のコーディネーターであり、またプロデューサーでもある。これまでの20年の経験と歴史を踏まえて、多様な市民と連携しながら歩む市民による自発的な非営利活動の存在感を感じてほしいと思う。

NPOの歴史を刻む若者たち

この第1章冒頭で述べたように、一たび災害が起きれば「自分にもできることはないか」という仲間を作り出し、災害時には多くのボランティアを育ててきた。災害の現場ではボランティアやNPOの力が欠かせない。特にボランティアに加わる若者たちの力は、NPO全体の力を押し上げてきた。そうした動きにも触れておきたい。

1995年の阪神淡路大震災を契機に、ボランティアという言葉が多用されるようになり、市民活動という言葉が生まれた。ボランティアとはもともと外来語の一つであるが、「個人の自発的意思に基づいて、他人や社会のために、自らの労力を提供する行為[6]」である。阪神淡路大震災では約138万人のボランティアが現場に駆けつけ、学生をはじめ、多くの若者のボランティアの姿がテレビ映像となって全国に伝えられた。

当時、この映像にくぎ付けになった女子高校生が富山にいた。それが川添夏来さんだった。大震災発生当日からすぐにでも神戸へ飛んでいきたいとの思いにかられた川添さんが、この思いを実現したのは、大震災翌年、1996年の高校卒業間際だった。被災者でもある現地の大学生が呼びかけた神戸のFIWC（フレンズ国際ワークキャンプ）関西委員会に参加、仮設住宅でお年寄りの足湯マッサージ活動に加わった。

それから四半世紀が経過し、「阪神」の教訓を次の時代に伝える取り組みが課題になっているが、「阪神」に衝撃を受けた川添さんは今、富山のNPO

神戸足湯キャンプの仲間たちと（1996年2月）
（川添夏来さん提供）

コロナ禍前の「ぴーなっつ」の企画、「浴衣を着て
大岩そうめんを食べに行こう」（川添夏来さん提供）

「ぴーなっつ」の壁に絵を描いちゃおう企画を全員
で実施（2021年）（川添夏来さん提供）

人として障害者支援の最前線に立っている。

「Peace Nuts」の略として名づけた「ぴーなっつ」は川添さんが代表を務める障害者の自立支援を目的とするNPOである。社会的弱者サポートへの目を開かせた阪神大震災は今も川添さんの原点だ。

被災者支援に活躍する若者たちの姿はまさしく、自らの問題として災害に立ち向かう問題解決型の存在として社会的認知が高まり、市民活動という言葉が定着してきた。

NPO法人　ぴーなっつ
〔住所〕富山市蜷川 1-3
〔Tel & Fax〕076-456-1534
〔Email〕ponko-dapon-@goo.jp
〔Web〕https://peacenuts2014.wixsite.com/home

「新・草刈り十字軍」 世代をつなぐ

さて、とやまのNPOを考える時に触れておかねばならないことは多いが、特に戦後の社会運動の一つとして全国的に注目された

「草刈り十字軍」のその後に物語を移したい。

　『NPOが動く　とやまが動く』2012で富山のNPOフロンティアとして紹介した「草刈り十字軍」は、1974年、造林地への除草剤空中散布に反対し、富山県立技術短大（現・富山県立大）教授だった足立原貫さんらが、若者による下草刈りを提案したことから始まった。足立原さんらはそれ以前から当時の上新川郡大山町（現・富山市）小原の廃村を拠点に新しい農業をめざす実践活動を行っていた。まさにその現場に下草除去のための除草剤空中散布が行政によって予告されたのである。空中散布を拒否し、若者による下草刈りを提案した足立原さんは「その着想は無目的時代、所得第一主義の荒野を彷徨する現代の若者たちに自己啓発、自己鍛錬、新しい価値の創造の場と機会を提供し、その結果として森林業務の一端が達成されることをねらうというだけではなく、巷間あふれる対案もない、いわゆる解決なき『反対運動』へ一石を投じようとするねらいをもっていた」[7]と語っている。

　この無謀とも思える運動に若者たちが呼応、初年度は187ヘクタールもの下草を刈り上げて自然の生態系を守り抜いた。参加者は252人だった。以後、「草刈り十字軍」は、わずかながらも森林業務の一端を担うことで、環境問題に関心を持った参加者たちが自分を見つめる「場」として参加してきた。参加者は富山県だけでなく、というよりむしろ全国から世代を越えて集まり、高校生から70代の年輩まで、毎年10泊11日の合宿生活を行ってきた。「草刈り十字軍」は、黒部・富山・射水・小矢部の4隊に分かれ、ただ草を刈るという目的のためにひたすら汗を流してきた。そして2016年、足立原さんは決意をする。隊員の高齢化と参加者の減少により43年目の2016年をもって「草刈り十字軍」の歴史に幕を閉じるとしたのである。43年の間に4,000人を超える人たちが参加し、社会運動の流れにおいても時代のフロンティアであった「草刈り十字軍」の活動に終止符というニュースに全国から惜しむ声が足立原さんのもとに寄せられ、隊員たちの間でも「残念だ」との声が聴かれた。

　ところが驚いたことに翌年2017年、「草刈り十字軍」運動を継承しよう

「新・草刈り十字軍」で汗を流す五十嵐美樹さん（五十嵐美樹さん提供）

五十嵐さんと「新・草刈り十字軍」の仲間たち（五十嵐美樹さん提供）

という動きが現れ、高校時代の2008年から毎回参加していた愛知県豊橋市の五十嵐（旧姓・松井）美樹さんが呼びかけ人となり、元隊員有志による「新・草刈り十字軍」が結成されたのである。五十嵐さんの呼びかけにより愛知や徳島など全国から手をあげた人たちがいた。「新・草刈り十字軍」はこの年から小矢部の山林を中心に下草刈りや竹の伐採に取り組み始めた。

　2017年、「草刈り十字軍」が幕を閉じようとした時、五十嵐さんはオーストラリアでワーキングホリデーに参加していたが、「43年の歴史に幕」を聞いてすぐに足立原先生のもとに駆けつけ、直接話し合った。「草刈り十字軍」創始者の足立原さんの思いは、まず自らの体力の限界を感じたこと、同時に一緒にやってきた仲間も高齢化したこと、さらにかつて毎年100人は参加していた草刈りのメンバーが30人から50人になり、参加者が少なくなってきたことで、終了ということではなく、一つの課程の修了としたいということだった。

　五十嵐さんはもしここで終わったら、翌年から自分がやってくる場所がなくなる、第2の故郷がなくなる、仲間たちとも会えなくなる、さまざまな思いが交錯する中で、富山移住を決意、富山の飲食店で働きながら「新・草刈り十字軍」を組織し、

市民団体 「新・草刈り十字軍」
〔連絡先〕愛知県豊橋市東脇 3-15-25
〔Tel〕090-9726-7032

2020年、4年目の夏に備えた。ところがそこにやってきたのが思わぬコロナ禍の衝撃だった。「新・草刈り十字軍」は参加者が文字通り汗にまみれながら仲間意識を持ち、寝食をともにする。草の根の市民活動の象徴でもあった「新・草刈り十字軍」はコロナ禍が続く中、一旦休止を余儀なくされ、2020年、2021年と活動を停止している。

　ただ、五十嵐さんは言う。「『新・草刈り十字軍』を今、止めるわけにはいかない。これからの高校生・大学生にも知ってもらい、若者が成長する場を次の世代につないでいきたい」。

　五十嵐さんは今、一旦住居を故郷の愛知県に移し、コロナ禍終息後の出番を待っている。

　多感な青春時代、「草刈り十字軍」に、輝いていた自分を見つけたのは五十嵐美樹さんだけではない。生まれ育った立山町で、地域から発信を続ける村上和博さんもその一人だ。実は村上さんの父が「草刈り十字軍」創始者の足立原貫さんの教え子だったことから、村上さんは幼い時から「草刈り十字軍」について父から度々その実践の意味を聞かされた。

　「富山の奇跡」とまで言われた「草刈り十字軍」は父から子へ伝えられ、やがて高校時代に「草刈り十字軍」の映画を見た村上さんの生きる原動力となっていく。村上さんは大学卒業後、勤務した最初の職場を辞めたあと、高校時代、胸

「草刈り十字軍・射水隊」の活動に取り組む村上和博さん（村上和博さん提供）

「まわしよみ新聞北陸支局」のミーティング（村上和博さん提供）

の奥に焼きついた「草刈り十字軍」に参加、射水隊の一員として3年間、かつて映像で見た「草刈り十字軍」の汗と情熱を自らのものにした。村上さんの思いはNPO人で紹介するが、それは単に自然の生態系を守り抜くことではない、単に環境保全の取り組みではない、「何かやってやろう」という若者の魂を揺さぶる行動の原点になっていったのだろう。

　村上さんは今、NPO法人「立山クラフト舎」理事・「まわしよみ新聞北陸支局」代表など、富山という地域にあって、人と人を繋ぐ貴重な存在となっている。ある人は村上さんのことを「ツナギスト」と名づけた。村上さんは大きなイベントを仕掛けるようなイベント人ではない。一人の市民として、人と人を繋ぎ、地域と地域を繋ぎ、想いと想いを繋ぐ、まさに不思議な「ツナギスト」である。「ツナギスト」にとって、当然のことながらコロナ禍の影響は大きかった。「立山クラフト舎」のイベント活動が中止や延期に追い込まれたほか、特に村上さんが力を入れてきた各種読書会の仕掛け人的な市民活動が思うようにできなかったことが一番つらかったと言う。

　第2章以下で、コロナ禍を超え再び原点から歩み始めた富山のNPO活動の現状についてリポートするが、「コロナを大義名分にして地域の活動をやめてはならない」と、前述した3人の若者をはじめ、多くのNPO人が「集まる自由」の旗を振り始めた。ポストコロナ時代の新しい富山の市民活動へ向けての志に期待したい。

NPO法人　「立山クラフト舎」
〔Tel〕090-6508-4157
〔Email〕tateyama_craft@yahoo.co.jp
〔Web〕http://tateyamacraft.wix.com/tateyamacraft

市民団体　「まわしよみ新聞　北陸支局」
〔住所〕富山県中新川郡立山町坂井沢3－3
〔Tel〕080-3045-7796
〔Email〕timetype4@gmail.com

引用文献

1） ジョンズ・ホプキンス大学非営利セクター国際比較プロジェクト「NPO とは何か」とやま NPO 研究会編『NPO が動く　とやまが動く』桂書房、2012

2） 岡本仁宏ほか『市民社会セクターの可能性』関西大学出版会、2015

3） 田中敬文『はじめての NPO 論』有斐閣、2017

4） 国税庁法人番号公表サイト　www.houjin-bangou.nta.go.jp　（取得日：2020 年 3 月 19 日）

5） 小島廣光・平本健太『非営利法人制度改革の研究―新・政策の窓モデルによる実証分析』北海道大学出版会、2022

6） 雨宮孝子ほか『ボランティア・NPO』中央法規出版、2002

7） 足立原貫『一つの社会の死から』北日本新聞社、1975

参考文献

1．とやま NPO 研究会『NPO が動く とやまが動く』桂書房、2012

2．NPO 法人「農業開発技術者協会・農道館」『草刈り十字軍感想文集 原点回帰』2012

3．2016 年 8 月 22 日付け『北日本新聞』

4．2017 年 8 月 24 日付け『北日本新聞』

5．長谷川公一編『社会運動の現在』有斐閣、2020

行きたいときに行きたいところへ
障害を持つ人たちが少しでも外へ出るきっかけづくりをしたい。

川添　夏来 (かわぞえ・なつき)

NPO 法人　ぴーなっつ　代表

1977 年　富山市生まれ
1996 年　阪神大震災の翌年、高校 3 年生の時、被災者をサポートするボランティア活動に参加
1998 年　市民団体「『障害者』の地域問題を考える会」初の専従職員となる
2003 年　NPO 法人「文福」（居宅支援・重度訪問介護事業所）設立に参加
2015 年　NPO 法人「ぴーなっつ」を開設、障害者の自立支援を柱に外出支援、日中支援を行う

高校生の時に阪神・淡路大震災被災者のサポートキャンプに参加したのはどのような思いからですか？

　大震災の様子を映像で見て、また、同じ年の若い人たちが現場に入っていく姿を見て、自分もその現実に身をおいてみたいと思いました。お年寄りをサポートするキャンプに入りましたが、周囲は日本ではないみたいで、日本がこのようになるとは想像もできませんでした。でも神戸へ行って「動けば何かかができる」という自信のようなものが芽生え、それが今の活動の原点になっていると思います。

「ぴーなっつ」の原点は障害者の自立にあるとのことですが、具体的にはどのようなことですか？

　私たちが一番大事にしているのは「外出」。誰もが当たり前に、好きな時に好きな所へ行くサポートが出来ればと思っています。私は障害者の施設入所に賛成できないので、今後も自立支援を柱に外出支援、日中支援を行いながら、障害者も地域で当たり前に暮らせる地域づくりができればと思っています。

2016 年に「障害者差別解消法」が施行されました。障害者差別の現実をどのようにとらえておられますか？

　信じられないことですが、いまだに公衆浴場を利用する障害者に抵抗感を示す方がいます。制度や仕組みが進化しているように見えるが、まだまだ差別の本質が変わっていないんですよ。

これからの活動でめざしておられること、また、現在の課題はどのようなことですか？

　福祉は継続が一番、今、最大の課題は人手不足。私は福祉が楽しいし、障害者の方にも一人暮らしに挑戦しましょうと呼びかけたいのですが、マンパワーが足りない。次の時代を担う若い人たちが働いてくれる障害者福祉の社会を作りたいです。

草刈り十字軍は私の居場所。仲間たちとの汗を未来に伝えたい。

五十嵐美樹（いがらし・みき）

新・草刈り十字軍　隊長

1991年	愛知県豊橋市生まれ
2008年	高校2年生の時から毎年「草刈り十字軍」に参加
2011年	豊橋創造大学短期大学部卒業
2017年	「新・草刈り十字軍」結成と同時に富山市に移住

草刈り十字軍に参加するようになったそもそものきっかけはどんなことからですか。

　愛知県の高校の先輩たちから草刈り十字軍のことを聞き、高校生としての思い出にしたいし、高校生として一度、現在の自分から飛び出してみる機会が欲しかったんです。

実際、初めての参加で小矢部市の山の中へ入った時の気持ちは？

　初めてあのでっかい鎌を見て驚いたけど、恐怖感よりむしろ楽しくなり、よーし！この鎌を山で振り回してやろうと思いました。わくわく感でいっぱいでした。ところが、やってみたらものすごい重労働。たちまち全身筋肉痛になるし、蜂には刺されるし、休みはないし、携帯は山の中でつながらないし、最初は苦しかった。でも、若者からお年寄りまで年齢は関係なく、山の小屋での10泊11日の共同生活は何にも代えがたいものだった。

この2年間、コロナ禍で草刈りができなくて残念ですね。

　くやしいです。私はやる気まんまんですが、隊員が寝食をともにして10日間ほど過ごすので、感染のリスクが大きいということです。今年（2022年）はなんとかやりたいな。

新・草刈り十字軍にかける思いを教えてください。

　足立原先生らが43年間育ててきた貴重な学びの場をしっかりと受け継いでいきたい。大学生や高校生には夏休みがあるじゃないですか。ひと夏の体験、みんなで山へ入ろうよ、そして草を刈ろうよ。楽しいよー！

遊びや余白から生まれる可能性を追い求めて、人と
人、人と事象を繋げるお手伝いをしたい。

村上　和博 (むらかみ・かずひろ)

NPO法人　立山クラフト舎　理事
まわしよみ新聞　北陸支局　代表

1981年　富山県立山町生まれ
2014年　「草刈り十字軍」射水隊に参加
2016年　「まわしよみ新聞」北陸支局を始め、代表となる
2017年　NPO法人「立山クラフト舎」理事

「草刈り十字軍」に向けてあなたを動かしたのはどのようなことからですか。

　高校生の時、「きみ、青春の一夏 山へ入って草を刈ろう」との呼びかけで始まる映画『草刈り十字軍』を見ました。その時に、何かを成し遂げること、何か一つの良いことを実践することは、いつかは地域のためになり、また生きがいにもなるという確信が芽生えたような気がします。最初の職場を辞めた年に、この映画に導かれるようにして「草刈り十字軍に参加しました。

3年間の「草刈り十字軍」のあと、「朝活プロジェクト」や地域の生産物を街頭で販売する「マルシェ」活動など、積極的にさまざまな行動に参加するようになりましたね。

　大きなことでなくていい、何か一つの行動を実践すれば、そこにめぐり会う場所があり、人との出会いが生まれます。小規模ながら富山には60～70のマルシェがあり、楽しい地域で人と人の交流が生まれます。私はそんな地域をもっとよくしたい、もっと楽しめる場所に変えていければいいなと思っています。

「まわしよみ新聞」もその一つですか？

　新聞を一緒に読んで興味を持った記事を紹介し合う、紙面にある様々な情報を異なる視点で意見交換する、集まるのは「すごい人」ではなく、「普通の人」が意見を出し合う、そこから「集合知」のようなものが生まれるのではないでしょうか。

現在は「立山クラフト舎」の活動にどんな思いで取り組んでおられるのですか。

　出発点は主催者の佐藤みどりさんに出会い、話し合うことですが、作品の背景にある制作者や地域を知ってもらい、顔の見える街をめざしながらそこに集う人たちが何か一つでも行動するきっかけになればと思います。NPOとか社会貢献活動というのは、普通に生活している人たちに何かできることがあるということに気づいてもらうことだと思います。

第2章

検証　社会的弱者への直撃

1、高齢者ケアの最前線

向 井 嘉 之

急速に進む富山県の高齢化

コロナ禍はいつのまにか、すでに2年半が過ぎた。この間の日々を最前線で闘ってくれたのは、医療関係者をはじめ、介護職員、保育士、保健師の方々などいわゆるエッセンシャルワーカーと呼ばれる人たちだった。誰もがケアを必要とするということをケアの現場は切実に教えてくれた。ケアとはすなわち人を支え、おもいやり助けることである。

はからずもパンデミックによって、ケアの必要性と重要性が可視化されたが、ここではまず高齢者のケアとNPOについて考えてみたい。

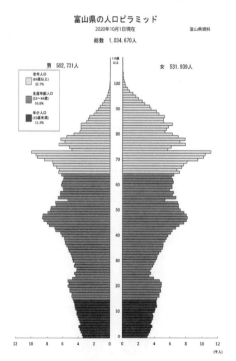

富山県の人口ピラミッド
2020年10月1日現在　　　富山県資料
総数　1,034,670人

男　502,731人　　　女　531,939人

老年人口
(65歳以上)
32.7%

生産年齢人口
(15〜64歳)
55.9%

年少人口
(15歳未満)
11.3%

「人生100年時代」と言われる長寿社会の到来はそれ自体、本来なら喜ぶべきことかもしれないが、高齢者ケアの観点から言うと、いきなり現実の厳しさに立ち向かわねばならない。富山県の人口は第1章で述べたように、1998年をピークに減り続けており、2020年10月1日現在で103万4,670人だったが、国立社会保障・人口問題研究所によると2040年には約86万人になると推定されている。

富山県の場合、人口に占める65

歳以上の高齢化率は、2020年で32.7％（富山県統計）、これに対し全国平均は28.7％（総務省統計）であるから、富山県は全国平均より一足早く高齢化が進んでいる。さらに国立社会保障・人口問題研究所がまとめた20年後、2040年の「世帯主が65歳以上の高齢者世帯」は富山県では48.4％と、半分近くになると推定している。このうち高齢者独居世帯は2040年には富山県は33％になると推定している。信じられないことだが、20年後には富山県内の約半分が高齢者世帯であり、全体の3分の1が高齢独居世帯になる。

　高齢者が増加すれば必然的に介護を必要とする高齢者が増えることになる。介護の必要度は、軽い順から要支援1、2と要介護1〜5の7段階になるが、こうした認定を受けて介護が必要となる人は、富山県の場合、2020年3月に6万3,739人で、65歳以上の認定率は18.7％である。富山県の将来推計によると2025年には6万8,000人、65歳以上人口に占める割合（認定率）は20.3％へと増加する見込みである。

　こうした数字を並べてみるとあらためて高齢者ケアのこれからをどう考えていくか現実の重さを感ぜずにはおれない。

　さて、日本における高齢者ケアを一変させたのは、2000年4月1日に発足した介護保険制度であった。それまでかつての施設中心型の高齢者政策は、高齢化率の上昇とともに、1980年代から在宅に比重が置かれるようになり、介護は家の中に閉ざされ、老親の面倒を見るのは家族、中でも女性に依存しながらの社会的入院も問題になっていた。こうした事態を踏まえ、高齢者ケアは介護の社会化に道をつけ、税財政による保護の制度から社会保険財源による加入者主体の制度へ大転換した。それは利用者の介護の選択の保障であり、介護サービス提供主体の多様化を促す画期的な制度であった。介護保険の主な歩みを記すと下記のようになる。

介護保険の歩み[2]

1995年2月　国の老人保健福祉審議会で介護保険の論議始まる。

1996年6月　40歳以上が保険料を負担し、市町村を運営主体として介護保険制度を創設することが固まる。

1996年9月　介護の社会化を進める「一万人市民委員会」が発足。

1997年12月　介護保険法が成立。

2000年4月　介護保険法施行。全国で制度スタート。保険料（全国平均）は月2,911円、利用者負担は一律1割。

2003年4月　初の介護報酬改定。2.3％の引き下げ。

2006年4月　予防重視への転換を打ち出す。

2009年4月　現場の人手不足を背景に介護報酬を3％引き上げ。

2015年4月　高所得者の利用者負担を1割から2割に引き上げ。

2018年4月　介護保険料が全国平均で月5,869円に。

2018年8月　特に所得が高い人の利用者負担を3割に。

　介護保険制度の歩みを概観すると、制度が発足して20年になる介護保険の現状も見え隠れする。すなわち、かつての、行政が提供を決める措置の時代から、利用者が介護サービスを選択利用するハードルが下がったことは大いに評価していい。ただ、介護保険料負担が次第に重くなっていく現状がある。全国では4人に一人、富山県では3人に一人が高齢者の時代にあって介護サービスは浸透したが、費用総額は全国で年約10兆円にのぼるのである。このため介護給付の圧縮が課題となっており事業者に支払われる介護報酬は厳しくなり、経営が苦しくなる事業者も出ている。制度の持続性が問われ、試行錯誤が続いているのが介護保険である。

　介護保険制度利用の流れを図式化すると以下のようになる。

　こうした介護サービスの中で最も利用率の高いのはデイサービス（通所介護）である。要介護認定を受けた人が自宅での生活を続けながら身体機能の維持・向上を目指し、他の人たちとも交流しながら社会的孤立を解消していくサービスとして地域で歓迎されている。

　デイサービスでは、入浴や昼食、排せつ介助、機能訓練などをしながら過ごすことができ、また家族も自分の時間を持つことができるので利用が多いのであろう。前述したように最近では特に高齢者の増加により介護給

介護保険制度利用の流れ（イメージ）

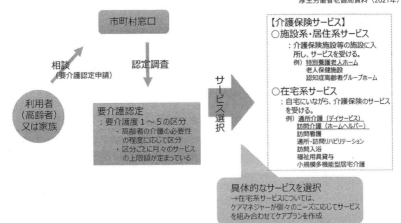

厚生労働省老健局資料（2021年）

付そのものを抑制する方向にある中で、在宅をベースとした方向へシフトしつつある。また、認知症高齢者も急速に増えており、認知症に対応したサービスを求められるようになってきた。

　いずれにしても2000年の介護保険制度導入は福祉分野、とりわけ介護系の分野の姿を大きく変え、それまで公益法人や社会福祉法人が担っていた福祉サービス分野にNPOがあらたな事業体として参入していった。特に富山県ではNPO法人第1号となった「デイサービスこのゆびとーまれ」の存在が大きい。「デイサービスこのゆびとーまれ」は『NPOが動く　とやまが動く』2012で詳しく紹介したが、惣万佳代子さんら、富山赤十字病院を退職した3人の看護師によって、NPO法人制度ができる前の1993年、民営デイサービスの施設として富山市でスタートした。民家を使い、家庭的な

雰囲気のもと、対象者を限定せずにサービスを提供するこの施設は、既存の縦割り行政にはない、柔軟なサービスの形として全国的に注目を集め、行政が後追いした形で

NPO法人　デイサービスこのゆびとーまれ
〔住所〕富山市富岡町355
〔Tel & Fax〕076-493-0765
〔Email〕konoyubi@r9.dion.ne.jp
〔Web〕http://toyamagata.com/konoyubi/

補助制度を設け「富山型デイサービス」として広がっていった。富山型デイの特徴は①多機能（高齢者・障害者・子どもなど誰もが対象）、②小規模（利用定員が少なく、家庭的な雰囲気がある）、③地域密着である。こうしたパイオニアの先行例をもとに、NPO法による任意団体への法的契約可能な法人格付与、続いて民間事業者の参入を前提とした介護保険制度による財政基盤の安定という二つの大きな要素を伴い、NPOが活躍する介護ビジネスの分野が確立された。

富山県厚生部のまとめでは2020年度末で富山型デイサービスは富山県内では128ヵ所、全国では2019年度末で2,721ヵ所にのぼっている。全国のデータは国の統計などがないため、富山県が各都道府県に独自に聞き取って調べ、高齢者と障害者、高齢者と子どもなど、複合的な組み合わせで受け入れている事業所を富山型としてカウントしたものである。

ちなみに富山県内の事業所数を地域別にすると以下のようになる（富山県厚生部資料）。

もちろん、これらの事業所の運営主体はNPO法人だけではない。一覧にすると以下のようになる。（富山県厚生部資料をもとに作成）

このグラフにあるように富山県ではまだまだ介護系NPOがケアの最前線で市民の期待に応えているが、最近では営利事業者がこの分野に進出、株

富山型デイサービス市町村別事業所数

富山市	57
高岡市	14
魚津市	5
氷見市	5
滑川市	3
黒部市	5
砺波市	7
小矢部市	5
南砺市	2
射水市	14
舟橋村	1
上市町	2
立山町	5
入善町	1
朝日町	2
計	128

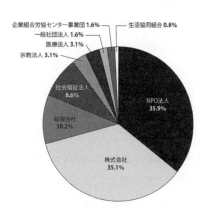

富山型デイサービス事業所の運営主体（2022年3月末現在）
富山県資料

企業組合労協センター事業団 1.6%
一般社団法人 1.6%
医療法人 3.1%
宗教法人 3.1%
生活協同組合 0.8%
社会福祉法人 8.6%
有限会社 10.2%
NPO法人 35.9%
株式会社 35.1%

式会社系が富山県内でも増えつつある。とにかく事業者の最大の課題は介護労働力不足であろう。介護報酬の見直しも度々繰り返されているが、介護保険サービスはマンパワー不足と事業者間競争の狭間で、NPOも厳しい競争にさらされているのが現状である。

　参考までにNPO法人が運営する富山型デイサービスの富山県内事業所46ヵ所を富山県厚生部の資料から紹介しておきたい。

NPO法人が運営する富山型デイサービスの事業所			2022.3.31現在
富山市〈16〉	このゆびとーまれ	滑川市〈1〉	デイサービスほがらか
	デイサービスこのゆびとーまれ茶屋	黒部市〈3〉	まごの手
	デイサービスこのゆびとーまれ向い		特定非営利活動法人あいの風
	デイケアハウスにぎやか		富山型デイサービスきずな
	デイサービスセンター緑	砺波市〈2〉	デイサービスしょうずんだ
	しおんの家		さくらの家矢木
	ふるさとのあかり	小矢部市〈1〉	デイサービスわくわく小矢部
	ふるさとのあかり八町	南砺市〈1〉	デイサービス母笑夢
	デイサービスセンターおらとこ	射水市〈7〉	ふらっと
	小規模多機能ホームおらとこ東		いちにのさんぽデイサービス
	ありがとうの家		いちにのさんぽ練合
	サポートハウス神通さくら野		ケアサークルひばり
	デイサービスありがた家		デイサービスわしづか
	ありみね		イヤサー新湊
	とやま型デイサービス大きな手小さな手		月と太陽
	えがおでねい	舟橋村〈1〉	デイサービスむらのなか
高岡市〈5〉	デイケアハウス手をつなごう	上市町〈2〉	デイサービス元・気・楽
	小規模共生ホームひらすま通所介護事業所		お茶の間
	小規模多機能ホームひらすまあらいべ	立山町〈2〉	デイサービスいい茶家
	二塚よりどころ		デイサービスつくしの森
	富山型デイサービスふく福	朝日町〈1〉	富山型デイサービスカエルの子
魚津市〈1〉	こみゅにていはうす愛夢	計	46事業所
氷見市〈3〉	デイサービスわかば		
	みんなの家のどか		
	花みち（デイサービスわかば）		

　2019年の「富山県政世論調査」によると、「将来介護が必要になった場合の希望」を聞いたところ、「住み慣れた地域での生活を希望」が66.5％、「このうち自宅での生活を希望」が48.9％となっており、6割以上の人が富山型デイなど、地域でサービスを受けられる場の整備が必要と回答している。富山型デイは「誰もが地域でともに暮らす」（共生）を重視しており、

地域福祉の拠点になってきた。さらに今後は富山型デイを核としながら、自宅からの「通い」を中心として、希望や状況に応じて、「訪問」や「泊まり」を組み合わせた「小規模多機能型居宅介護事業所」の整備や在宅医療の充実に向け「訪問看護ステーション」の設置増などが地域密着型サービスの課題になっていくであろう。

ここでは2つの富山型デイを訪ねてみた。

NPO法人「ひらすま」

小矢部川にほど近い高岡市木町の住宅地にある「ひらすま」は文字通り地域の茶の間的存在として19年目を迎えた典型的な富山型デイサービスの事業所である。「ひらすま」とは富山県の方言で「お昼寝・お昼休み」という意味だが、筆者が訪ねた「ひらすま」には高齢者が数人、のんびりとおしゃべりをしたり、お茶を飲みながらくつろいでいた。まるで自宅のような雰囲気である。

お年寄りも子どもも、利用者も地域の人も、「ひらすま」のある日（佐伯知華子さん提供）

地域密着型の小規模な通所介護事業として始まった「ひらすま」は、2012年、すぐ近くに小規模多機能ホーム「ひらすま あらいべ」をオープンさせた。「あらいべ」とは分家という意味である。もともと看護師だった佐伯知華子さんと出口てるみさんの二人で始めた「ひらすま」は、1日、10人から15人の利用者だが、地域の民生委員や利用者家族が参加しての座談会を開いたり、隔月に『ひらすま新聞』を発行し近隣の自治会で回覧してもらったりしながら、地域

NPO法人 「ひらすま」
〔住所〕富山県高岡市木町 2-25
〔Tel〕0766-25-5010 〔Fax〕0766-25-5710（ひらすま）
〔Tel & Fax〕0766-24-4021（ひらすま　あらいべ）
〔Email〕hirasuma@p1.tcnet.ne.jp

づくりに貢献、今や地域になくてはならない存在になった。

2020年春からのコロナ禍で「ひらすま」も大きな影響を受けた。ケアの最前線で影響を受けなかったところはおそらく皆無だろうが、「ひらすま」でも利用者が複数感染し、一時休所したり対応を迫られた。感染した利用者の中には命の危険に陥った人もあり、佐伯さんをはじめ、「ひらすま」のスタッフも気が気ではなかったという。ようやくそうした危機を乗り越えて、利用者もスタッフも落ち着いてきた。地域にあって高齢者が多くの時間を過ごす地域密着型サービスはますます必要とされていくことだろう。

NPO法人「大きな手小さな手」

耳の不自由な人に対応するデイサービスが富山市に誕生したのは2014年5月、この事業所には手話のできるスタッフが常駐し、しかも子どもからお年寄りまですべて受け入れるという富山型デイである。「大きな手小さな手」という名称は高齢者と子どもが手話で会話を楽しむ様子を表現したもので、手話で自由にコミュニケーションができる場づくりが設立の願いである。

代表の金川宏美さんへのインタビューは、NPO人で紹介するが、2007年、金川さんらが、富山市在住で60歳以上の聴覚障害の人を対象に聞き取り調査を実施したところ、障害ゆえに情報入手が十分でなかったり、制度や福祉サービスについても理解できていない状況が見えてきたという。そのことがきっかけで、地域で孤立する多くの聴覚障害者の存在を知り、もっ

高齢者も子どもも手話で会話を楽しむ「大きな手小さな手」(金川宏美さん提供)

・・・・・・・・・・・・・・・・・・・・・・・・・・・・・・・・・・・・・
NPO法人　大きな手小さな手
〔住所〕富山市蓮町2丁目9番8号
〔Tel〕076-471-5223
〔Fax〕076-411-5112
〔Email〕kanagawa@tete-toyama.com
〔Web〕http://www.tete-toyama.com
・・・・・・・・・・・・・・・・・・・・・・・・・・・・・・・・・・・・・

と誇りと生きがいを持てる交流の場を目標に「大きな手小さな手」の開設にこぎつけた。富山県内の聴覚障害者は富山県厚生部障害福祉課によると2019年3月現在で4,422人、このうち手話を話す障害者は推定で600人である。

　実は社会福祉法人「富山県聴覚障害者協会」が2021年に行った「富山県聴覚障害者生活実態調査報告書[3]」によると、日常の生活や就労などはもとより、災害の情報や避難など緊急時の対応に不安を感じている聴覚障害者が多いことが浮き彫りになった。また、そうしたことを背景になによりも「聴覚障害者と話ができる人を増やしてほしい」とする回答が多い。2018年3月に「富山県手話言語条例」が制定されたが、手話ができる人や手話通訳者がまだまだ少ないことを示している。このアンケートで、聴覚障害者に配慮したデイサービス「大きな手小さな手」を知っているか尋ねたところ、63％の人が「知っている」と答えているが、利用者はまだまだこれからのようだ。このアンケート結果について、金川宏美さんは特に高齢聴覚障害者の支援について「在宅生活が困難となった方の次の住まい（入居・入所施設）をどうするか検討する段階にきている。対処的な支援では支えきれない、将来を見据えた継続的で連帯した支援のあり方が必要だと実感している[4]」と力説している。

認知症高齢者をどう支援するか

　高齢者ケアの課題の中で大きな比重を占めてきているのが認知症高齢者への対応であろう。データはやや古いが、富山県が65歳以上の高齢者を対象に2014年に実施した「認知症高齢者実態調査」によると、認知症高齢者の有病率は65歳以上人口のうち、15.7％で前回2001年の調査よりさらに増加していることがわかった。この割合による富山県内の認知症高齢者の総数（推計）は2014年時点で約5万人となる。

　このうち要介護認定を受けていない認知症高齢者はおよそ4分の1の24.7％だった。また、認知症高齢者で、徘徊、興奮、昼夜逆転など、何らかの

周辺症状がある人は61.6％という数字が出ている。さらにこうした認知症高齢者を介護する人の平均年齢は67.7歳で前回2001年調査より、6.9歳も上昇している。この時点ですでに「老・老介護」が指摘されている。富山県が推計した認知症有病者数は年々増加しており、2040年の有病率は約9万人、65歳以上人口の27.8％と4分の1以上の推計になっている。当然のことながら社会全体でいかに認知症の人々を支えていくかが、地域の大きな課題になりつつある。各市町村でも認知症サポーター（2021年3月末、13万4,437人）の養成や地域支援推進員（2021年4月、78人）の増員に力を入れているが、認知症にやさしい地域づくりが急がれる。

富山県内の認知症対応型通所事業所は、2022年1月現在、68ヵ所であるが、コロナ禍以前は74ヵ所あったので、このコロナ禍、認知症対応が一段と難しくなった証左ではないかと思う。

公益社団法人 「認知症の人と家族の会 富山県支部」

　そんな中、筆者は2022年5月の連休明けに、富山市のサンフォルテ（富山県民共生センター）で認知症の皆さんと家族が集まるカフェに参加させていただいた。カフェは「認知症の人と家族の会　富山県支部」が毎年開いているもので、歌声や絵手紙などを楽しみながら、認知症の本人を含めて介護家族がお互いに励ましあう、家族の会の大切なつどいだ。

　参加してみて驚いた。この日の参加者は約30人、歌声カフェだったが、歌集が配られると早速、にぎやかな歌声が始まった。「みかんの花咲く丘」に「若者たち」、高齢も障がいも認知症も、何の垣根もなく皆さんが、コロナ禍まだまだマスクをつけてはいるが、積極的に明るい歌声を続けている。本当に楽しそうだ。筆者も思わず皆さんの歌声に引き込まれ、声を合わせていた。

　集いの後半では認知症の本人と家族が別々の部屋に分かれる。本

公益社団法人　認知症の人と家族の会　富山県支部
〔住所〕富山市明輪町 1-242-601　勝田方
〔Tel〕076-441-8998
〔Fax〕076-441-8998
〔Web〕http://kazokutoyama.jimdo.com

認知症カフェ　歌声の会（サンフォルテ）
（向井嘉之撮影）

手足を動かし楽しさ倍増　歌声の会（サンフォル
テ）（向井嘉之撮影）

人たちは続けて歌ったりおしゃべりをしたりして過ごすが、家族はお互いに日頃の介護の状況を話し合いながら、家族の会富山県支部事務局長の勝田登志子さんからアドバイスをもらったりする。筆者は後半、家族の集いに参加させてもらったが、そこでは認知症の人たちが日頃、どのように歯磨きをされているかから話が始まった。食べることは誰にとっても生きる基本、時間がかかっても自分で歯磨きができる人はいいが、家族が手伝ったり、ヘルパーが補助したり、電動ブラシを使ったり、いろいろなアドバイスが飛び交い期せずしてこの場が相談会になる。家族の参加者にはつい最近、認知症の妻を亡くした人も参加していた。勝田さんが、その人に言葉をかけそれとなくケアしていく。また少しずつ認知症の病状が悪化していき、介護する立場から不安を訴える人には、どう本人のいらだちを抑えるか、また介護する家族の余裕をとり戻していくか、施設のショートステイ利用を組み合わせながら、本人も家族も励まし合える在宅高齢者福祉の基本について意見交換を進める。認知症があっても本人も家族も「つながる心」が日常を支えてくれる。「認知症の人と家族の会」はまさにそんな貴重な場を提供していると感じた。

　この家族の会の活動は実は今年40年目に入っている。誕生したのは1983年、当時は認知症への社会の理解は希薄で「呆け老人」という、むしろ差別・偏見的な言葉が使われていた。しかし、当時、富山県保険医協会の事

務職の仕事をしていた勝田登志子さんは、むしろこの「呆け老人」という言葉を使って、「呆け老人をかかえる家族の会」（現・認知症の人と家族の会）を設立した。それは社会に訴える問題意識を呼び起こすためだったと話すが、現在の世話人の一人は勝田さんについて「勝田さんは常に現実を見ながら、一歩時代の先端を歩む人」と語ってくれた。以来40年、「認知症の人と家族の会」は、カフェと呼ぶ各種の集い、勝田さんが中心となって行う電話相談、そして毎月発行される会の富山県支部だより、この支部だよりのタイトルは「ぽーれ・ぽーれ」、スワヒリ語で「ゆっくり　やさしく　おだやかに・・・」の意味とのこと、認知症があっても安心して暮らせる社会をめざす会の心を象徴しているようだ。

　会員は現在約300人、勝田さんを中心とする世話人会にも出席させていただいたが、世話人の一人から「今日私があるのはこの会のおかげ、家族が認知症になった時に、最初は何が何だかわからなかった。認知症の本人と一緒に死さ考えたが、この会に入って、こ

会報誌『ぽーれ・ぽーれ』（「認知症の人と家族の会 富山県支部」版）

の苦しみは私だけではないことを知った。孤独が少しずつ癒され仲間がいることに励まされ、生きる道を選んできた」の言葉を聴き、あらためて「ぽーれ・ぽーれ」の意味をかみしめている。

引用文献
1 ）『富山県高齢者保健福祉計画　第8期　富山県介護保険事業支援計画』概要版　富山県、2021
2 ）2019年3月26日付け『北日本新聞』
3 ）富山県聴覚障害者協会『富山県聴覚障害者生活実態調査報告書』2021
4 ）富山県聴覚障害者協会『富山県聴覚障害者生活実態調査報告書』2021

参考文献

１．富山県『本県の高齢化の状況と高齢者保健福祉等の状況』2020

２．辻哲夫『日本の高齢者ケア政策の将来』2019

      www.meti.go.jp › press › 2019/09　　取得日2020年3月22日

３．富山県『とやまの福祉　地域共生社会の構築に向けて』2012

４．富山県厚生部厚生企画課『とやま型地域共生福祉の推進』富山県、2020

５．金谷信子『介護サービスと市場原理』大阪大学出版会、2022

６．岡野八代「ケア/ジェンダー/民主主義」『世界』2022年1月号、岩波書店

「ひらすま」は、介護すると言うよりは、その人の人生にとことん付き合うところ。

佐伯知華子 (さえき・ちかこ)

NPO法人 「ひらすま」 代表

1964年 富山県砺波市生まれ。
1991年〜2004年 療養型病院の看護師として勤務。
2004年 小規模共生ホームひらすま通所介護事業所 設立。
2012年 小規模多機能ホーム「ひらすま　あらいべ」オープン。

13年間の看護師の生活から富山型デイを開設されることになった動機を教えてください。

　看護師をしていた頃、富山型デイ「にぎやか」の5周年イベントに出かけた時に見た同じ富山型デイ「このゆびとーまれ」の映像に衝撃を受けたことが始まりです。

衝撃というのは具体的にどんなことですか。

　それまで看護師というのは看護が必要な人のお世話をすることだと思っていましたが、「このゆびとーまれ」の映像には赤ちゃんをおんぶしている認知症のお年寄りが登場しました。赤ちゃんもこのお年寄りも「このゆびとーまれ」のいわば利用者です。たとえ認知症のお年寄りでもここでは赤ちゃんの世話をしているように、スタッフも利用者も同じ仲間としてお互いに支え合っている姿に感動し、誰もが一緒に生きていく仲間だということを教えられました。

「ひらすま」の理念は「誰もがその人らしく、地域で」ということですが、もう少し、この理念・目的を詳しくお話ください。

　誰も排除せず、みんなで一緒に生きるということを目標に、どのような状態の人でも、とことん地域生活を支援します。生きる目的というのは、人間同士がお互いに支え合いながら、生きることです。他人との関わりがあってこそ生きる意味につながるのではないでしょうか。「ひらすま」は地域住民が暮らす住宅地の中にあり、地域の住民の皆さんにも助けてもらえるし、生活に密着した環境です。これからも利用者、スタッフが一緒に笑って泣いて悩んで、一緒に生きるところにしていきたいと思います。

耳の不自由な人に寂しい思いをさせたくない。
亡くなるその時まで手話でお話させてあげたい。

金川　宏美 （かながわ・ひろみ）

NPO法人「大きな手小さな手」代表理事

1965年　富山県滑川市生まれ。
1999年　手話通訳者となる。富山県聴覚障害者の医療を考える会事務局長として
　　　　高齢聴覚障害者の実態把握に努める。
2005年　厚生労働大臣認定手話通訳士となる。
2013年　NPO法人「大きな手小さな手」設立。

そもそも手話通訳を始めることになったきっかけはどんなことからですか。

　若い時にどうしても手話でお礼を言いたい耳の不自由な方がおられたので、近くの手話サークルに入って手話を学びました。手話通訳をするようになってから聴覚障害のために思いが伝わらず悔しい思いをしている人を知ったり、病院でも聴覚障害者に適切な医療が届きにくいことなどを知りました。

手話のできる職員が常駐し、聴覚障害のある人に対応するデイサービス施設は珍しいと思いますが。

　健常者ばかりの施設ではどうしても孤立しがちです。今度のコロナ禍で施設に入所しておられる聴覚障害者が外出自粛で「大きな手小さな手」を利用できなくなったこともあり、つらい思いをしました。こちらから面会に行ったこともあります。

利用者は聴覚障害のある人もない人も子どもから高齢者まで受け入れる富山型ですね。

　介護保険サービスの提供は65歳以上の高齢者が対象ですが、富山型にしたのは年齢に関わらず聴覚障害者・児が集う場を提供できるからです。聴覚障害児にとっては同じ障害を持つ人たちと世代を超えて交流できますし、年齢関係なしに手話で話せます。家庭や地域にはない富山型デイだから作れるコミュニティなんです。

「大きな手小さな手」を今後どのように育てていきたいですか？

　ここへ来ると聴覚障害者は見違えるように変わります。聞こえる人たちの中で我慢をし、会話する楽しみもないまま、年老いて亡くなっていく、絶対そんなふうにしたくありません。できればグループホームのようなものを作って、小さい頃から差別や絶望を経験しつらい思いをされてこられたので、安心して穏やかな人生を送らせてあげたいです。

お互いに悩みを話し合い、認知症にやさしい地域
をつくっていきたい。

勝田登志子 （かつだ・としこ）

公益社団法人 認知症の人と家族の会 富山県支部　事務局長

1944年　富山県上市町生まれ
1983年　「呆け老人をかかえる家族の会」富山県支部設立、事務局長に就任
1986年　「呆け老人をかかえる家族の会」本部理事に就任（〜2015年）
2005年　　　　　　　　　本部副代表に就任（〜2015年）
2006年　「認知症の人と家族の会」富山県支部に改称（事務局長）
2006年　国の社会保障審議会委員に就任（〜2015年）
2015年　「認知症の人と家族の会」本部顧問に就任（〜2017年）

認知症の人たちと家族の問題に取り組むことになったきっかけをまず教えてください。

　医師らでつくる富山県保険医協会の事務職をしていた時、認知症をテーマにした講演会を開いたところ、大変な反響で特に「家族の会をつくってほしい」との声が多かったので、思い切って交流の機会をつくることにしました。

これまで40年の長きにわたる活動で、大切にされてきたことはどんなことですか。

　何よりも認知症の本人も家族も会の世話をする人もみんなが楽しくが一番です。私一人では何もできませんが、世話人の皆さんがこの会を一緒に支えてくださって続けてこれたことがよかったと思います。世話人の皆さんの中にはご家族の介護で苦しまれた方も多いのですが、その貴重な経験を社会にお返ししたいという気持ちからボランティアで取り組んでいただいているのがうれしいです。

コロナ禍で大変なご苦労があったかと思いますが？

　私はむしろこういう家に閉じこもりがちにならざるを得ない時期こそ、活動を停止させてはいけないと思い、公共の施設や会場が閉鎖にならないかぎり、できるだけカフェや集いを開催してきました。もちろん感染対策をしながらですが、でもやってよかったなとつくづく思います。

設立から40年という一つの節目を迎えられましたが、今後の課題はどんなことですか。

　設立当初、赤ちゃんを背負ったお母さんが「両親をなんとか在宅で介護したい」と訴えられた姿を忘れることができません。認知症は他人事ではありません。是非、若い人たちにも関心をもってもらい、住み慣れた地域でともに生きていく社会をつくっていきたいと願っています。

第2章　検証　社会的弱者への直撃　65

2、誰もが当たり前に地域で生きるために

川　添　夏　来

　私たちは日本国憲法において、誰もが幸せを追求する権利を与えられているはずである。しかし、「障害」があることにより、学ぶ場所、住む場所、働く場所などが「制限」され、生まれ育った場所で生きていきたいと願うことが非常に難しい現状にある。それは何故なのか。

　障害者福祉制度は、2003年4月の「支援費制度」の導入により、従来の「措置制度」から「契約制度」へと大きく転換した。行政がサービスの内容や利用先を決定していたのが、障害者の自己決定に基づきサービスの利用ができるようになった事により、障害者が地域で生きていくための基礎が出来上がった。

　また、1998年12月に施行された「特定非営利活動促進法」（NPO法）は、特定非営利活動を行う団体に法人格を付与することなどにより、ボランティア活動をはじめとする市民の自由な社会貢献活動としての特定非営利活動の健全な発展を促進することを目的とされており、この2つの制度変革が障害者福祉に新しい展望を開いた。

優生思想と障害者

　ドイツにおける優生学・優生思想はナチス・ドイツが行った障害児者への安楽死が有名であり、1933年には「遺伝病子孫予防法」という、いわゆる断種法が成立していた。また、今では福祉国家と呼ばれるスウェーデンにおいても、1915年の婚姻法において知的障害者、精神障害者、てんかん患者の婚姻を禁止し、1934年には、知的障害者と精神障害者の不妊手術を認める断種法を制定している。「障害者ゆえに自己決定能力に欠く」という理由で本人の同意が不要だった。これらの背景には「国民がより健康にな

れば、社会保障の必要な人がそれだけ少なくなる」という経済理論があり、福祉とは"健常者の福祉"であり、福祉の名の下に障害者が抹殺されていた。

　日本においてもナチス・ドイツの断種法の影響を受け1940年に「国民優生法」が制定された。その後1948年には「優生保護法」に名称を変え、優生目的での不妊手術の対象を拡大し、障害者が子どもを持つこと、すなわち「障害者の再生産」を阻止することが大きな目的となった。その後1957年に結成された「全国青い芝の会」を中心とした障害当事者団体が障害者の生きる権利を主張し、女性団体は女性の権利を訴え、1996年に「母体保護法」として大きく生まれ変わった。

　現在では、優生目的での不妊手術、断種手術などを「強制的」に行うことはなくなったが、出生前診断において、命の選別は続いている。現在では新型出生前診断と呼ばれる「NIPT（無侵襲的出生前遺伝学的検査）」が日本にも導入され、危険性が問題視されている羊水検査をしなくても、非常に高い精度で染色体異常（主にダウン症候群）を診断できるという。

　私たちは、この「新型出生前診断」についてどこまで理解しているのだろうか。高齢出産とは35歳以上とするのが一般的である。35歳以上におけるダウン症候群の出生頻度は約250分の1～450分の1まで様々な数字がインターネット上で見られる。この幅は、妊娠中のダウン症候群の胎児の流産死率が高いため、妊娠のどの時期かにより出生頻度が大きく変わるといわれている。また、胎児の染色体の病気は珍しいものではなく、受精卵の10～20％の割合で存在し、その多くは妊娠の進行とともに流産、死産する。ダウン症候群は一般に600～800人に1人の割合で生まれることを考えると、80％以上が流死産で失われていることになる。お腹の中ですくすくと成長し、無事に生まれてきた20％近くのダウン症候群の赤ちゃんは、選ばれた強い生命力に満ちた子どもたちなのだといえるのかもしれない。精子と卵子が出合うのは奇跡に近い。その奇跡の後、10ヵ月もかけてお腹の中で育ち、無事に生まれてくるのも奇跡。奇跡に奇跡を重ねて尊い命がこの世に誕生する。その命を「優劣」により判断することができるのだろうか。「障害」をもって生まれて「不幸」なのは誰なのか。誰が「不幸」にさせてい

るのか。

　産婦人科医が「優生思想」とその歴史に、どう向き合っているかによって、「新型出生前診断」は良い方向にも悪い方向にもいく。現実は悪い方向へ向かっているように思える。

　現在19歳になるダウン症候群の男性が生まれたとき、出産間もない母親は小児科医から心臓に疾患がある旨を伝えられ「天命を全うする考え方もある。この子は治療しなければ10歳までしか生きられないけれど、天命を全うするという考えは悪いことではない。生きている間、可愛がってあげればいいのでは」と、言われたそうだ。健常な子が心臓に疾患をもって生まれた場合、このような話を医師がするだろうか。ダウン症候群で生まれてきたことにショックを感じていたところに、医師からこのように言われ、すぐに答えを出せなかったそうだ。一晩考え、「手術をしないということは死ぬために育てろということなのか」と感じ、「それは嫌だ！」と涙が出てきて、翌日、手術を受けると医師に伝えたと、「障害児も普通学級へ・富山連絡会（通称：あっぷっぷの会）」のメンバーの一人が語ってくれた。

　「あっぷっぷの会」とは、どんな障害があろうとも地域の小学校の普通学級で学べるようにと、障害児の親、教員、支援者などで構成されている市民団体だ。普通学校の普通学級で障害児が一緒に学ぶなんて親のエゴだともいわれる。しかし「学校は社会の縮図」であり、学校ですら受け入れられないのであれば社会が障害者を受け入れるなんて絶対に不可能だ。逆に、学校で受け入れられるのであれば、社会で受け入れる準備が整ったといえる。「あっぷっぷの会」はそんな社会を目指して、インクルーシブ教育実現のために相談を随時行っており、レクリエーションなども行っている任意団体だ。

　重度障害当事者がスタッフとなり、介護人派遣事業を行うNPO法人「文福」の八木勝自元理事長（立

障害児も普通学級へ・富山連絡会　あっぷっぷの会
〔住所〕富山市城村 737-1
〔Tel〕090-3767-7292（シミズ）

ち上げから2022年3月まで理事長を務め、現在は理事）は、生後間もない頃、「はしか」により脳性麻痺になった。20代後半まで入所施設で過ごし

た後に入所施設から地域で自立生活を始めたとき、「健常者がいっぱいいて怖かった」と言う。施設では多数の障害者に少人数のスタッフしかいなかったため、その逆転した世界が怖く感じたと言う。普段は接点がない障害者を見て「怖い」と思う健常者と、健常者を見て「怖い」と思う障害者は、それぞれが不幸である。

　八木さんは地域で障害者が生きていくため、2003年に「文福」を立ち上げ、障害者が本当に必要としている介助を受けるための介助人派遣事業をスタートさせた。地域で生きる障害者が一人でも増えることを願いながら、現在も介護経験のない学生などが多くアルバイトとして働き、地域で障害者が生きる意味を社会に問いかけている。

　私たちは未知なるものに恐怖を感じる。しかし、隣の席の子には恐怖を感じない。子どもの許容範囲の広さは凄まじい。9年間にわたり普通学級に通う自閉症児の付き添いをした自分自身の経験から、子どもたちには、限りない可能性があると感じた。義務教育の9年間を自閉症児と同じクラスで学び、その後福祉を学ぶ大学生に、クラスに自閉症児がいるとどんな感じ

スタッフの忘年会で盛り上がってます！（福田文恵さん提供）

NPO法人　文福
〔住所〕富山市五福 3734-3
〔Tel & Fax〕076-441-6106
〔Email〕bunpuku@ab.auone-net.jp
〔Web〕http://bunpuku.org/index.html

だったかを尋ねると、しばらく考えてから「特になにも感じなかったな。それが普通だったから」と言った。「普通」と感じられる感性は、子どもの頃、当たり前にいた自閉症の子と共に生きてきた証であり、それこそが「優生思想」を乗り越える一歩なのではないかと感じている。この感性がない、共に生きてきた経験がない産婦人科医には、新型出生前診断のカウンセリングはできないのではないかと思う。産婦人科医は、生まれ出たその後の障害児の成長を知らない。

たとえばダウン症候群の赤ちゃんがこの世に生まれ、どのように成長し、どのように地域の中で生きているのかを知ることは少ないと、「日本ダウン症協会富山支部（通称：つなGO）」の上原公子支部長は話す。「つなGO」は、各種相談や情報提供、啓発活動のほか、医療機関と連携することにより早い段階からのサポートにも力を入れている。

　上原さんに、新型出生前診断を受けて陽性反応が出た人からの相談があったかどうかを聞いてみたところ、経験があると話してくれた。「不安を抱えた夫婦に『大丈夫』だと安易に伝えることはできない。伝えられるのは、今現在ダウン症候群の人たちがどんなふうに育ち、どんな人生を歩んでいるか、それしか伝えられないし、それこそが伝えなくてはいけないことだから……でも、どれだけ言っても伝わらない悲しさがある」と。

日本ダウン症協会　富山支部（つなGO）
〔住所〕富山市上大久保1585-1 希望の郷ケアタウン内
〔Tel〕090-7599-1336（カミハラ）
〔Fax〕076-482-6624（Fax専用）
〔Email〕jds-tym@p1.coralnet.or.jp
〔Web〕
富山支部のブログ http://blog.livedoor.jp/jds_toyama
【つなGOで検索】
公式インスタグラム https://www.instagram.com/tsunago275/【tsunago275で検索】

　夫婦が「悩みに悩んだとき、産みたい気持ちはあっても、周りの、特に親（祖父母）の反対が大きく、断念するケースもあるという。「苦労するのが目に見えている」ということか。苦労するのはいったい誰か……親が苦労する。だから障害児は「生まれてきてはいけない命」なのだ。しかし、それは具体的にどのような「苦労」なのかを聞いてみると曖昧な答えしか返ってこない。

　「働けなくなるのではないか」「お金がかかるのではないか」などが多く聞かれる言葉だが、障害者の制度を知ることにより、これらの不安は軽減されるのではないか。障害児をもつと共働きは難しくなるのではないかとの心配があるが、現在、障害児へのサービスは充実してきている。放課後等デイサービスなどの広がりにより、親が付きっきりで介護をしなくてはいけない時代は過去のものとなりつつある。何かあったときには呼び出されるが、それは健常児も同じだろう。常時介護が必要な障害児の保護者に

は特別児童扶養手当や障害児福祉手当などが支給される。20才になれば本人が障害基礎年金を受給する。現在、障害児を育てている親たちの話を聞けば、どのような生活が待っているのか、どのようなサポートがあるのかが理解できるだろう。

　出生前診断を受けようとしている人たちは、その診断の説明は受けるが、障害者がいかに生きているかの説明を聞くことはほぼない。その情報をきちんと伝えられる産婦人科医は極めて少ない。本当に「障害者は不幸」なのか。何を根拠にそう言っているのか、私たちは「命」というものに優劣をつけていいのか……今一度考えてみなくてはいけない。

入所施設と障害者

　2016年7月26日未明に起きた相模原市の障害者入所施設「津久井やまゆり園」での障害者殺傷事件（死者19名・負傷者27名）は、なぜ起きたのか。今まで多くの学者、障害当事者などが面会に訪れ対話をしたが、「なぜ」に対する答えが見えないまま死刑が確定してしまった。これで植松死刑囚と面会できる人は限られた人だけになってしまい、この悲惨な事件がなぜ起きたのか、その背景にあったものは何なのかが闇に葬られてしまうのではないかとの不安がある。植松死刑囚を擁護することは到底できないが、衆議院議長宛に送った手紙の中に「保護者の疲れきった表情、施設で働いている職員の生気の欠けた瞳」と書いてあり、NPO法人「日本障害者協議会」代表の藤井克徳さんが面会に訪れた際に「今の考え方は、施設に勤めたことと関係している」旨を述べている、このことに社会が正面から向き合わない限り何も変わらない。また、この事件後マスメディアの取材や、津久井やまゆり園の入所者の家族の手記などから、どんな施設だったのかが徐々にわかってきた。神奈川県が津久井やまゆり園の再生に向けて、障害者団体の代表や有識者の出席のもとで開いた公聴会では「かながわ共同会（津久井やまゆり園の運営団体）と津久井やまゆり園は、現時点では被害者の立場に置かれている、しかし、その背景が明らかになっていくこ

とによって、加害者の立場に逆転するかもしれない」との発言が相次いだ。やまゆり園の支援記録には一日何もしていない様子や、「見守りが困難なため」との理由で車いすにＹ字拘束されていたという実情が書かれていた。また植松死刑囚の手記からも「噛む必要のない流動食をスポイトでねじ込む」という描写も出てくる。やまゆり園での生活は、障害者が「意思」をもって生きるには無理があったのではないだろうか、と推測できる。一人ひとりと向き合い、相手の意思を尊重しながら多人数での共同生活を送るのは非常に難しい。人員配置的な問題ももちろんあるであろう。入所施設のすべてを否定はできないが、人が人らしく生きていく環境を、大型入所施設で実現するのは不可能に近いほど難しい。障害者の入所施設を見学に行き、ここで生きていきたいと思う人はいるのだろうか？自分自身が入所したくもない場を提供することは、不味いと思いながら料理を提供するレストランのようなものだ。

「自分が不味いと思うものを出すことはできない、予算的にきついけど、自分が美味しいと思うものを一緒に食べて、節約しながら生活を共にする事でリアルな生活者としての感覚を大事にしたい」と、富山市内で障害者のグループホームを立ち上げたＮＰＯ法人「ハートビート」の黒崎健司代表は言う。入居者の自己負担額を開設時からずっと４万円前後（家賃補助込み、出ない人は５万円前後）に設定し、「お金がなくても地域で暮らせる」という選択肢を作り出した。この負担額だと、障害基礎年金しか収入がない障害者でも手元に少し残り、生活をすることができるギリギリのラインだ。ギリギリゆえに光熱費等の節約をくどくど呼び掛けているというが、「それも社会性を付けるという意味で悪いことじゃないと思っている」と黒崎さんは言う。また、ハートビートでは特別な行事や外出は行わない。

グループホームに「施設的」な生活を期待して来る人がこれまでにも結構いたけれど、それだと場所が違っただけで結局は「カゴの中の鳥」になってしまう恐れがあ

NPO法人　ハートビート

〔住所〕富山市西長江三丁目５番18号
〔Tel & Fax〕076-492-8983
〔Email〕heartbeat@snow.plala.or.jp
〔Web〕http://yawayawa.net/heartbeat/

るので、自分自身で生活を成り立たせるためにも、考えるきっかけになればと思っているそうだ。

相模原の殺傷事件の後、脱施設と叫ばれるなか、地域生活の1つとしてグループホームが選択肢として挙げられた。しかし、「自立」「地域」を目標にしているグループホームは少ないと感じている。結

ハートビートの外観写真（黒崎健司さん提供）

局入所施設が小さくなっただけのものが多すぎるのだ。そんな中で、地域移行のための第一歩としてのグループホームは始めやすいのではないか。そのときに重要なのは、社会との関りを絶たないところであること、常に自分自身で生活を構築していくのだと思える場所が必要ではないだろうか。施設でもグループホームでも一人暮らしでも、結局はそこに関わる人間が障害者自身を主体として捉えられるかどうかが大事なのだと考える。単に入所施設が悪であるとも、ひとり暮らしが善であるとも思わない。どこにいても障害者が自分自身で人生を選択し生きていけるかどうかが大事なのだ。その選択肢を十分に用意し、支援者でも家族でもなく、本人自身が選ぶことができる事が「自立生活」なのであろう。

地域で障害者が生きるために

障害児が特別支援学校、支援学級などと分離されているのに、18歳になった途端に「地域移行」と言われても混乱するだけであり、いきなり「健常者社会」に放り出される事は、ひどく乱暴だと感じている。この健常者社会の中で生きていくために必要な知識を得、困ったときの相談先は「計画相談支援事業者」が担っている。地域で自立する障害者はもともと自分で生活を組み立てていたこともあり、自分で計画を立てる「セルフプラン」を行っている人もいるが、経験の少ない障害者がいきなり「セルフプラン」

を行うのはハードルが高すぎる。そのために、障害当事者の要望を聞き、生活していくために何が必要なのかを教えてくれる存在は欠かせない。高齢者でいう「ケアマネジャー」の役割をするのが「相談員」だ。しかし、障害者福祉の歴史は浅く、その制度も頻繁に変わるため障害者福祉制度をきちんと把握し、障害者に寄り添って計画を立てる事業所は数少ないと感じている。本人の意見ではなく家族の意見を聞いてしまうと、本人が思い描く生活と程遠いものになってしまう危険性がある。アメリカの障害者差別禁止法では、家族が施設を望んでも本人が望まないと施設入所はできない。家族の要望を採用するのは「差別」だと認定されてしまうからだ。しかし、日本ではまだまだ家族の意思が尊重されてしまう傾向が強い。そんな中、NPO法人「自立生活支援センター富山」は、障害当事者が相談員となり話を聞くことにより、本人に寄り添った支援計画を立ててくれる事業所だ。2000年に介護保険が始まった頃、当時の養護学校の評議員をしていた平井誠一さん（「自立生活支援センター富山」理事長）は、「生きる場センター」という身体障害者が働く場を仲間と立ち上げ、その代表をしていた。しかし現状の障害者の障害が、重複化、重度化していることを見て、「これからは就労というよりは生活をする場を考えていかなくては」と感じていた時、当時社会福祉士を目指していた学生の浅木裕美さん（「自立生活支援センター」事務局長）との出会いもあり、「自立生活支援センター」を富山に設立することを決めた。障害者運動をしていた時は、自分で選択をする、決定をするというのが当たり前にあったけれど、現在は親や家族の思いが優先されている面も多く、ジレンマを抱える事が多いという。「現在は脱施設化、地域移行と叫ばれるが、大きい施設が小さく分散化されただけのように感じる」と話し、福祉サービスありきの生活になってしまい、デイサービスやヘルパーとの関わりしかなく、それが本来の「地域生活」なのか疑問に感じることが多いそうだ。「自立生活」「地

NPO法人　自立生活支援センター富山

〔住所〕富山市新川原町5番9　レジデンス新川原1F
〔Tel〕076-444-3753
〔Fax〕076-407-5557
〔Email〕info@cil-toyama.com
〔Web〕http://www1.odn.ne.jp/~adu40180/

域で生きる」という言葉が頻繁にメディアでも取り上げられるようになったが、その中身をどれだけの人が理解しているのか、地域で生きていても孤立している障害者は多くいる。住む場所だけではない問題が多くある。障害者がこの地域の中で本当の意味で「自立生活」を送るために何が必要なのだろうか。

障害者と就労

　就労継続支援B型事業所「すずかぜ工房」の笹原健司代表は、以前、自閉症の大型施設で働いていた。現在2ヵ所で石鹸作りを中心に草刈や内職的作業を行っている。石鹸は長野県の石鹸会社で教わり、この会社の社長が、以前知的障害者の大型施設で働いていた際に、「自分だったらこんなところで生活したくない」と思い、自ら有限会社を設立し、障害のある人20名以上と一緒に働き、共に生活してきた人で、笹原さんの石鹸作りの師匠である。石鹸作りを行う、障害者の作業所は他にもあるが、「すずかぜ工房」の石鹸は、市販されている石鹸に引けを取らない内容と仕上がりである。笹原さんは、頑張ってスキルを上げるのではなく、個人個人の得意なところを活かすことが重要であり、石鹸作りは測ったり、削ったり、切ったり、火を焚いたりと色々な工程があるので、障害者が関わりやすいのだと語る。「すずかぜ工房」は住宅地の中にあり、作業をし働くことはもちろん大事ではあるけれど、「すずかぜ工房」として地域に認知してもらうことを大事にしている。利用者さんがフラフラ歩いていても「オッス！」と声をかけてくれる関係。何か困っているときに声をかけてもらえる関係。「すずかぜ工房」として、地域で出来る除雪などを行い、相互扶助のような関係になり、地域に溶け込んでいき、地域に認めてもらうことが、「自立」ではないかなと笹原さんは考えている。働く場所だけではなく、それ以上の「場所」として「すず

就労継続支援B型事業所　すずかぜ工房
〔住所〕富山市城村147番地3
〔Tel〕076-481-7323
〔Fax〕076-482-2338
〔Email〕suzukaze-soap@kih.biglobe.ne.jp
〔Web〕http://www.suzukaze-koubou.jp

すずかぜ工房の外観写真（笹原健司さん提供）

かぜ工房」は存在している。

「多くの人の事を見られるのが施設のメリットかな」と就労Ｂ型事業所の代表が言っていた。「確かにその通りだなとは思ったけれど、きちんと対面し付き合える関係は良いなと感じるんです」と話してくれたのは、個人事業主としてパン屋を営み、精神障害者の男性１名を雇用している（週５日、５時間程度／日、最低賃金を守っている）相山昌紀さんだ。20名程度の精神障害者の就労支援Ｂ型事業所で働いていたとき、最低賃金にも程遠い「工賃」しか支払えなかったことに疑問を感じ、「ちょっと能力が劣っていたとしても、働く喜びや、当たり前の人としてものを知ってもらうことを一緒に共有できないか」との思いで、個人事業主としてパン屋を始めることを決意したそうだ。本当は居酒屋をしたいと漠然と考えていた（精神障害者は早朝が苦手な人が多いので）が、ちょうど水橋で以前福祉事業所がやっていたパン屋「メルシーメルシー」の建物、器具などを譲渡してもらえると聞き、名前もそのまま引き継いだ。

　施設で働いていたときは、知り合ったとしても福祉関係の人ばかりだったが、今は訪問販売先の企業、役所、学校など幅広い人達と交流でき、パンを売る以上のものを共有できていると感じている。お客さんにパンを売るだけではない、ホットステーションのような空間を作り出せたらと思う。自分の中で人とのコミュニケーションをとることが一番大事で好きでもあり、福祉に関わってきた原点でもあると語ってくれる相山さんは、福祉にとって何が大事か、そもそも福祉とは何かを問いかけているようだ。「『障害』という言葉は重いから撤廃できればいいな」とも語り、「人それぞれ違うんだからそれでいいじゃん、わざわざ差別する必要ってある？」と笑い「それがきっと根本にあるんだよね、今やってることの」と

メルシーメルシー
〔住所〕富山市水橋川原町 2538
〔Tel & Fax〕076-478-5170
〔Instagram〕merci09060318 で検索

話す。本当は、もっと障害者の人と働きたいと思っているけれど、パンの売上だけでは限界があるので（人件費が莫大すぎる！）、いずれは就労支援Ｂ型を立ち上げ、なんとか理想の形（最低賃金に近い金額を支払う）を作り上げることができないかなと今後の展望を語ってくれた。

　相山さんが考え実践していることを、福祉関連ではない企業やお店などが少しずつ取り入れていくと「福祉」という枠組みが外れ、「障害者」という括りではない新しい「コミュニケーション」が生まれ、地域が活性化していくのではないか。大きな施設で障害者をまとめて雇う「福祉型」から、シフトチェンジできていけば、誰もが生きやすい地域になっていくのではと思い、少しでもそのような地域になればと願っている。

「障害者」の表記について

　ここまで「障害者」を従来通りに表記していた意味を述べたい。

　1990年代後半から「障害者」の「害」の字を巡り議論されるようになってきた。「害」の字は「害虫」「公害」など負のイメージがあるため、差別を助長するのではないかとの考えから議論が始まり、その流れを受け、「障がい者制度改革推進本部」が、2009年12月に閣議決定により、設置が決定され、その本部の下に置かれた「障がい者制度改革推進会議」（以下「推進会議」という）に意見が求められた。「推進会議」では、「障害」の表記の在り方について、翌年３月に審議を行い、６月に取りまとめられた第一次意見は「今後とも、学識経験者などの意見を徴収するとともに、国民各層における議論の動向を見守りつつ、それぞれの考え方を整理するなど、引き続き審議を行う」とされた。結局、１つの答えを導き出すことが非常に困難だった事を物語っている。

　現在「障害者」の表記の仕方は「障害者」「障碍（礙）者」「障がい者」の大きく３つに分けられる。

○「障碍（礙）者」

　障碍（礙）は、もともと仏教語で、明治期に至るまで「しょうげ」と読まれてきた語であり、「ものごとの発生、持続にあたってさまたげになること」を意味するが、仏教語から転じて平安末期以降「悪魔、除霊などが邪魔すること。さわり。障害」の意味で多く使われてきた。明治期に入ると、「障碍（礙）」を「しょうがい」と読む例が現れ、「障碍（礙）」という1つの表記について、呉音で読む「しょうげ」と漢音で読む「しょうがい」という2つの読み方が併存するようになった。次第に「しょうげ＝障碍（礙）」と「しょうがい＝障害」と書き分ける例が多くなり、大正期になると「しょうがい」の表記は「障害」が一般的となった。

　このような背景を受け、障害者団体・NPO法人「DPI日本会議」は、「障害」の「害」の字については、印象が悪く、人に対して「害」という字を使うべきではないということが「障害」の表記を変える議論そのものの発端であるが、このような理由を考慮すると、新たに「障碍（礙）」の表記を採用する場合、仏教語に由来する「障碍（しょうげ）」の語源に関する問題もあるため、「害」の字を使う場合と同様又はそれ以上の問題を指摘される可能性が否定できないとの発言をしている。

○「障がい者」

　都道府県でいち早く「障がい」に変更した岩手県は、否定的イメージが多い「害」を別の言葉に見直して欲しいとの意見が障害者団体関係者から寄せられたため、2007年12月に障害者関係団体に対して表記に関する意見調査を実施。ひらがな表記にすること自体を否定する意見はなかったため、改められる部分から改めようと考え2008年4月から行政文書等における「障害」の表記を「障がい」に変更した。

　内閣府が紹介する障害者施策のページを参照すると、「障がい」に表記を改めている都道府県は8県（北海道、山形県、福島県、岐阜県、三重県、

熊本県、大分県、宮崎県）、指定都市5市（札幌市、新潟市、浜松市、神戸市、福岡市）があり、ほとんどが2006年ごろに改められている。

　話は少し逸れるが、2006年は国連総会で、「障害者の権利に関する条約」いわゆる「障害者権利条約」（略称）が採択された年である。障害者権利条約は、障害者の人権や基本的自由の享有を確保し、障害者の固有の尊厳の尊重を促進するため、障害者の権利の実現のための措置等を規定した障害者に関する初めての国際条約で、市民的・政治的権利、教育・保健・労働・雇用の権利、社会保障、余暇活動へのアクセスなど、様々な分野における取組を締約国に対して求めるものある。日本がこれを批准したのは2014年で実に8年という長い年月を要した。国連で批准した年にこのような表記の動きがあったのは、その変更の是非があるにしろ、国を変えるには地方の動きが大事であるという事例の1つではないかと思える。私たち地方で活動するNPOの活動は小さいものかもしれないが、大きな何かを変えていく一つのきっかけになりうるのであろう。

　さて、一見差別的な漢字を変更しているかのように見えるが、先述したNPO法人「DPI日本会議」や「全国青い芝の会」などは、この表記に反対を示している。この表記を考えるとき、「社会モデル」と「個人（医学）モデル」の考えがある。「社会モデル」とは、障害を個人の属性と環境との相互作用によって発生すると捉え、「個人（医学）モデル」とは、これまでの障害学分野で支配的であった、障害を個人の心身機能の障害によるものとして、医学的治療による個人に対する調整や行動の変更によって改善しようとする考え方である。

　「社会モデル」は、2006年に国連総会において採択された「障害者の権利に関する条約」に示され、日本は2014年に批准している。その中で、社会こそが「障害」（障壁）をつくっており、それを取り除くのは社会の責務であると捉えている。すなわち、「障害者」の表記は、社会が作り上げたものであり、「害」があるのは「障害者」ではなく、「社会」の方であるという考え方だ。障害の害の字を平仮名にするのは、社会が今まで障害者に対して蔑ろにしてきた部分を見えにくくしてしまうことにも繋がるという考

え方である。

　筆者は昨今、差別が見えにくくなってきたと感じている。「その発言は差別だ」「その行動は差別だ」と伝えると人は拒否反応をおこし、激しく否定する。差別は「悪いこと」であり、やってはいけないものだという認識があり、そんな「酷いこと」を自分たちはしないと思っている人がとても多くなってきたと感じる。表立って「障害者がいると迷惑である」と発言する人はすごく減ってきた。しかし本当にそうだろうか？ 筆者は自分自身の中に差別があるのを知っている。酷く醜い自分がたまに顔を出してくる。その気持ちがなぜ生まれるのかを自分自身で知り、向き合う事でしか良い社会、地域を構築することはできないと思っている。だから筆者は自分への戒めも込め、害を与えている側である自覚をはっきり持つためにも「障害者」と表記している。

　この「障害」の表記を障害当事者団体も賛同していて、変更できる時こそ、この社会が障害者にとって本当の意味で生きやすいものになるであろうと思い、その日が来ることを信じている。

コロナ禍の障害者

　NPO法人「ぴーなっつ」は、障害者の外出支援を主に行う団体だ。福祉有償運送という車を用いたサービスと、同行援護・移動支援などの外出支援を組み合わせて利用できる富山県内では数少ない団体である。

　最後に外出から見たコロナ禍の障害者について考えてみたい。今まで視覚障害者との外出は、腕や肩を掴んでもらい、商品は確認のため触ってもらい、レジなどでは金銭トレイの場所をある程度伝え、本人が金銭の授受を行なうことが多かった。しかし、コロナになり「必要以上に人と接しない」「人のものに触れない」などが「当たり前」となったため状況は一転した。ありとあらゆるところにアクリル板が設置され、人の声が反響して聞き取りにくくなってしまい、距離感なども掴みづらい。お釣りも掌を出せば今までそこにお釣りとレシートを乗せてくれていた店員が、金銭トレイ

の上に置くようになってしまい、今まで一人でできていたことが人を介さないとできなくなったのはしんどいと言う声が多く聞かれるようになった。また、利用者さんからヘルパーに「手袋をした方が良いですか？」と聞かれることも増えた。手袋をしてしまうと手の感触で色々なものを把握していた視覚障害の方は判断が鈍くなってしまうので、それはお断りしていたが、そんなことを聞かせている状況の異常さに日々鬱々としていた。また、介助側もマスクをして歩きながら視覚状況を伝えるという今までしてこなかったサポートを求められ、猛暑の時などは非常に苦しめられた。

　また、予定変更が苦手な自閉症の方などは陽性者、濃厚接触者にならずとも、発熱があったり、風邪の症状があったりすると就労先やデイサービスなどを急に休む、早退するなどを求められるようになってしまうと、その受け入れは非常に困難であった。また、日課となっている外出の自粛などもあり、精神的に不安定になった方が多かった。人が多い場所への支援は難しいため、呉羽山散策などの提案をさせてもらい、どうにか外出を確保できるようにしていた。

　身体障害者のNPO法人「文福」八木元理事長（現理事）は、コロナにより会う人が介助人ばかりになったことにより閉塞感を感じると話していた。今までは自分で企画した催しなどの活動も行えていたが、それもできなくなり、当たり前に人と会えていたことが嘘だったかのように思えると話していた。高齢になった時の障害者の生活について、色々な人と考えていきたいと思っているが、集まることが難しく、またオンラインは無機質な感じがするのと、二次障害で聴覚障害もあるので話についていくことができないと嘆いていた。今後の自分の生活だけではなく、他の障害者のことも視野に入れて考えている八木さんは、耳が聞こえない、体力がないと言いながらも未だに現役で元気そのものだ。何かを変えたい、自分たちの声を届けたいという、その強い意志がカンフル剤となっているのであろうが、筆者が八木さんと出会った26年前に、共に活動していきたいと感じた頃の魅力がある。障害者のことは障害者が一番わかっているのだから、話の中心にいるのは障害者であるべきだとの教えは、今でも筆者の根底にある。

自分よがりの、健常者寄りの福祉ではなく、本当に障害当事者が必要とし
ている支援とは何なのかを考えることこそが、今後の福祉を変えていく一
歩となるのではないかと感じている。

　コロナになり、筆者自身仕事が激減したのもあり、八木さんと話をする
機会が増えた。そこで自分が何故この障害者福祉の世界にいるのかを再確
認することができた気がする。障害者の解放運動を行なってきた文福の八
木さん、CIL富山の平井さんたちから直接話を聞き、その活動を共にして
きた自分だからこその視点で、今後の富山の障害者福祉を考え、変えられ
るよう伝えていければと思っている。本誌がその一つのきっかけとなれば
幸いだ。

参考文献

1．渡辺一史『なぜ人と人とは支え合うのか　「障害」から考える』ちくまプリマー新
　　書、2018

2．立岩真也・杉田俊介『相模原障害者殺傷事件　優生思想とヘイトクライム』青土社、
　　2016

3．朝日新聞取材班『妄信　相模原障害者殺傷事件』朝日新聞出版、2017

4．西角純志『元職員による徹底検証　相模原障害者殺傷事件　裁判の記録・被告との
　　対話・関係者の証言』明石書店、2021

5．室月淳『出生前診断の現場から　専門医が考える「命の選択」』集英社新書、2020

6．香山リカ『新生出生前診断と「命の選択」』祥伝社新書、2013

7．河合香織『選べなかった命　出生前診断の誤診で生まれた子』文藝春秋、2018

8．藤井克徳・池上洋通・石川満・井上英夫編著『いのちを選ばないで—やまゆり園事
　　件が問う優生思想と人権』大月書店、2019

9．保坂展人『相模原事件とヘイトクライム』岩波ブックレット、2016

10．坂井律子『いのちを選ぶ社会　出生前診断のいま』NHK出版、2013

毎日の「現実」がすべての始まりでした。

黒崎　健司（くろさき・けんじ）

NPO 法人「ハートビート」代表

1969 年　富山市生まれ
2005 年　富山医療福祉専門学校作業療法学科卒業
2009 年　グループホーム［ハートビート］を設立

「ハートビート」を立ち上げたきっかけは？

　県外で就職していたころ、祖母が相次いで要介護状態、叔父が障害を持ち、妹はその前から精神科に入退院を繰り返し…そんな状況を姉からの連絡で知り、富山に戻る事になりました。はじめは福祉以外の仕事をしていましたが、中途半端に医療や福祉に頼るよりも、自分がきちんと病気や障害を理解して、これを仕事にした方が手っ取り早いと思い作業療法士の資格を取りにいきました。リアルな「症例」が家の内外にゴロゴロしていて、グループホームのイメージが自分の頭の中でできてきたのがきっかけです。

「施設的」ではないグループホームへ

　ずっと施設にいた人だけではなく、在宅生活をしていたはずなのに「依存的」な人も多い。「籠の鳥」になりたがり、必要以上の介助を求めてくる。安全第一ではなく、何でも起こるのが地域であり、責任・覚悟・思い…それらを利用者・家族・経営者・職員、そして行政、地域住民がそれぞれの立場で面倒くさいものすべてを引き受けていくのが「地域で生きる」につながるのではと思っています。

コロナ禍の中で感じたこと

　グループホームの業務の中では、特別、世間の事業者と違う苦労があったとか、感染者や濃厚接触者が出て大変だったとかということはないです。むしろ少人数なので普段とそれほど変わらない生活が続いています。

　個人的な意見として敢えて感じたことは、新型コロナという病気そのものより、ワクチンや治療薬をめぐる一連の報道や世間の行動、各国政府の対応や WHO の見解等にとても違和感を抱くとともに、コロナ以前にあった様々な価値観がどこかに葬られてしまったように感じています。Diversity（多様性）という単語はコロナ以前にはよく聞こえてきましたが、ワクチン接種をめぐる同調圧力の前にパッタリ聞こえなくなりました。故筑紫哲也氏が、軍国少年だった自分は戦後に「あの戦争は間違っていた」と知っていた大人が少なからずいたことにショックを受けたと言っていました。自分は「大本営発表」を垂れ流す新聞やラジオを疑うことはなかったのに、一部の大人はそれが嘘だとわかっていても声に出せなかったと。だからジャーナリズムは二度と同じ轍を踏まないように権威筋の発表には慎重であるべきだと（疑ってかかれと）。

地域に認めてもらうことが「自立」

笹原　健司 (ささはら・たけし)
NPO法人　すずかぜ工房　代表

1972年　富山市（旧大沢野町）生まれ
1993年　富山市内の障害者施設に勤務
2007年　NPO法人「すずかぜ工房」設立

「すずかぜ工房」を立ち上げたきっかけは？

　自閉症の人たちの施設で長く働いていた中で、授産施設の担当になったとき、石鹸づくりを行いました。研修に行きやすい環境だったため、長野県にある石鹸屋さんに行ったとき、障害者の人を20人以上雇用していて（有限会社）、社長さんがその障害者たちと一緒に住んでいるようなところで、単純に憧れました。その社長は「働くのにIQなんて関係ねぇだろ」って、最低賃金を払って雇用していました。それまで自分は福祉のプロだと思っていましたが衝撃を受けました。ずっと「自分でやろう」と思っていましたが、障害者自立支援法を機に「これはできるぞ！」と思い立ち上げました。

地域で認められるとは？

　最近の就労支援では「工賃向上」が目標として掲げられることが多いですが、ひとりで生きていくってそんなに簡単じゃないと思うんです。僕自身もいろんな支援の中で生きていて、家族、地域、友達…そんな支援がない中で働くだけでは生きていけない。相互扶助のような関係を築き、地域に認めてもらえれば、僕はこれ以上ない「自立」ではないかと思っています。

コロナ禍で感じたことなどはありますか？

　コロナ禍であったこととしては、他事業所でサービス受けている方が濃厚接触者となりました。幸い感染者はでませんでしたが、その際、蜘蛛の巣のように広がる可能性を感じたことが強く思い出されます。

　今ならまだ正しく恐れることもできるのでしょうが、当時は大変な恐怖感でした。

　必要なケース会議が延期されその間にこじれたり、行動障害のある方でも結局は家庭で対処しなければならなかったりなど、ある意味課題が浮き彫りになったようにも感じました。

「自立」の意味は自分で決めていくことが大事

八島　梨花（やしま・りか）

NPO法人「自立生活支援センター富山」　相談支援専門員

1992年　富山県高岡市生まれ。
2003年　頸髄を損傷し、車椅子生活になる。
2014年〜　NPO法人「自立生活支援センター富山」で相談員となる。

相談支援員を目指そうと思ったきっかけはなんでしょうか？

　大学への進学を考えたときに「社会福祉士」の資格のことや相談業務の仕事があることを知りました。大学では教育と福祉の両方を学び、実習を通して自分に障害があることを強みとして相談業務で活かすことができるのではないかと思い福祉の道を選びました。在学中、大学の先生の紹介で自立生活支援センター富山へ実習やアルバイトをさせていただいたのもご縁だったと思います。

障害者の自立とは？

　自立とはまず「その人らしさ」を大切にしていくことなのではないかと思っています。人は子どものころからいろいろな人と出会い、人と関わりながら生活していますが、誰でも人の支えや助けなしに1人で生きていくことは難しいです。自分でできることもあれば、誰かに手伝ってもらうこともあるし、苦手なことを互いに補い合うこともあります。人はそうやって共に暮らし共に生きています。そして人は出会いや経験を通して成長していき、その人自身磨かれていくこともあるので「その人らしさ」も変化していくものです。自立＝1人でできるではなく「その人らしさ」を忘れずに、そして周りが人の自立している度合いを決めるものではなく自立の意味を自分で決めていくことが大事なのではないかと思います。

コロナ禍における障害者の生活の変化

　新型コロナウイルスの感染拡大によって日常生活が一変し、休日や余暇時間の過ごし方で外出自粛は大きく影響し、衛生管理の徹底もあり制限のある生活に不自由さや不安感を感じながら生活している方は多いと思います。その一方でオンラインの活用によって自宅で楽しめる様々なものが普及し、在宅勤務も以前より推奨されて働き方も柔軟になってきているように感じます。コロナ禍の前から福祉は人手不足が課題でしたが、今もコロナによって人とつながりにくい世の中になり深刻化しています。相談業務以外の活動でオンラインを活用した障害者の観光・外出支援に関しての取り組みをしていますが、それで障害者の外出やコミュニケーションの選択肢を広げていきたいし、これからの福祉の担い手の人たちが「楽しい！」とか「やりがい」を感じられるきっかけになるようなことができればと思います。

3、子ども支援と子育て支援

吉 川 夕 佳

子どもを取り巻く社会の変化

　子どもをめぐる社会の状況は、今、大きく変わろうとしている。

　政府は、2023年4月1日より、こども政策の司令塔となる新たな組織「こども家庭庁」を設置すると発表した。

　こども家庭庁では、家でも学校でもなく自分の居場所と思えるような場所、サードプレイス（第三の居場所）として「放課後児童クラブ」「児童館」「子ども食堂」「学習支援の場」などさまざまな居場所を挙げ、これらをより充実させていく予定だ。こうした行政がかかわる居場所に加え、塾や習い事、近所の親戚の家、地域の寺社、店舗なども、子どもにとって大切な居場所となる。

　富山県では、校区によっては、小・中学校在籍中の9年間、さらには幼稚園や保育園より同じメンバーで過ごす場合がある。見知った友だちの中で安心して過ごす場合が多いとは思われるが、その間の関係性の中で息苦しさを感じる場合も少なからずあるであろう。また、校区以外の習い事や塾の友だちとの良好な繋がりもある。安心できて居心地の良い場所は、子どもにとってさまざまであり、多様な居場所の選択肢があることが望ましいと考えられる。

　そこで、それらの居場所では、何を基準として子どもの支援を行うべきかを考えたとき、大切なのは国際法である「子どもの権利条約」ではないかと感じている。子どもの権利条約は1989年に国連で採択され、日本は1994年にこれを批准している。

　国連子どもの権利委員会は、2019年に子どもの権利条約の日本の実施状況に関する審査を行い、総括所見を公表した。所見では、条約に基づき日

本がとるべき措置について、多岐にわたる勧告が列挙された。とりわけ、緊急措置をとるべき分野として、差別の禁止、子どもの意見の尊重、体罰、家庭環境を奪われた子ども、リプロダクティブヘルス（性と生殖に関する健康）および精神保健、少年司法に関する課題を挙げている。

　「差別の禁止として、包括的な差別禁止法の制定、非婚の両親から生まれた子どもの地位に関する規定をはじめとする子どもを差別しているすべての規定の廃止、およびアイヌ民族など民族的マイノリティ、被差別部落出身者の子ども、在日コリアンなど日本人以外の出自の子ども、移住労働者の子ども、LGBTI（引用者注I：性分化疾患（インターセックス）を表現し、世界人口の最大1.7％が当てはまる）である子ども、婚外子、障害のある子どもなどに対する差別防止の措置の強化を求めている。

　委員会はまた、子どもへの暴力、性的な虐待や搾取が高い頻度で発生していることに懸念を示し、子ども自身が虐待被害の訴えや報告が可能な機関の創設を速やかに進めることを政府に求めている。また、虐待事件の捜査と、加害者に対する厳格な刑事責任追及を要請している。

　勧告は、『女子高生サービス』（JKビジネス）など子どもの買春および性的搾取の促進またはこれにつながる商業的活動を禁止することを求めている。

　また、出生登録および国籍に関する課題として、非正規の移住者を含むすべての子どもが適正に登録され、無国籍から保護されるよう関連法規の改正を勧告している。教育に関する勧告のひとつとして、高校授業料無償化制度を朝鮮学校に適用するための基準の見直しとともに、大学・短大入試へのアクセスについて差別しないよう促している」[1]。

　委員会によるこれらの勧告内容からも見て取れるように、日本が本気で条約内容を守る努力をしてきたのかと考えるとはなはだ疑問である。子どもの権利条約批准後30年近くの間に、個別の取り組みはあったとしても、「子どもの権利」という考え方が日本社会に浸透しているとは言えないであろう。選挙権がない子ども自身が自ら声を上げたり、運動を起こす力が育っていない中で、仕組みも中身も十分に知られてこなかったと感じている。

子どもに関わる全ての大人は、子どもの権利条約について正しく知り、それが子どもの健やかな育ちに関するグローバルスタンダードであることを理解して欲しいと願う。

　では、まず最初に、子どもの権利条約の普及を目的に子どもとともに活動を行っている団体を紹介します。

　子どものことは子どもが決める
市民団体「とやま子どもの権利条約ネット」

　2009年11月、富山市で「子どもの権利条約全国フォーラム」を開催したことをきっかけに、フォーラムの精神を引き継ぐ受け皿として生まれた団体が「とやま子どもの権利条約ネット」である。メンバーはフォーラムの実行委員であった、おとな・子ども実行委員の有志で構成された。活動の内容は、

① 子どもの権利条約フォーラムへの継続的参加
② 子どもの権利条約の普及・啓発
③ 教育・研修
④ 市町村の子ども条例の制定促進である。

　現在、5期生となる子ども実行委員を含め、子ども21名、ユース11名、おとな17名で活動中である。

　2020年11月、県内2回目となる子どもの権利条約フォーラムを南砺市との共催で開催。また、現在、南砺市で子ども条例策定が進められているが、それは、子ども実行委員が3年かけて作成した「子どもがつくる子どもの権利条例」を持って、南砺市長を訪問したことがきっかけだった。今後、さらにいくつかの市への訪問も予定している。

屋外で実施の子ども実行委員会（南砺市）
（明橋大二さん提供）

「世間では、『子どもの権利』に対する、さまざまな誤解や偏見があふれています。『子どもの権利なんていうと、子どもがわがままになる』『子どもの権利は、発展途上国や紛争の子どものためのもので、日本の子どもは恵まれているから関係ない』『子どもの権利なんて、難しすぎて分からない』　そういう人たちに、子どもの権利を知ることで、子ども達が、どんなに輝き、自信に満ち、真摯に議論し、楽しむことができるかを、是非知ってもらいたい」と団体代表の明橋大二さんは語る。

　コロナ感染防止のため、活動に制限はかかるが、子どもの成長は時を待ってはくれない。今後も、富山県内全ての市町村に、子どもの権利条約が浸透し、真に子どもが健やかに育つ世の中になるよう、「子どものことは、子どもが決める」がモットーの子ども実行委員メンバーと、「子どものことは子どもに聞け」を心がけているおとなメンバーの協働は続いていく。

市民団体　とやま子どもの権利条約ネット
〔住所〕富山県射水市三ケ 3652-2
〔Email〕toyama.kodomonet@gmail.com
〔Web〕https://www.facebook.com/toyama.kodomonet

放課後の子どもの居場所

　小学校に上がれば子育ては楽になるということはなく、よりいっそうの子育て支援が不可欠である。育児を理由とした離職を防ぎ、男女ともに仕事と育児を両立できる社会を目指すために、企業には、「子育ては家庭の問題」と切り離すのではなく、ライフステージにあったサポートや柔軟な働き方を推進していくことが求められる。また、子どもには、家庭や学校以外のサードプレイス（第三の居場所）が大切である。その、サードプレイスの一つ、放課後児童クラブを紹介したい。

幸せと安らぎの家
NPO法人 「halea（ハレア）」

　大学を卒業し就職した際に、３年で次のステージに行く事を決めていた
という理事長の福原 渉太さん。NPO法人「halea（ハレア）」は、学校でも
家でもない第三の居場所。子ども達が安らげる場所。

　スタッフは先生ではないので、子ども達はニックネームで呼ぶ。体操
や、トランポリンができる設備はあるが、体操をやらなければいけないわ
けではない。また、宿題を強制的にさせることもない。学校でも家でも言
えない事が言えたら良いし、学校でも家でもできないようなことができれ
ば良い。学童（施設）の中に、いろいろな選択肢があれば良いと思ってい
て、子ども達が来たくなる学童にするために工夫をすることを大切にして
いる。

遠足（立山青少年自然の家）（福原渉太さん提供）

　保育園や学童へ預けることで、保護者は安心して働ける。保護者が働くことで、企業や社会の利益になっているはずなのに、子育てに関して、保護者の負担が大きすぎるというのは、あるべき姿ではないと考えていると理事長の福原渉太さんは語る。

　「halea」では、今まで保育者や子ども、保護者など、関係者しか学童保育に関わっていない状況だった。今後は「halea」を卒業した子が、遊びに来て手伝ってくれたり、いろんな人を巻き込みながら、みんなで子どもを育むという挑戦をしていくとの事。

　「halea」とは、ハワイ語で「幸
せと安らぎの家」という意味。子
ども達が安らげる、もう一つの家
「halea」は、子どもを中心に置い
た、地域コミュニティの核として、

NPO法人 halea（ハレア）
〔住所〕富山市堀端町 4-30
〔Tel〕080-7963-5079
〔Email〕info@npo-halea.com
〔Web〕https://npo-halea.com/contact/

公営でも民営でもなく、みん営（みんなでつくる）で活動を続けていく。

　コロナ第一波の際、市内の小学校が休校になり、受け皿として午前から子ども達を預かっていたと言う。基本的な開設時間は、保育時間：14:30~19:00（延長20:00　最大21:00）。最大まで利用される方はいないが、いざというときのための保護者の安心感に繋がっている。

多様な子どもへの支援

　子どもの権利条約は、「生きる権利」「育つ権利」「守られる権利」「参加する権利」の４つに分類される。子どもにとって、欠かすことのできない大切な権利である。

　子ども支援の専門の国際NGO公益社団法人「セーブ・ザ・チルドレン・ジャパン」が、子どもの権利の啓発活動の一環として、2022年３月に「学校生活において子どもの権利を尊重していますか？」という、学校の先生向けのアンケート調査を実施した。その結果では、「子どもの権利を全く知らない」または、「名前だけ知っている」が３割、そして、知っていると答えた中には、間違った理解していることも分かったという。

　休むことや遊ぶ事も、大切な子どもの「育つ権利」ということを正しく理解し、この４つの権利全てに対応する活動を行っている団体がある。子どもを地域社会全体で細やかに支援していくための、コミュニティづくりを目指す。行政だけでは届かないような支援を行う団体である。

　　子ども達のすこやかな成長と平和な未来のためにみんなが手をつなぐ場を
NPO法人　「大空へ飛べ」

　NPO法人「大空へ飛べ」は、学校現場の、いじめ、不登校、校内暴力などの解決のため、保護者と教職員が手をつなぐ場をと考え、1986年に活動を始めた。子どもをまん中に、保護者や教師、地域の人々が集い、たくさんの人に支えられ、36年間活動を続けてきている。

　コンサートや親子活動が中心だったが、2018年よりNPO法人へと移行し

て、さらに多くの人たちと力を合わせ、新たな出発をした。活動分野は、①文化事業、②福祉事業、③居場所事業、④無料学習支援事業、⑤相談事業と多様化している。

　文化事業は、1986年から定期的にコンサートを開催し、延べ参加者7,000人以上、22,000人以上の観客を迎えて、現在まで続いている。福祉事業では、病院や福祉施設でのコンサート、学校での親子活動が中心だった。

　東日本大震災が起きた2011年以降は、宮城県の被災地への支援コンサートや募金活動を行い、現地の人々との交流も2年おきに行っている。2022年10月には、宮城県名取市や東松島市、石巻市などで、被災地支援のコンサートや地域の方との交流を行う予定だ。

2012年　宮城県東松島市仮設住宅ミニコンサート（谷口徹さん提供）

　「大空子どもの家」では、学校に居場所を見出せない子ども（小学校3年生〜中学校3年生）を対象に居場所事業を実施している。無料学習支援事業は、2019年より小矢部市の委託を受け、小矢部市民交流プラザで毎週木曜日18時30分より2時間、ひとり親家庭や生活困窮家庭の子ども（小学校3年生〜中学校3年生）を対象に、子どもの実態に合わせて基礎学力の定着を目指して行っている。

　さらに、子育てに悩みがある保護者をはじめ、だれでも参加できる相談事業や、発達障害や不登校の子を持つ保護者同士が集まって交流できる場「大空子育てカフェ」を定期的に実施。2022年度は、カウンセラー、ソーシャルワーカー、発達障害児の親の会など、子育てに関わる諸団体や専門家を招いて、4回開催し、多数の保護者が集い、話し合う機会になった。個別の相談も随時行い、情報の発信、他団体との協力等、できることを継続していく。

　学校や他の機関に居場所を見い出せず、どこにも出かけられなかった子

どもが、少しずつ個別対応で関わりを持てるようになってきた。また、5月から毎月行っている「大空子どもひろば」（子ども食堂）に多くの子ども達が参加するようになり、子ども同士の交流や繋がりをもつことができるようになってきている。学校には行けなくても、無料学習支援事業には喜んで参加する事例も多く、大きな成果が見られスタッフや実行委員の充実感にもつながっている。

また、「大空へ飛べ」の活動に、小さな頃から参加してくれていた子どもが大人になり、運営する側として活動を支えてくれている。若い力が加わり、未来を展望した継続的な活動になりつつある。

「子ども達のすこやかな成長と平和な未来のために　みんなが手をつなぐ場を」をスローガンに、この活動を続けていくとともに、地域の人々や全国の仲間達との絆をより広げ、充実した活動にしていきたいと代表の谷口徹さんは語る。

NPO法人　大空へ飛べ
〔住所〕富山県小矢部市野端 50-1
〔Tel〕0766-68-1755
〔Email〕oozorastaff @ oozora.workarea.jp
〔Web〕http://www.7b.biglobe.ne.jp/ 〜 oozora-e-tobe/

子育てが始まったときの支援

子育てには、愛着形成が大切と言われている。しかし、現在の母親や父親が育った時代は、すでに少子化が進んだ時期である。そのため、乳幼児と接する機会が少ないまま、子どもを産んで育てるという親が多くなっている。

そして、家族形態も変わってきている。富山県の2020（令和2）年国勢調査「人口等基本集計」の結果によると、富山県の一般世帯における家族類型の割合の推移県内でも核家族世帯が5割を超えている。

核家族化や地域社会の交流の減少、少子化によって、子育て家庭が孤立化し、子どもを育てるうえで、育児不安や育児困難感を抱えてしまうと考えられる。

発達段階に応じた子どもへの関りのポイントを知るには、子育て広場、

乳幼児健診、子育て支援センターを利用することで得られる情報がある。しかし、それだけでは、主に育児を担う母親の不安や困難感は解消できない。同じように子育て中の親同士が話合ったり、交流する機会が必要だ。そういった場を、自主的に運営する団体を紹介する。

ママを楽しく、おもしろく、ジブンらしく
株式会社「ママスキー」

　2014年に、会社員の傍ら未就学児ママのための情報サイト「mamasky（ママスキー）」を立ち上げた土肥恵里奈さん。まずはその周知のために名刺大のカードを作成し、いろいろな場所に置いてもらうことから活動を開始した。

　翌年7月に「mamasky」を事業化。「ママになったら、ママスキー」をキャッチコピーに富山県の未就学児ママのための情報サイトを運営。主催イベントでのノウハウを活かし、自治体・民間企業からのイベント企画や運営へと事業を展開している。2016年には事務所機能も兼ねたママのコミュニティスペース「mamasky house」をオープン。赤ちゃん連れの親子が利用する拠点だ。

　自身が子育て世代になったとき、一番感じたのは「子どもと一緒だと活動が制限される」ということだったという。子どもと一緒だとランチするのも一苦労…。これまで行っていた美容院へも子連れだと気を遣う。そもそも子どもと一緒に行ける場所の情報が得られないのである。子育て世代が求めるものがあるのかないのか、情報は届いているのかどうか、などを精査し、情報を選択肢として届けたい。出会いの場をイベントとして創出したい。そんな想いでこの事業が始まった。

主催イベント（mamasky party2020）
（土肥恵里奈さん提供）

「子育ては孤独で、社会から取り残された気がする」と、子育て中の誰もが言っているが、そのことがあまり解決されていない中、コロナ禍でますます孤立しているママたちを助けたいと土肥さんは熱く語る。孤独で孤立化し、さらには鬱になりかけているママたちは、ママスキーのイベントを予約するのも大変と考えた。そこでオンライン上に「mamasky village（ママスキーヴィレッジ）」という村を作り、いつでも人と繋がれるようにしようと準備を始めている。この村は予約不要で、思い立った時にちょっとのぞいて、ダメならすぐ抜けることも出来る。今は、イベントで使う程度であるが、運用が決まれば24時間365日開放を目指しているという。

「ママを楽しく、おもしろく、ジブンらしく」を理念に子育て世代と社会を繋ぎ、やがては少子化を解決するための幅広い事業が期待できる。

2022年1月より全国展開を開始。新しい形での子育て支援が広がる。

株式会社　ママスキー
〔住所〕富山市町村 195-4
〔Tel/Fax〕076-461-3689
〔Email〕info@mamasky.jp
〔Web〕https://mamasky.co.jp

みんなで支えるお母さんの健康づくり
市民団体「オカヘルスアップクラブ」

子育て中のお母さんにとって、妊娠出産によるボディラインの変化と体力低下の関心は高く、「産後半年以内に体型が戻らないとそのままになるのではないか」という、不安な気持ちを抱いている人も多くみられる。1995年、9歳、5歳、3歳の子どもを連れて富山に転勤で来た際、"お母さん自身が健康で生き生きとした生活を送り、自分磨きの時間をつくることへの抵抗をなくすことが大事"という思いを込めて、子連れで気兼ねなく運動できるお母さんの健康づくりのクラブ「オカヘルスアップクラブ」を立ち上げた代表の大家三穂さん。そのためにアフタービクスやマタニティビクスなどの資格を取得した。

開講した当初は、家の人に隠れてくる人や、親子向けのエクササイズへ

の理解がなく、会場探しが難しいこともあったが、2000年に入ると子育て支援も一般的になり、育児も家事も、仕事も自分磨きもがんばりたいというお母さん達が沢山増えてきた。同じような思いのお母さん達との縁が広がりスタッフが増え、大きな輪になった（その間に4人目が生まれた）。しかし2019年のコロナ禍で、産前産後、赤ちゃんと一緒に参加といった流れがプツリと途切れた。2022年に入って、ようやく参加できた人が「もう少し早くくれば良かった」「どこに行けばいいのか分からなかった」と言い、転勤で来た人は「孤独だった」「誰でもいいから大人と話したかった」と語ったとのこと。

　子どもが3人でも最初は孤独だった。同じように共感してくれる人、たわいのない子育ての話をしてくれる人を求めてジプシーのようだった。コ

ママケアでの様子（滑川市）（大家三穂さん提供）

ミュニケーションはとても大切な事だと大家さんは語った。

　コロナ禍も少し落ち着きを見せ始め、赤ちゃんだったメンバーが、今は高校生となり、ダンス教室に来ている。また小学生から通っていた子がお母さんになり産後クラスに来てくれ、ご縁は緩やかに繋がっている。

　育児に不安を抱えている人が多い時代だからこそ、お母さんが笑顔でダイエットも友達作りもできる教室、「お母さんの健康」への支援はとても大切である。赤ちゃん連れで忙しくても、運動経験が少なくても、気軽に参加できることで心身共に良い効果が期待できる。お母さんが心身共に健康であれば、赤ちゃんへの「言葉がけ」や「赤ちゃんへのスキンシップ」にも温かさと余裕が生まれる。これからも、「お母さんの健康」「親子のふれあい」「コミュニケーショ

市民団体　オカヘルスアップクラブ
〔住所〕富山市根塚町 1-8-16
〔Tel〕080-5854-1818
〔Fax〕076-492-1342
〔Web〕http://www.oka-hc.com/classes/page421.html

ン」と「ご縁」に感謝して、お母さんへの健康づくりのお手伝いは続く。

独自の方法での子ども支援

　ここまで紹介してきた団体とは、全く違うアプローチで子どもと関わっている団体を紹介したい。

　生きた両生類や爬虫類、その他標本の「展示」「観察」ができる移動動物園である。子ども達が普段目にすることの少ない生き物の習性を知ったり、触れたりすることを通し、さまざまな事を感じたり、考えたりすることができる団体だ。

市民団体「タカチ動物園」

　タカチ動物園は2017年６月にスタートした。その活動形態は移動動物園だ。運営方法は展示と講演会である。どんなところに、どのような生き物が住んでいるのかを知らなければ、生き物や生きる自然は守れないと考え活動を始めた。

　展示では、動物たちを連れて県内の各地より依頼を受けたイベントへおもむき、地元に棲む野生動物の魅力や自然環境について知ってもらう活動をしている。

　2019年に富山県東部でトノサマガエルが絶滅したという記事が新聞に掲載された。そのことは、とても衝撃的であったが、多くの人はあまり気に留めていないと感じた。住処としていた場所を知らなければ、どのような事が原因となっていたかも知らないからだ。

　例えばヘビは、悪い印象を持た

タカチ動物園 開園の様子（高地匡樹さん提供）

れがちであるが、それは、誤解から生じていることが多い。ヘビはぬるぬるしていると思われているが、ヘビのうろこはケラチンでできているため、人間の髪の毛や爪と同じであり滑らかである。そういった誤解をひとつひとつ解いていき、関心を持ってもらえるよう、説明は実演を交えて丁寧に行う。生き物の魅力を最大限に引き出して伝えている。

「すぐそこ」に生き物がいることを知ることや触れ合うことで意識は変わる。小さな生き物を通し、同じ生き物として、見えてくるものがあり、知ることもできる。

見る機会が少なくなった生き物に出会うことができる、集まった人たちと自然にコミュニケーションがとれる、「タカチ動物園」は、爬虫類、両生類との楽しい居場所である。

固定ファンができ、開園毎に来てくれる人もできたが、今後も、動物園の生き物の魅力を引き出し、「タカチ動物園のアイドル」をプロデュースすることを考えている。

コロナ禍のために、「14歳の挑戦」での社会体験がなくなった地元の中学校より、「地域で働いている人を呼んで話を聴こう」という内容で、講演の依頼を受け、身近な生き物の数えきれないほどの魅力を伝えてきた。

これまでは、県内で自然体験を行っている団体からの依頼が多かったが、県外での開園も視野に入れ継続していくと園長の高地匡樹さんは熱く語った。

市民団体　「タカチ動物園」
〔Web〕facebook.com/ タカチ動物園 -102850884402557

引用文献

1）引用：国連子どもの権利委員会、日本への勧告を公表（2月7日）｜ヒューライツ大阪（hurights.or.jp）

参考文献

1．「こども家庭庁」が充実目指す“第三の居場所”　期待される効果と地域格差｜“子ども食堂”の時代 – 親と子のSOS – ｜可知悠子｜毎日新聞「医療プレミア」(mainichi.jp)
2．冊子：とやま子どもの権利条約ネットの活動が新聞井掲載されました（「北陸中日聞」2017年3月~7月・全15回）
3．NPO法人「halea（ハレア）」HP
4．NPO法人「大空へと飛べ」HP
5．公益社団法人「セーブ・ザ・チルドレン・ジャパン」（2022年3月実施）「学校生活において子どもの権利を尊重していますか？」学校の先生向けのアンケート調査結果（公開日：2022年4月19日）
6．富山県公式ウェブサイト　令和2年国勢調査「人口等基本集計」富山県の結果　2　世帯の状況（2）世帯の種類、家族類型　～単独世帯の増加が続く～　図2-1　富山県の一般世帯における家族類型の割合の推移
7．株式会社「ママスキー」HP
8．株式会社「ハートビートライフオカ」HP
9．「タカチ動物園」パンフ

「子育て関係人口を増やす」、そして自分自身も
人生を楽しみたい。

福原　渉太 （ふくはら・しょうた）

NPO法人　halea　理事長

1992年　青森県生まれ
2010年　青森山田高校卒業
2014年　富山大学卒業
2014年　星槎国際高校勤務
2017年　NPO法人 halea 設立

富山で活動を始めるきっかけは？

　高校時代は、スポーツで日本一を目指そう、世界一を目指そうという生徒が集まる、ある意味、特殊な環境で過ごしてきました。周りには、目的を持った元気な子ばかりが集まっていたし、言われたことをやれば良いという環境でした。

　でも、星槎高校では、子ども達を第一に考え、子ども達が自分で考えたこと、興味を持ったことはさせるという姿勢や自由な校風に触れたこと、多用な子と接する中で、今まで自分は狭い世界で生きてきたことも分かり、たくさんのことを学びました。衝撃を受けた反面、視野が広がりとても楽しかったし、また、出会った方も素敵な方ばかりだったので、富山でやっていこうと思いました。

学童保育を開設しようと思った動機はどんなところにありましたか？

　学童保育が定員になり、お断りの電話をした際、相手の保護者が泣きだすということがありました。「学童に入れなければ、仕事を辞めないといけないのですか？私は、どうすれば良いのですか？」と尋ねられ、改めて、学童保育は社会にとって大切な場所、人生の分岐点になる大きな社会的役割をもっていると感じました。

　子ども達が自分のやりたいことを夢中になってできる環境が良いと思います。この仕事が自分にあっていると感じることができたことと、小1の壁と言われる、学童保育の待機児を少しでも減らせるのなら、自分でやろうと思いました。

福原さん自身のこれからのご自分の展望についてどう思っていますか。

　人生において自分自身が楽しもう。自分を犠牲にして何かをするよりは、自分もやりたいことをやって楽しみ、生き生きしている姿を見せることが、子ども達にとっては良いのではないかと思っています。そういう意味でも、まず、自分が幸せになりたいと思っています。そして、今までとは、ちょっと違う学童の2号店を考えています。カフェがあったり、企業とコラボしたりして、おとなも、誰でも来られるような場所にしていきたいです。

　「子育て関係人口を増やす」、つまり、自分がこれまでにやってきたことを生かして子育てに関わる人たちを増やしていきたいのです。

100

子どもが楽しく元気で活動できる場を

谷口　徹 （たにぐち・とおる）

NPO法人　大空へ飛べ　理事長

1957年　富山県小矢部市生まれ
1978年　国立石川工業高等専門学校卒業
1982年　小学校教諭となる
1986年　大空へ飛べ　立ち上げ
2018年　大空へ飛べを法人化

どのようなことが活動の原動力・継続する力になっていると考えていますか。

　活動の継続には、積極的に協力してくれるパートナーや仲間がいたという事が大きい。参加してくる子ども達が笑顔になり、生き生きと表現する姿がとても嬉しく、大きなやりがいを感じることができた。子どもをまん中に、子どもの成長を何より支えたいという、同じ思いの仲間がたくさんいたからこそ続けられてこれたと思う。学校に行けない子、さまざまな障害があり、辛い思いをしている子ども達が、ステージに立ち、のびのびと歌ったり、踊ったり、手話をしている姿を見るのは、教師冥利に尽きる経験である。「大空へ飛べ」に参加し、「大空」を生きがいのように感じて集う子どもや保護者の姿は、充実感や自分自身の生きがいにつながっている。また、観客のみなさんと感動を共にできる体験は、何物にも代えがたく、次への意欲に繋がっている。

コロナ禍を通しどのようなことを感じていますか。

　活動としては、2年間、東北支援コンサートへ行けなかったり、ステージの練習やコンサートも、中止や延期などが続き、困難な状況を経験した。
少し収まって来た際には、感染予防を徹底しながら、ダンスや手話を中心にして、歌は、できるだけ歌わない。歌うときは小さく歌い、ステージではマスクをして歌うなど工夫をして行ってきた。
　子ども達は、学校でいろいろな制限を受け、家庭では、保護者も子どもも、精神的経済的にもいろいろな面で困っている状況がある。だからこそ、子ども達が、少しでも楽しく、元気に活動できる「居場所」の提供を続けたいと思っている。

これからの活動の展望は、どのように考えていますか。

　法人化して、事業を増やし、それぞれの子ども達と保護者のニーズに、少しでも合ったものをと考え、活動内容を多様化した。どのような子どもにも「居場所や出番」をつくり、意欲や能力に応えることができるよう工夫したいと考えている。
　歌が好きな子どもは、文化事業の方で歌やダンスで活躍する。先ずは「子育てカフェ」で相談を聴く。勉強までは…と、迷っている場合は、「子ども食堂」にきて遊ぶ等、それぞれの子どもに合った「居場所や出番」を提供出来るよう、今後も、子どもを中心に、子どもの目線で5つの事業を展開していきたいと考えている。

ママになったらママスキー

土肥恵里奈（どい・えりな）

株式会社ママスキー　代表取締役

1984年　富山市生まれ
2004年　富山商業高校卒業
2004年〜2015年　アスプコミュニケーションズ、廣済堂、ストアインクに勤務
2015年　mamasky創業
2019年　株式会社ママスキー設立

「ママスキー」立ち上げのきっかけから教えてください。

　子育て世代になった友人から「子どもと一緒にランチに行けるお店がわからない」「子どもと一緒にどこに行ったらよいかわからない」と相談があり、情報がないなら、私が、情報をまとめて発信しようと思いママスキーを始めました。当時、平日は会社員、夜は情報サイトの更新、週末はママスキーのイベントを運営していました。徐々に認知が上がり、企業からの問い合わせも増えてきたことで起業を意識し始めました。起業前からママスキーを一緒に運営してくれていた仲間がママスキーを事業化したいと勤め先に退職願を出したことが一番の後押しとなって起業を覚悟しました。

コロナ禍の影響で苦労したことはどんなことでしょうか？

　第1波の時が一番辛かったです。年間250回開催するイベントで7割近くの収益を得ていたため、イベントの中止は売上に直結しました。一番悪い月で売上は前年度対比15%まで落ち込みました。「もうダメかも知れない」、「バイトしようか」と真剣に悩んだこともありました。

　それでも少しずつ事業の見通しがたち、今しかできない事、やれそうなことは全部やると決め、スタッフとも共有し、ライブ配信やオンラインイベントなど挑戦をし続けました。その結果、下半期の収益は前年度を上回ることができました。

今後、挑戦していきたい事は？

　私たちの目指すビジョンは「今のママが楽しむ姿で次の世代がママに憧れる社会をつくること」。子育てのネガティブなイメージをポジティブに変えて、女性にとって子育ては、自己実現するための壁ではないということを広めたい。そのためには、地域で活動したい人を育てて、コミュニティを作ることが大事と気づかされました。地域の中でやりたいことをやって生き生きしているママ達が増えることで地域を盛り上げて、少子化対策に貢献したいです。

4、貧困と格差

成 川 正 幸

貧困から抜け出し富山で安心して暮らせる社会を

　経済重視の新自由主義という考え方でセイフティーネットが崩れ、貧富の差が広がりを見せている。その要因として、バブル崩壊後の不況下における雇用や地域格差である。

　大きな政府から小さな政府への転換で、非正規労働者が増加し、安い労働力で雇用される若者たちは未来が見えなくなってきた。日本丸はどこへ向かっているのか。順を追って説明していきたいと思う。

　1985年にアメリカ、日本、イギリス、フランス、西ドイツのG5が発表した「プラザ合意」で、ドル高を下げる政策がとられたため、急激な円高になっていく。日本では、輸出産業や製造業を救済するために、円高対策として低金利政策がとられた。それによって、金融機関や企業が国内市場の不動産や株式に投資するようになり、資産価値が異常に上がり続け、1986年から実態を伴わない好景気に入っていく。5年後の1991年、経済が泡のようにはじけて資産価値が暴落。バブル経済は崩壊した。

　そのバブル経済のスタートと同じくして1986年、労働者派遣法が施行され、人材派遣が可能になった。その後も対象業務が拡大されるなど規制緩和が広がり、多くの非正規雇用が生まれた。そして、この労働者派遣法によって、非正規労働者が増加し、所得格差は拡大することになる。また人や物の都市部へのストロー現象が止まらず、大都市と地方で大きな経済格差が生まれた。安い賃金で不安定な雇用形態の若者たちは、結婚して家庭を築く事が困難になっていく。

　2008年9月にアメリカの有力投資銀行である「リーマンブラザーズ」が経営破綻し、それをきっかけに連鎖的に世界規模で世界的な株価下落・金

融危機が起こりリーマン・ショックが発生した。それを受けて国内では、「派遣切り」が社会問題化した。

　その派遣切りをきっかけに、仕事と住居を失った大勢の人々が、2008年末に日比谷公園に集まり、共に暖を取り、生存の保障を求めたのが派遣村だ。その動きが富山県内にも飛び火をして「あったか相談村富山」が産声を上げる。しかし、その活動も資金不足などが原因で2016年3月に活動が休止。その後、スタッフとして活動していた瀬戸泰子さんが活動を引き継ぐ。活動の支援をしてくれる小泉教会の名称をいただき、「小さな泉の村」と命名した。

小さな泉の村の活動・弁当作り（成川正幸提供）

　活動は、月1回、県民共生センターサンフォルテの調理室でホームレスの自立や生活困窮者の食生活のサポートとして料理実習型の炊き出しを行い、みんなで一緒に食べている。ただ、コロナ禍では、弁当にして配布。弁当作りは、ボランティアが中心だが、利用者のなかには調理を手伝う人、食器洗いなど片づけを手伝う人が出てきたりして、みんなでわいわい楽しく活動をしている。

　2013年に富山でも「反・貧困ネットワークとやま」が立ち上がり、生活困窮者の支援が始まる。

　その2年後の2015年4月から、生活困窮者の支援制度が開始された。この制度は、経済的に困窮し最低限度の生活を維持する事が出来なくなる恐れがある人への包括的な支援制度で、「自立相談支援事

小さな泉の村

活動日：毎月1回　原則第2土曜日
〔Web〕http://blog.livedoor.jp/koizumi55mura/
〔Mail〕koizumi55.mura@gmail.com

市民団体　反-貧困ネットワークとやま
〔住所〕富山市堀端町 1-12
　　　　富山中央法律事務所（西山）
〔Tel〕076-423-2466
〔Web〕http://toyama-hok.main.jp/han-hinkon/

業」、「住居確保給付金の支給」、「就労準備支援事業」、「家計改善支援事業」、「就労訓練事業」、「生活困窮世帯の子どもの学習・生活支援事業」、「一時生活支援事業」の７つの事業がある。

　富山県内の取り組みは、各地区社協や東部生活自立支援センター、宇奈月自立塾などが行っている。その他、2016年に砺波市内で貧困家庭を対象に学資支援基金を立ち上げた安念正義さんの共笑基金も活動している。

　2020年、新型コロナウイルス感染症拡大により、経済がストップし、派遣社員やパート従業員など非正規労働者の雇用環境が急速に悪化した。特に観光や飲食業などで休業を余儀なくされ、雇い止めや派遣切りが行われた。

　政府はこの事態に伴い、新型コロナウイルス感染症の影響を踏まえた生活福祉資金貸付制度における緊急小口資金等の特例貸付を行った。

　・「緊急小口資金」緊急・一時的に生活費が必要な世帯
　・「総合支援資金」生活再建までの間の生活費が必要な世帯
　・「新型コロナウイルス感染症生活困窮者自立支援金」緊急小口資金等の
　　特例貸付を終了した世帯や、再貸付について不承認とされた世帯等に
　　対して支給

　これらの特例貸付は、富山県内においても各社会福祉協議会が窓口となり実施。貸付金額が大幅に伸びた事から生活がひっ迫した家庭が増えた事がうかがえた。

市民活動からみた富山の貧困の実情と課題

　富山県は、人口当たりの生活保護受給率が全国47番目で低い順で全国１位となっている。この生活保護受給率は、40代女性未婚率や30代女性未婚率、独居老人（60代以上ひとり暮らし）、父子・母子家庭数と正の相関があり、年間完全失業率やひとり暮らし率が高いところが多く、共働きが多い。そして持ち家に住み、早寝早起きなど生活習慣が良いところで生活保護受給率が低いという事も言われているので、本当なのか富山県の現状を

順位	都道府県	持ち家率
1	秋田県	77.6%
2	富山県	76.6%
3	山形県	74.8%
4	新潟県	74.2%

※2020年国勢調査

順位	都道府県	2022年3月分生活保護率
47	富山県	0.26%
46	福井県	0.32%
45	岐阜県	0.36%
44	長野県	0.41%
43	石川県	0.44%

※厚生労働省被保護者調査（2022年3月分）

順位	都道府県	完全失業率（2021）
47	福井県	1.4%
46	佐賀県	1.5%
44	岐阜県	1.7%
44	島根県	1.7%
40	富山県	1.9%
40	石川県	1.9%
40	三重県	1.9%
40	山口県	1.9%

※ THE OWNER
https://the-owner.jp/archives/9206

順位	都道府県	65歳以上の単身世帯率
47	山形県	12.1%
46	福井県	13.5%
45	新潟県	13.8%
44	富山県	13.9%
43	岐阜県	14.3%

※2020年国勢調査

順位	都道府県	女性生涯未婚率
47	福井県	11.6%
46	滋賀県	11.8%
45	岐阜県	12.6%
44	三重県	12.9%
43	山形県	13.1%
42	愛知県	13.7%
41	富山県	13.7%

※2021年12/9東洋経済ON-LINE

確認してみた。女性の生涯未婚率13.7（全国41位）、65歳以上の単身世帯率13.9%（全国44位）、完全失業率1.9（全国40位）、持ち家率（全国2位）等、全く嘘ではないような結果になった。

　このような背景から、全国的に見ても富山という地は、安定して生活がしやすい土地なのかもしれない。
　ただ、そのために地域での生活困窮者は声を出しにくく、そして見えにくくなっているのではないか。生活保護制度を利用しているのを世間に知られたくないと、生活が困窮している人たちの理性が他の土地以上に働く

のではないか。憲法25条が保障する「健康で文化的な最低限度の生活」って何なのか。豊かであるがゆえに見えてない。

ＮＰＯ法人　「教育研究所・自立援助ホームうなづき」

　富山県内最大の温泉地、宇奈月温泉街にＮＰＯ法人「教育研究所」があり、自立援助ホームを運営している。「自立援助ホーム」とは、なんらかの理由で家庭にいられなくなり、働かざるを得なくなった原則として義務教育終了後の15歳から概ね20歳までの青少年達に暮らしの場を与える施設で、厚生労働省の自立援助ホーム一覧（2022年7月1日現在）によると、232ホームある（協議会未入会ホームを除く）。

　職場や生活場面でも困難をかかえ、社会適応が出来ない児童に対し、社会的援助が必要だと感じた関係者のボランティア活動によって創設された。目的は、生き生きと生活できる場、安心して生活できる場を提供し、おとなとの信頼関係を通して社会で生き抜く力を身に付け、子どもたちが経済的にも精神的にも自立できるように援助することである。

　自然多き富山県そして「自立援助ホームうなづき」のある宇奈月温泉で子ども達が心もカラダもリフレッシュし新たなる次の一歩を踏み出す力を育んでくれることを願っている。

　リーマンショックの時に派遣労働者で切られた人を生活保護事業として受け入れた。支援事業を始めた時は、支援しなければいけないターゲットが就職氷河期世代の30代、40代だと思っていた（現在はその層が40代から50代）。しかし支援をしてみると10代後半から20代の生活保護相談が多数いた。面談してみると、「児童養護出身者で両親に頼れない」「施設を出たけど仕事が続かず辞めて、お金がない」など、苦しんでいる子ども・若者たちが多数存在することを知った。そういった子どもは、現金は勿論、運転免許も身元保証もなく、自立するのも困難な状況だった。1年ぐらい準備期間を経て2017年1月に開所した。

　開所して5年目に入る。2022年7月現在、定員6名で満室。開所から現在

まで延べ18名が入所した。援助ホームは前向きな子どもは少ない。どうせ悪い事したから別の場所に移送されるのだろうと思ってくる子が多い。ただ、行き場がないから、脱走してどこかへいくことはない。

　課題は、20歳になると制度から外れること。18歳までは毎月児童相談所の担当者が面談・面会に来るが、過ぎると必要時のみになってしまう。

　大きいカレー鍋のような施設を目指している。大きいカレー鍋は、少し違った味の物を加えても味は変わらない。少しの違った味は調味料となり、隠し味になる。施設全体では幅広い年齢の20数名が生活している。希望ばかり追いかけることが出来ないが、現実的な希望を叶えることが出来る施設でありたい。そして、子ども達には大きく育ってほしいとスタッフは願っている。

　若者はほとんどが施設を出たいと思っているが、高齢になると孤立の寂しさが身に沁みるのか、とどまりたいと考える人が多い。

　児童養護施設出身者は施設がお金を貯めてくれている（子供手当など）が、そうではない子はお金を持ってない。

　どうしても制度から抜け落ちる人たちが出てくるが、「自立援助ホームうなづき」では、児童養護系の抜けがあったら、生活困窮の制度でカバーするなど、誰一人取り残さない社会をつくる為に独自で制度や助成金等を組み合わせて抜け落ちないようにしている。

・・・・・・・・・・・・・・・・・・・・・・・・・・・・・・
ＮＰＯ法人 教育研究所　宇奈月自立塾
〔住所〕富山県黒部市宇奈月温泉 5509-16
〔Tel〕0765-62-9681
〔Web〕https://kyoken.org/about/unazuki-jiritsujyuku/
index.html
・・・・・・・・・・・・・・・・・・・・・・・・・・・・・・

参考文献

1，2020年国勢調査

2，THE　OWNER　　　https://the-owner.jp/archives/9206

3，東洋経済ON-LINE　2021年12月9日
　　　https://toyokeizai.net/articles/-/475152?page=4

4，厚生労働省保護調査（2022年3月）

当事者に寄り添い、支援者がチームを組んで精一杯支援したい。

松浦万里子 （まつうら・まりこ）

反 - 貧困ネットワークとやま　代表世話人

1947年　島根県松江市生まれ　富山市在住
養護学校教員、青森県社会福祉協議会職員などを経て
反貧困ネットワークとやま　代表世話人となる。

反貧困の活動に取り組むことになったきっかけを教えてください。

　きっかけはリーマンショックです。

　派遣切りが始まり、東京で派遣村が出来た時に反貧困ネットワークが全国組織として設立されたんですが、富山県でもという依頼で2013年に支援者57人で反 - 貧困ネットワークとやま（反貧困ネットとやま）を立ち上げました。

目的は何ですか。

　貧困問題は、借金、心身、労働、住居、家庭、社会保障、福祉行政の対応の問題など、その原因が複雑に絡み合っています。そんな様々な問題は、当事者にとっても、支援者にとっても、一人で立ち向かっていくことは困難で、当事者に寄り添いサポートする支援者の存在が不可欠です。反貧困ネットとやまは、そういった問題に対して、様々な得意分野を持つ支援者がチームを組んで支援することを目的に生まれました。

活動内容を教えてください。

　貧困者、困窮者の中で団体の支援を受けなければ立ち行かない事例は全体の1割程度。現在、会員約70名で、団体として支援するということではなく、住居、食料、保護申請など個人による支援活動をメインにして、団体はそれら支援者間の調整役としてネットワークを繋ぐ役割も果たしています。

活動の課題はありますか。

　精神的に疲れてしまう「支援疲れ」があります。

　それから今は個人で活動している方が多いですが、将来的には団体として支援を行うことを中心とした組織にできればと考えています。人・金・後継者が一番の課題ですね。

富山
NPO大じん ⑭

子ども達には、ちょっとでも良いから、勉強して分かる喜びを知って欲しい。

安念　正義（あんねん・まさよし）

共笑基金（ともえききん）代表

1941年　神戸市生まれ
1964年　同志社大学英文科卒業後、神戸新聞社を経て、ワシントン大学政治学科卒業
1980年　中学・高校生対象の学習塾「安念塾」を開設
2016年　共笑基金立ち上げ

立ち上げたきっかけを教えてください。

　妻の故郷である富山で「英語塾」を開いていたが、同時にひとり親家庭の子どもたちに無料学習を行っていました。それを一層の事なら県下に広げたいと考えるようになったのがきっかけです。

活動する上でご苦労はなかったですか。

　富山出身ではないので同窓生もいないし、30年学習塾をやっていたんですが、夜の仕事で近所づきあいもない。妻には「郷土意識が強い富山でできっこない」と猛反対されました。それでも押し切ってやり、最初の1年は基金を確保する年にと、県庁の記者クラブに乗り込みました。やりたいことを伝えたら各紙が大きく取り上げてくれました。寄付集めに卒塾生の家庭も廻ったし、企業も廻ったんですが、残念ながら企業はゼロ。話を聞いてもらえるだけで御の字だと思うしかありませんでした。

活動が出来るようになったのはどうしてですか。

　あるお宅から100万円の寄付があったんです。一年待たなくても、この資金で運営出来ると思い、募集を開始しました。そしたら8月から始めた最初の年に4人応募があったんです。そこからです。

活動の課題はありますか。

　資金、周知、後継者、それからコロナ禍で人と会うのが困難だという事ですかね。

これからやっていきたいことは何ですか。

　80歳を過ぎて車での遠出が心配になってきたので、戸別訪問を中止。自分が募金活動をしないで、人様からだけ寄付をお願いするのは信義に反すると思って、寄付を一切辞退。昨年からは、それまでの基金の残金だけで支援活動を続けています。あと10数人分は残っているので、それがなくなるまで毎年支援を続ける予定でいます。

5、食をつなぐ市民活動

志甫　さおり

コロナ禍で分断された人と食

　コロナ禍は人と人との繋がりを分断した。新型コロナウイルスの感染を防ぐために、真っ先に外食や会食が制限された。飲食店には在庫の食材や酒が溜まり、消費する目途も立たず賞味期限は近づき、家賃も支払えず多くの店は経営が立ち行かなくなった。また、そこで働く非正規の従業員は仕事を失い、あるいは収入が大幅に減り、生活が困窮した。学校は休校を余儀なくされ、給食用に納入予定の牛乳や野菜、肉や魚など大量の食材が行き場を失った。

「にながわふれあい子ども食堂」の子どもたち
（田畑亜矢さん撮影）

　売りたいのに売れない食材、もう一方では食べたいのに食べられない人たち…。悪循環が延々と続いた。コロナ禍前から格差や貧困の拡大は既に進行していたが、コロナ禍はその傾向に拍車をかけたことは間違いない。
　そんなコロナ禍で俄然注目を集め、人と人、地域と地域、食をつなぐ役割を果たしたのが「こども食堂」と「フードバンク」である。

広がるこども食堂

　こども食堂は2012年に東京都大田区で「気まぐれ八百屋だんだん」の店主・近藤博子さんが「こども食堂」ののれんを掲げたのが、その始まりと

「芝園子ども食堂」のランチ（志甫さおり撮影）

されている。こども食堂の着想は、近藤さんが知り合いの小学校副校長から「うちの学校に、母親が病気を抱えていて、ごはんが作れない日は給食以外は一日バナナ1本という子が入ってきた」という話を聞いたこと、そして、近所の人は気づかないのか、何をしているんだろうと、強い疑問を感じたことから生まれた。[1]

「こども食堂」とは、子どもが一人でも行ける無料または低額の食堂。「地域食堂」「みんな食堂」という名称のところもある。こども食堂は民間発の自主的・自発的な取組みである。

しかし、それゆえ運営を支援する公的な制度などが整備されていないにもかかわらず、こども食堂の数は増加の一途をたどっており、現在その数は全国で約6,000ヵ所にものぼっている。[2]

こども食堂急増のこの5年間にはコロナ禍の年も含まれるので、より必要性が認識されたとみてよいだろう。

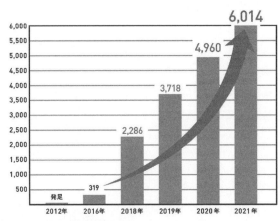

全国のこども食堂の箇所数推移
（2021年12月「むすびえ及び地域ネットワーク」調べ）

富山県（厚生部こども家庭室こども未来課こども育成推進担当）が2020年に設立した「富山県子どもほっとサロンネットワーク」には、2022年6月時点で、26ヵ所が加入している。

富山県内のこども食堂MAP（2022年7月時点）

ぜひお近くの「こども食堂」を利用してみてください！アレルギー対応等については、それぞれのこども食堂に直接お問い合わせください。

氷見市

5 ひみキトキトこども食堂「ふしみだい」
○場　所：藤見台公民館（氷見市柳田940-1）
○開催日：毎月第2、4土曜日　11:00～14:00
○料　金：無料（大人からは活動応援金）
○担当者：向　順子
○連絡先：090-9865-2494、yivefujiimidai@gmail.com
「野菜たっぷり！愛情たっぷり！　誰でもお気軽に来てくださいね」

6 ひみキトキトこども食堂「あさひがおか」
○場　所：まちなかサロンひみ（氷見本町19-20）
○開催日：毎月第3土曜日　11:30～13:30
○料　金：子ども無料、大人200円
○担当者：鈴木　和也
○連絡先：0766-54-5134、hariki.k@f2.dion.ne.jp

7 ひみキトキトこども食堂「みやだ」
○場　所：宮田学童保育所（氷見市島尾1417）
○開催日：毎月第2、4土曜日　11:30～13:30
○料　金：子ども無料、大人（は活動応援金）
○担当者：重政　夕貴
○連絡先：0766-91-6761

高岡市

28 こども食堂TOCCA（トッカ）
○場　所：子育てシェアハウスみかわる（高岡市福岡町赤丸657）
○開催日：不定期
○料　金：子ども無料、大人300円
○担当者：高木　奈津美
○連絡先：090-8261-3233、info@famiLlelb.org
○HP：https://famiLlelb.org
「だれでもきてね！みんなで楽しくすごしましょう！」

小矢部市

8 石動こどものひろば
○場　所：小矢部市民交流プラザ（小矢部市城山町1番1号）
○開催日：毎月1回日曜日　12:00～14:00
○料　金：子ども無料、大人無料
○担当者：谷口　隆
○連絡先：0766-68-1755、t-toorru-0619@crow.plala.or.jp

高岡市

1 オタヤこども食堂
○場　所：御旅屋セリオ6階（高岡市御旅屋町101）
○開催日：毎月第2、4土曜日　12:00～15:00
○料　金：高校生以下無料、同伴の大人300円
○担当者：田辺　恵子
○連絡先：0766-25-3821、keiko@rena-t.com
「みんなでおにぎり…ごはん。こどもならだれでもお気軽にいっしょに来てね」

2 木津ふれあい食堂
○場　所：高岡市立木津公民館（高岡市木津613-1）
○開催日：毎月第1、3土曜日　11:30～13:30
○料　金：小学生以下100円、高校生300円
○担当者：朝路　啓子
○連絡先：0766-21-0214、s_r_221619@web.ne.jp

3 くるみの森こども食堂
○場　所：くるみの森（高岡市佐野548-2）
○開催日：不定期
○料　金：未就学児無料、小～高校生300円、大人500円
○担当者：久米田　知世
○連絡先：0766-54-5703、kurumi963_043@yahoo.co.jp

4 みやひこども食堂
○場　所：デイサービス 準・みやひー（高岡市東田281-1）
○開催日：毎月第3土曜日　11:00～14:00
○料　金：高校生以下無料、大人300円
○担当者：田中　智之
○連絡先：0766-50-8773、miyabi@dorw-t.jp

10 オアシスはこども食堂

○場　所：水橋ふるさと会館（富山市水橋舘町 312-1）
○開催日：不定期
○料　金：高校生以下 100円、大人 200円
○担当者：藤林　卓哉
○連絡先：080-3620-2677、fuji644@gmail.com
「水橋中部地区を中心として、地域のこども達と大人が相互に遊び、楽しめるような賑わいの場を提供しています。」

11 定園子ども食堂

○場　所：せきの里工場2階（富山市中野町 4-1）
○開催日：毎月第3土曜日 12:00～14:00
○料　金：高校生以下無料、大人 300円
○担当者：前川　京子
○連絡先：076-432-5104、k_sekinoya@web.ne.jp

12 豊田こども食堂

○場　所：代表者宅（富山市大島 6-7-6）
○開催日：毎月第2、第4日曜日 11:30～12:30（12月～3月は第2日曜日）
○料　金：高校生以下無料、大人 300円
○担当者：林　吉夫
○連絡先：076-438-3156、yaya9223@pa.ctt.ne.jp
「お弁当配布やひとり親家庭・子育て家庭を応援しています。」

13 ちょっとおいでまこども食堂 羽水キャンパス

○場　所：富山国際大学羽水キャンパス（富山市願海寺水口 444）
○開催日：毎月第4土曜日 11:00～15:00
○料　金：中学生以下無料、大人 300円
○担当者：清水　美帆
○連絡先：076-464-6466（研究室直通）、murakami@tuins.ac.jp
「子どもたちに富山の郷土料理を提供したいと思います。」

14 粥の木子ども食堂

○場　所：民家（富山市舟橋町下橋 161-3）
○開催日：毎週月曜日 10:00～13:00
○料　金：募金制
○担当者：伊藤　みほる
○連絡先：080-3745-6600、zenith.nadeshico@gmail.com
「1月後半にホームサテチューション、子どもをコックになれる子ども食堂をしています。子どもだけの参加も大歓迎です」

15 豆こども食堂

○場　所：夏に食事1階（富山市大島町 1-7-14 1階）
○開催日：小学校の冬、春、夏休みのどこかの火曜日 17-20時
○料　金：こども100えん、おとな300えん
○担当者：いいやま
○連絡先：https://oyasai8674.com/page02
「赤ちゃんから大人まで皆さん、おひとりさま、こども食堂を作りたい方、気軽に集まることができる場所にしたいと思っています!」

16 にかわふれあいこども食堂

○場　所：婦川地区センター（富山市赤田 500）
○開催日：毎月第4土曜日 11:30～14:00
○料　金：高校生以下無料、大人 300円
○担当者：田畑　亜矢
○連絡先：076-456-2593、090-7741-8629、aya0221880@gmail.com
「子どもも大人も誰でもみーんなで、気軽に集まることができる場所になればと思っています!」

17 寺子園子ども食堂

○場　所：成田山薬王寺（富山市石金2丁目3-6）
○開催日：毎月第4土曜日 11:30～
○料　金：中学生以下無料、大人 500円
○担当者：穀沢　信弘
○連絡先：090-0746-3397、maruyouofuout.look.jp、hotaru.hotaru@gmail.com

18 やなまちこども食堂 in空満

○場　所：コミュニティカフェ空満（からふる）（富山市黒田出来方町1-4-20 福山ビル2階）
○開催日：毎月第2土曜日 11:00～17:00
○料　金：子ども無料、学生無料、大人募金制
○担当者：辻坂　明子
○連絡先：076-471-8134、090-8090-9926、community_cafe_colorfull_kodoou@gmail.com
「みなさんご自由にきてください。」「参事提供の他にも楽しいイベント等もあります。」

19 空満食堂

○場　所：総曲輪レガートスクエア（富山市曲輪4-4-7）
○開催日：曜日に拠らず毎月8日 15時～19時頃　※中高大学生 無料
○料　金：子ども100円、大人 200円
○担当者：辻坂　明子
○連絡先：076-471-8134、090-8090-9926、community_cafe_colorfull_kodoou@gmail.com

20 こども・地域食堂 KITCHEN HAPPY TIME

○場　所：多機能事業所スチップ（富山市婦中 1023）
○開催日：毎月第4金曜日 17:00～18:30
○料　金：子ども無料、大人 300円
○担当者：山田　直子
○連絡先：076-467-4484、nutrition@syuukai.com
「コロナ禍のため、お弁当の配布のみ行っています。」

21 かんかいこどもしょくどう

○場　所：開蓮寺（富山市清水町3丁目1番24号）
○開催日：毎月1回金曜日 17:00～20:00※SNSにてお知らせ
○料　金：子ども無料、大人 500円※来院要連絡のみ
○担当者：村上　巧技（担当携帯：080-5031-6955）
○連絡先：076-423-5493、info@kankaiji.com
○サイト：https://kankaiji.com
「小麦、うまみ成分抜・市販カレールー不使用でアレルギーのお子様にも食べやすいカレーライスを提供しています。初めての方も1人でも気軽に遊びに来てください!」

魚津市

23 きらりこども食堂

○場　所：manna time（マナタイム）（魚津市諏訪町 8-4）
○開催日：毎月第 2 土曜日
○料　金：中学生以下無料、大人 300 円
○担当者：鈴木　久美子
○連絡先：080-5529-7912、atorie.kirari@gmail.com
「コロナ禍の中、お弁当と食料品のお届けと配布が
メインの活動となっております。」

22 なかま食堂

○場　所：あんどの里（魚津市仏田 3468）
○開催日：毎月 1 回（土曜日）　11:45～15:30
○料　金：300 円
○担当者：大谷
○連絡先：0765-22-8808、ando-7@saiboufukushi.com

富山市

21 こども食堂 TOCCA（トッカ）

○場　所：達夫（富山市水橋till ヶ堂 40～22）
※ファミーユラボ（富山市山室 340～2）テイクアウト
○開催日：不定期
○料　金：子ども無料、大人 300 円
○担当者：高木奈津美
○連絡先：090-6281-3233、info@familielab.org
○HP：https://familielab.org
「だれでも来てね！みんなで楽しくすごしましょう！」

射水市

おいみず子ども食堂

○場　所：射水市放生津コミュニティセンター
（射水市立町 10-20）
○開催日：毎月第 1、3 土曜日　11:00～14:00
○料　金：高校生以下無料、同伴の大人は無料
○担当者：池田　茂
○連絡先：090-3763-5665、silkoda@quartz.ocn.ne.jp
○Twitter：池田茂　おいみず子供食堂

古ひばりふれあい食堂

○場　所：戸破コミュニティセンター（射水市戸破 2917-1）
○開催日：毎月第 1.3 土曜日　11:30～14:30
○料．金：子ども無料、大人 400 円
○担当者：岡田　努
○連絡先：0766-55-3348、hibari@imizu-chiiki.jp

南砺市

8 寺子こども食堂

○場　所：寺子クラブ（真勝寺内）（南砺市木舟 2-92）
○開催日：毎月第 4 土曜日（長期休業期間）
○料　金：小学生 300 円
○担当者：齊藤　直家
○連絡先：090-1395-6400、ssaii56610@yahoo.co.jp
「いただきます、ごちそうさまのの心を大切に、
旬の食材や郷土の料理をみんなで楽しくいただきます。」

黒部市

9 きらりこども食堂

○場　所：黒部市勤労青少年ホーム（黒部市新牧野 220）
○開催日：毎月第 4 土曜日　11:00～13:00
○料　金：高校生以下無料、大人 300 円
○担当者：鈴木　久美子
○連絡先：080-5529-7912、atorie.kirari@gmail.com

富山県内のこども食堂 MAP（富山県 HP）

第 2 章　検証　社会的弱者への直撃　115

最新状況は富山県のホームページを確認されたい。

　こども食堂と一口に言っても、始めた動機や活動内容は様々である。富山県初のこども食堂である「オタヤこども食堂」の田辺惠子さんは、2016年、民生委員をしている時に、ある子どもが虐待されていることを知ったのがきっかけで、こども食堂を開くことにしたという。子どもたちが一人で食べる孤食を防ぎ、忙しいお母さんたちを支え、人の流れを作りたいと、有志とともに月2回（第2・第4土曜日）、こども食堂を開いている。田辺さんの元にはこども食堂を始めようと見学に訪れる人も多い。

　「豊田こども食堂」の林吉夫さんもその一人。こども食堂開設のきっかけは、東京で5歳児が両親から虐待を受けて死亡した事件を知ったこと。当初は自宅近くの施設を借りてこども食堂を開いていたが、コロナ禍で借りられなくなり、現在は自宅の屋外車庫で月2回テイクアウト弁当の配布を行っている。早く施設が借りられるようになってほしいと話す。

　こども食堂を開くには場所の確保が必要だが、費用が掛かることが多くネックになっている。しかし、「それを、やらない言い訳にできない。家はお寺だから」という人もいる。

　「寺子屋子ども食堂」の経沢信弘さんと「がんかいじこどもしょくどう」の村上巧弦さん。信仰の有無、宗教の違いなどに関わらず気軽に参加してほしいとのこと。

　「やなぎまちこども食堂」の坪坂明子さんは、2020年8月こども食堂を開催することを目的にコミュニティカフェ「空満」（から full）をオープンした。通常はカフェやコミュニティの場として運営し、毎月第2土曜日にこども食堂を開いている。坪坂さんは夫が単身赴任だったため4人の子どもをワンオペ育児（ほとんどすべての家事や育児を一人で担う育児スタイルのこと。ワンオペとはワンオペレーションの略）した経験を持つ。子どもが大きくなったこと、新型コロナウイルス感染拡大の影響で仕事の休みが多くなりゆっくり考える時間ができたことで、今度は自らが子育て中の親御さんの力になりたいと思ったのがこども食堂開設のきっかけだという。

　「豆こども食堂」のいいぬまかつひろさんは、オーガニックカフェ＆レ

116

ストランである「豆こ食堂やむなし」の活動の一つとしてこども食堂を運営している。一人暮らしが長く、料理の大変さや病気などで悩んだ経験があることから、同様の人たちの役に立てたらと考えた。料理を代わりに作ることで生まれた余裕を子どもの遊び相手や自身のごほうびなど、使いたい時間やものに充ててほしいと話す。

さて、実際にこども食堂を開きたいと考えた時、まず考えるのは場所と人と経費の確保だろう。そこで利用できる補助金等を調べてみた。

富山県の場合、こども食堂の立上げ経費助成として（年間24回以上実施するなど条件付きで）1ヵ所当たり20万円（県1/2、市町村1/2）の補助金を受け取れる。ただし、富山市はこの制度を実施しておらず、結果として県の補助金も受けることができない。早急に富山市も実施してほしい。

この他に民間企業が実施している補助金制度もある（カゴメ、キューピー、トナミホールディングスなど）。立ち上げ費用が確保でき、フードバンクや農家からの食品提供などもあれば、こども食堂を開く敷居はかなり低くなるのではないだろうか。

一方でこども食堂の最大の課題は、認知度の低さである。もっと気軽に誰もが利用できる居場所であるという認識が広がれば利用者も増えるだろうし、生活困窮者が行く所といった間違った偏見も減るはずだ。実際、親が周りの目を気にして子どもにこども食堂に行かないように言うケースも時にはあるということだ。ただ、テイクアウト方式になると急に利用者が増えるという話もあった。利用者も近所の人は少なく隣の町から来る人が多いという所も。富山県のこども食堂の数が全国で一番少ない（むすびえ調べ）のは、人目を気にし過ぎるといった県民性も関係しているのだろうか。こども食堂への間違ったイメージを払拭し、コミュニティの拠点になっている現状をもっとたくさんの人に知ってほしい。

近々富山県とNPO法人「全国こども食堂支援センターむすびえ」が共同で、こども食堂のPR動画を作成する予定があるそうだ。誰でも気軽に参加できる居場所であることを認知してもらうために、県や市町村、民間レベルでも情報の拡散をぜひお願いしたい。ボランティアで参加するのもいい

だろう。みなさんも、どんな形でもいいので一度近くのこども食堂に行ってみてほしい。実際筆者が取材で訪れたこども食堂はとても居心地のよい場所であった。

　困った時はお互いさま、放っておけないおせっかい。コロナ禍を経験した今こそ、昔のご近所同士のようなつながりを作っておくことが大切ではなかろうか。こども食堂はそれを実現できる可能性を大いに秘めている。

「もったいない」をつなぐフードバンク

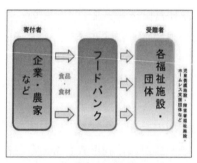

フードバンクの役割（農林水産省HP）

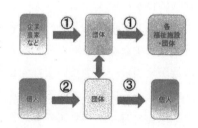

① フードバンク
② フードドライブ
③ フードパントリー

フードバンク、フードドライブ、フードパントリーの位置づけ
（フードバンクとやま～検討会補足資料～P8）

　「フードバンク」は主に企業や農家から発生するまだ十分食べられるのに余っている食品を寄贈してもらい、必要としている人や団体のもとへ届ける活動および団体のことである。似たような言葉に「フードドライブ」と「フードパントリー」がある。フードドライブは家庭からフードバンクに食料を寄付する仕組みのことで、ドライブとは寄付の意味を持つ。また、フードパントリーは集めた食料を個人に無料配布する活動のことである。

　フードバンク活動は、1967年アメリカアリゾナ州フェニックスでボランティア活動をしていたジョン・ヴァン・ヘンゲルさんが、まだ食べられる食品が大量に廃棄される現状を知り、それらの食品を寄付するように頼んだことから始まった。

フードバンク活動が日本で始まったのは2000年1月。別々に活動していた炊き出しグループの代表者が集まり、より効率的に食料を集めるシステムを作ることを決めたのが始まり。この活動に参加していたチャールズ・E・マクジルトンさんという一人のアメリカ人が日本で最初のフードバンクを設立した。日本初のフードバンク組織は2002年に特定非営利法人に認定された「セカンドハーベスト・ジャパン」である[3]。

富山県のフードバンクはNPO法人「フードバンクとやま」とNPO法人「もったいないフードバンクとなみ」の2ヵ所。「フードバンクとやま」理事長の川口明美さんによると、「フードバンク」と呼べるところは、社会福祉協議会やこども食堂、富山型デイサービスなどカウントされていないところを含めると実際には10ヵ所以上あり、コロナ禍によりフードバンクに寄せられる食品の量は増す一方であるとのこと。「フードバンクとやま」で扱う食品の量はコロナ禍前10トン/年であったのが、コロナ禍で一気に30トン/年に増えた。コロナ禍が落ち着きを見せつつある現在（2022年6月）でもその量は増加の一方だとのこと。そのため、人手不足による課題は山積みで、組織を大きくする活動にまで手が回らないという状態が慢性化している。

課題の一例を上げると

・事務所の常駐スタッフがいないため食品提供企業からの要望に即時対応できない。

・指定された時間や場所に行くことができない。

・食品の取扱記録管理、衛生管理、提供元・寄贈先との連絡業務、食品の授受日・時間帯の調整、庫内入出荷作業など業務量過多で、スタッフの身体的負担が大きい。

またフードバンク活動に対する

NPO法人　フードバンクとやま
〔住所〕富山県射水市広上1159
〔Tel〕090-1393-5619
〔Fax〕0766-52-1331
〔Email〕foodbank.toyama@gmail.com
〔Web〕www.foodbank-toyama.com

NPO法人　もったいないフードバンクとなみ
〔住所〕富山県砺波市深江1098番地14
　　　　一服茶屋ふかえ内
〔Tel〕090-2098-5227
〔Email〕s.nobuyuki@sea.plala.or.jp

社会的認知度が低く周知が不足しているため、多くの企業がフードバンクの活動内容を知らない。企業がフードバンクに自社商品は提供に適さないと思い込んでいる、フードバンクへの食品寄付が全額損金算入できる仕組みであることを知らないといった場合がある。

　コロナ禍前は、競争に勝ち抜くために企業は大量生産や過剰な安全管理（3分の1ルールなど）により食品ロスを余儀なくされていた。

　3分の1ルールというのは、サプライチェーンにおいては、賞味期間の3分の1以内で小売店舗に納品する慣例のことである。このルールのもとでは、賞味期間の3分の1以内で納品できなかったものは、賞味期限まで多くの日数残すにも関わらず、行き場がなくなり廃棄となる可能性がある。このため、厳しい納品期限を緩和することは食品ロスの削減につながることが期待される。[4]

　ある外食チェーンでは調理後一時間を過ぎると販売できないルールがある。食品ロスをなくすための対策として、時間を過ぎたらすぐ冷凍し、（再調理に関するルールを提示した上で）フードバンクやこども食堂に提供する活動をしているという。一時間というルールには疑問も残るが、廃棄せずに再利用するのは企業イメージも傷つかないし良いアイデアだと思う。

　富山県農林水産部の「とやま食ロスゼロ作戦」というサイトには、県内で予定されているフードドライブなどのイベント情報をはじめ、食品ロスをなくすための取り組みがまとめられている。例えば、ここで予告されていたサッカーJ3「カターレ富山」の試合時のフードドライブ活動は、観客が家庭で余ったレトルト食品など一定の条件を満たす食品を集め、富山市社会福祉協議会を通じて福祉団体に贈るというもの。外国のチームでは当たり前に行われている活動だという。

　ここで注意しておきたいのが、「食品ロス」という言葉である。日本と世界ではロスの意味合いが異なる。FAO（国際連合食糧農業機関）では、食料生産としての農林水産物の生産や漁獲から、運送、貯蔵、加工、包装、販売、再加工、小売、消費などフードサプライチェーン（食料が農地で栽培・収穫されてから運ばれ、製造・加工、卸、流通、小売を通って消費者

までたどりつく一連の流れ）全体を捉えて、小売より前の段階までに減少する食料を「Loss：ロス」とし、小売と消費段階で破棄される食料を「waste：廃棄（ウェイスト）」として計上している。また、食用として生産されながら非食用（飼料・肥料・バイオエネルギー）として利用された食品もロスとして計上している[5]。

「フードバンクとやま」理事長の川口明美さんは、今後活動する上で「フードロス」と「フードウェイスト」の言葉の違いを一般に認知してもらうことが課題であると話す。

こども食堂とフードバンクのこれから

コロナ禍を経験した今とこれから先は価値観の転換をしなければ企業も個人も生き残れないのではないか。求められるのは、優しさや気配り、人や地域とつながること。新しい価値観を共有する具体策としてもこども食堂とフードバンクの存在は欠かせない。

こども食堂には地域の誰もが気軽に参加できる居場所、ネットワークの拠点となることを期待したい。また、お金が介在しないフードバンクには、食品ロスをツールとして、人と人、人と地域、地域と地域をつなぐ役割を期待したい。

憲法25条には「すべて国民は、健康で文化的な最低限度の生活を営む権利を有する」とある。人間の尊厳を失わないようにするため、行政も個人もこども食堂やフードバンクの活動の必要性を認知し、これからますます支援していく必要があるだろう。それは他人のためでもあり、自分のためでもある。

かつては当たり前だったご近所同士のおせっかいやおすそわけ文化。こども食堂やフードバンクがなくても、誰もが食べることに困らず心豊かに暮らせる世の中になるのが理想ではあるのだが。

引用文献

引用文献

1）全国こども食堂支援センター・むすびえ『むすびえのこども食堂白書 地域インフラとしての定着をめざして』本の種出版、2020
2）NPO法人「全国こども食堂支援センター・むすびえ」HP　こども食堂について‐むすびえ（musubie.org）
3）フードバンクとやま「フードバンクとやま　〜検討会補足資料〜」2021
4）農林水産省HP
5）『瀬戸内食品ロス削減団　フードバンク活動入門』クリエイツかもがわ、2022

参考文献

1．『フードバンクとやまとこども食堂』フードバンクとやま、2021
2．『NPO法人フードバンク岡山 NPO法人おかやまUFE　あいあいねっと（フードバンク広島）視察報告（2021.11.12〜11.13)』フードバンクとやま、2022

年配者のサロンのようなこども食堂。
子どもがたくさん来てくれると嬉しいな。

前川　京子 (まえかわ・きょうこ)

芝園子ども食堂　代表

1949年　北海道釧路市生まれ
1971年　結婚を機に富山県へ移住
2017年　芝園子ども食堂開設

こども食堂を始めたきっかけは？

　10年ほど前、孫の友達があまり食事を食べていないと感じ、遊びに来た時にごはんを勧めたけど遠慮して食べなかったの。そんな時テレビで子どもたちに食事をふるまっている八百屋さんを見て、これだ！と思ったのだけど、それから5年経っても行動に移せずにいて。そんな時、富山県で最初のこども食堂（オタヤこども食堂）の活動をテレビで見たの。仲間と見学に行ったら、代表の田辺さんが「やるかやらないか。やめたって誰も文句言わないよ」と背中を押してくださって。自営業の店の社員食堂という場所もあるし、始めることにしたの。

季節の野菜や果物たっぷりの献立（志甫さおり撮影）

実際に始めてみてどうですか？

　子どもが少ないのよ、うちは。こども食堂なのにね。それでも子どもがたくさん来てくれたら嬉しいなって、仲間のみんなとワクワクしながら待っています。大学生がボランティアに来たいと連絡をくれた時には、「子どもいないよ、それでもいい？」って答えました（笑）。いつやめようかと思っているけど仲間たちがやめたらだめって言うのよ。みんな楽しみにしているのね。今後の課題は、若い人をいかに巻き込むかということです。

コロナ禍で変化したことはありましたか？

　富山アラートの発出などにより中止したことが数回ありました。また、テイクアウトのみの期間が約2年続き、今月（2022年6月）からやっと本来の形に戻しました。久しぶりなので仲間たちも楽しんでいましたよ。

家族連れでもおひとりさまでもOK（志甫さおり撮影）

毎回250食が完売！地域のみんなを巻き込んで、ワクワクしながら運営しています。

田畑　亜矢 (たばた・あや)
にながわふれあい子ども食堂　代表

1986年　富山県富山市生まれ
2019年　にながわふれあい子ども食堂　開設

2022年秋、田畑さんは病のため急逝されました。
現在は新代表が田畑さんの思いや意志を引き継いで運営されています。生前、田畑さんにインタビューさせていただいたので、田畑さんのこども食堂への思いを掲載させていただきます。

こども食堂を始めたきっかけは？

　中学生の子どもが二人いますが、小学生の時支援学級に通っていた下の娘が「私は友達がいない」と言ったのです。地区単位で子どもたちが関わることができる時間をもっと作りたいと思っていた時、こども食堂の存在を知り、PTAの懇親会で「私、こども食堂をやりたいので、手伝ってください」と発言しました。地域の中でも発信したところ、有志が初期費用を寄付してくださり、手伝ってくださる仲間も集まったのでワクワクしながら始めました。その後各方面の助成金を調べ、報告書などもこまめに作成して複数の助成金を受けることができるようになりました。やっと軌道に乗ったと思い始めた頃、新型コロナウイルス感染症が流行り出しました。

コロナ禍で変化したことはありましたか？

　今までの活動が当たり前じゃなかったのだなと感じました。対策の一つとして、中で食事する分も持ち帰りと同じ使い捨ての容器にしました。容器代は高く、材料費以上にかかることもありました。また認知度が上がったのもあるのか、コロナ禍だからか「お米がない」「余っている食材をもらえないか」といった相談を受けることも。それでこども食堂とは別の日に食材を配布したこともあります。フードバンクから提供していただいた食品をこども食堂で配布することもあります。

250食をチームプレイで盛り付ける
（田畑亜矢さん撮影）

今後どのような活動をしていきたいですか？

　回を重ねるにつれ、小学校、地区社協、民生委員、赤十字奉仕団、フードバンク、企業等ネットワークはどんどん広がっています。また、フェイスブック、インスタグラム、ツイッターで情報発信も積極的に行っています。これからも活動を継続し進化させ、いつか誰かに「こんな形でこども食堂をやってみたい」と思ってもらえたら嬉しいですね。

みんなで食べるとおいしいね
（田畑亜矢さん撮影）

フードバンクとやまの最も弱いラスボス。

有岡　仁志（ありおか・ひとし）

NPO 法人　フードバンクとやま　理事

1982 年　富山県富山市生まれ
2018 年　仲間 2 人と一般社団法人「ガチョック」設立
2019 年　NPO 法人「フードバンクとやま」の活動に参加
2022 年　NPO 法人「フードバンクとやま」理事に就任

2009年に、現理事長の川口明美さんが設立されたフードバンクとやま（『NPOが動く
とやまが動く』2012　84ページ参照）に有岡さんが参加されたきっかけは何ですか。
　川口さんが職場（ガチョック）にパンを届けてくれたのがきっかけです。「ガチョック」
立上げ当初は時間もあったし、もらうだけでは申し訳ないので、何でもお手伝いしますよ
〜っていう感じで活動に参加しました。お手伝いしている内にフードバンクの活動につい
て理解が深まりました。今では「フードバンクとやま」の食品を一時的に預かるなど、で
きる範囲で協力しています。

コロナ禍前からの参加ですが、コロナ禍で変化したことはありますか。
　取扱量が増えましたね。2009年設立当初は0.1トン/年、コロナ禍前の2019年は10トン/
年、コロナ禍の2020年は30トン/年で、コロナ禍が収まりつつある現在（2022年6月）も
増える一方です。食品を提供してくださる企業さんも継続して提供
してくださることが多いです。東日本大震災やコロナ禍など節目節
目で意識が変わるというのもあったかもしれません。

今後やりたいことはありますか。
　「フードバンクとやま」の関係各所をネットワーク化して、事業が
スムーズになるようにしていきたいですね。そのために拠点として
の倉庫が欲しいです。寄付金で車両が買えたりボランティアの方も
増えたりして、10年前の設立当初よりは活動しやすい環境になって
いるとは思いますが、立地の良い場所に倉庫があれば、多くの人が
もっと関わりやすくなって楽しく活動できると思います。

企業から提供された食品を
ワゴン車に積み込む（志甫
さおり撮影）

6、国際化とダイバーシティ

宮 田 妙 子

富山に暮らす外国人住民とともに多文化共生の地域社会を目指して

　富山県内における外国人住民数が2,134人で総人口に占める割合がまだ0.19％だった1980年、その80年代から90年代において、外国人との接し方の主流の考え方は「国際交流」だった。その頃は多くの人にとって、国際交流イベントで外国の人と会うことはあっても、日常的に接することはほとんどなかったと言っていい。

　しかし、その後、富山県に住む外国人住民の数は増加の一途を辿り、「富山県多文化共生推進プラン」が策定された2007年には15,370人、総人口の1.39％になった。プランの名が示す通り、国際交流の時代から、多文化共生を目指す社会になったと言える。多文化共生とは「国籍や民族などの異なる人々が、互いの文化的ちがいを認め合い、対等な関係を築こうとしながら、地域社会の構成員として共に生きていくこと（総務省：多文化共生の推進に関する研究会報告書より）」を言う。町を歩いていて外国の人に会っても珍しいことではなくなったのもこの頃である。

　その後も、日本全国に在留する外国人数は大きく増加して、2020年3月には約289万人に上った。コロナ禍によって少し減少はしたが、少子高齢化が急速に加速し人材不足が著しい日本での働き手の即戦力として在留資格「特定技能」が2021年4月に創設されたこともあり、アフターコロナに外国人住民数は更に増えていくことが予想される。しかし、単なる労働者としての意識で受け入れていては、さまざまな問題が起こってくることは火を見るよりも明らかであるし、実際に現代の奴隷制度と世界から非難されている技能実習生の不当労働に代表されるような社会問題になっている事例は枚挙に暇がない。

富山県では2012年３月には、外国人を取り巻く環境の変化等を踏まえて「富山県多文化共生推進プラン[1]」の改訂が行われている。その中で、①地域におけるコミュニケーションの支援、②生活支援の充実、③多文化共生の地域づくり、④多文化共生施策の計画的・総合的な推進、という４つの方向性が立てられた。その後、在留資格別、国籍別の外国人住民の構成にも大きな変化がみられたことから、こうした外国人住民を取り巻く状況に対応するため、行政・生活情報の多言語化や日本語教育など外国人の地域への受入れ環境の整備への支援とともに、外国人が活躍する受入企業への支援が必要であると考えられた。こうして、これまでの「富山県多文化共生推進プラン」に「外国人材活躍」の観点を盛り込み、新たに「富山県外国人材活躍・多文化共生推進プラン[2]」が策定されたのが2021年９月である。富山県庁の国際課のホームページに78ページに渡るプランが掲載されているので、お目通しいただけたらと思う。

　しかし、人々の意識が多文化共生に向いたかといえば、富山に初めて多文化共生推進プランが策定されて15年を経た今でも、そうはなっていないのが実情である。そもそも富山に多文化共生推進プランなるものがあることを知らない県民の方が圧倒的に多いだろう。

　それでも、この富山に住んで、一住民として地域の中で活動している外国の人たちも確実に増えている。ここでは、地域で多文化共生のまちづくりのために取り組んでいる外国人住民の活動に主にスポットをあてて、この地域でともに生きる住民として彼らがどのような活動をしているのかを見ていきたい。その中から、彼らと共にこの富山で多文化共生の、そして、国籍・性別・年齢・障がいの有無・価値観の違い・ライフスタイルなどの様々な違いに関わらず、多様な人々が同じ地域に住む一員として互いを認め合い、よりよい地域にしていこうとするダイバーシティ＆インクルージョンの社会を目指していく道を探りたい。

市民団体「Kodomotachi Hiroba」

　ブラジル人女性のシルビア・デ・ソウザさんは、2002年に来日。富山は住みやすいと思って、翌年16歳、15歳、8歳の子どもたちと共に本格的に移住した。しかし、富山で子育てをする中で教育の情報がほとんどなく途方に暮れた。そんな時に助けてくれたのが日本語教室の先生たち。そのおかげで娘さんは日本の高校に編入することができた。しかし、他にもブラジル出身で勉強面で困っている子どもたちは大勢いた。またブラジル人でありながら、ポルトガル語を一切話せないままで帰国する子どもたちも大勢いた。そこで、シルビアさんはブラジルの子どもたちのために学習支援教室とポルトガル教室を始めるようになった。外国人の子どもたちにとって、母語教育は大変重要であり、全国で取り組みが広がっているが、シルビアさんは富山で母語教室を始めた先駆けである。

　シルビアさんは、ブラジルの子どもたちだけでなく、日本の子どもたちにも教室に来てもらって、英語を勉強したり、交流したりする場を大切にしている。子どもの頃から多文化共生が当たり前の環境を目指したい、そう思って活動を広げている。

楽しそうに勉強している子どもたち（「Kodomotachi Hiroba」提供）

　また、コミュニティ図書館を設置し、ポルトガル語、英語、日本語の本を約1000冊配置して、無料で貸し出しも行っている。

　主に学習支援を行う「Kodomotachi Hiroba 」は毎週日曜日15：30〜16：30 月曜日19：00〜20：00に開催。ポルトガル語教室は日曜日　14：00〜15：30 水曜日はオンライン。コミュニティ図書館は平日18：30〜20：30 土日は11：00 〜 20：30 に開館。

場所は、シルビアさんの息子、アランさんが経営するBRAVES内にある。

BRAVESにはシルビアさんの教室はじめ、ブラジリアン柔術やベリーダンスの教室、カフェ、キックボクシングやジム、ネイルサロン、子どもたちの遊び場ととても充実した空間が広がっている。そして、そこにいろんな国籍の人たちが集っているのだ。MULTICULTURAL FESTIVAL ～unity in diversity～も開催され、今や射水の多文化共生の発信基地になっていると言っても過言ではない。土日になると、カフェのメニューにシルビアさんの作る美味しいブラジル料理も登場する。今後ますます目の離せない場所になっていくだろう。

Kodomotachi Hiroba
〔住所〕富山県射水市善行寺31－1 BRAVES内
〔Tel〕080-3740-8412
〔Email〕silviachaparral@hotmail.com
〔Web〕https://www.facebook.com/kodomotachi.classe.
　　　de.alfabetizacao

市民団体「富山ネパール文化交流協会」

近年来日するネパール人が急増しているが、富山も同様である。富山に2つある日本語学校には多くのネパール人が在籍している。そんなネパール人がとても頼りにしている団体が「富山ネパール文化交流協会」である。「富山ネパール文化交流協会」の代表は、現在小松菜農家としても有名なダルマ・ラマさん。ダルマさんはネパールで仏画の絵師をしていた時に日本人の奥様と出会い結婚。2005年に来日した。来日当初はネパールのことを知らない人が多く、もっとネパールのことを知ってほしいと思っていた。その後どんどんネパール人が増えてきたこともあって、サークルとして、富山ネパール協会を作り、ネパール料理教室やお話会を開いていた。そんな中2015年4月にネパール大地震が起きる。その時、県民有志と富山に住むネパール人が協力して義援金の募金活動を行ったことがきっかけで発足したのが「富山ネパール文化交流協会」である。

その時の募金でネパールに度々義援金を送り、またネパールのことを知

らない日本人向けにさまざまにネパール文化を体験できる機会を作っている。小学校、中学校、高校に行って出前授業をして、日本の子どもたちにネパールのことを伝えるのも大切な会の役割だと考えている。

また県内在住のネパール人をスピーカーに呼んで月1回のしゃべり場を開いたり、ネパールのお祭りダサインを体験してもらったり、入り口にあたる国際交流イベントを開きつつ、その後の多文化共生につなげられるように、一度きりの交流で終わらないように気をつけている。

ダサイン祭に集まった大勢のネパール人
（「富山ネパール文化交流協会」提供）

県内在住のネパール人にとっては、生活する上でさまざまな問題が起きた時に、会のメンバーが親身になってサポートしてくれることから、駆け込み寺のような頼りになる場所である。

富山ネパール文化交流協会
〔事務局〕富山県射水市広上 361-21
〔Web〕http://toyama-nepal.org/

一般社団法人「TMCとやまムスリムセンター」

富山大学近くに「とやまムスリムセンター」がある。富山大学にもムスリムの留学生がたくさんいるが、大学内に礼拝の場所がなかったので、礼拝ができるムスリムセンターの存在はとても大きい。礼拝だけでなく、留学生が日本人学生や地域住民に英語を教えたり、イスラム文化を紹介する場所としても使われている。

「とやまムスリムセンター」は2014年の設立。代表のサリム・マゼンさんの故郷シリアの難民キャンプに富山学校を設立して、子どもたちへの学習支援を続けている他、これまで多くの物資や車椅子などをコンテナ輸送してきた。シリアの難民キャンプに続いてロヒンギャの難民キャンプにも

富山学校を設立して、子どもたちへの支援を行っている他、ソマリアの難民キャンプの子どもたちへの医療支援も行っている。昨今コンテナの輸送量の高騰で苦労は続くが、困っている人を助けることが自分たちの使命と信じ、全く歩みを止める様子はない。

シリアの難民キャンプの子どもたち
（「TMCとやまムスリムセンター」提供）

　日本国内でのボランティア活動にも熱心に取り組み、地震や豪雨で被災した熊本や長野、広島などへすぐに出かけ、緊急物資を届けたほか、カレーの炊き出しをしてきた。避難所で非常食ばかりだった時に作りたての美味しいカレーが食べられるのはどれだけ嬉しいことだろう。お年寄りが「久しぶりに温かいものを食べられる」と涙ぐんで喜んでくれた姿が忘れられない。

　コロナの最初の頃にマスク不足が深刻だった時には、海外から取り寄せたマスクを、県と高岡市に寄贈するなどもした。ネットワークも広くフットワークも軽く、今や県内外のNPONGOと繋がって活動を続けている。

　「ハラル」食やムスリムに関して理解を深める活動も続けていて、小学校から大学まで幅広く講演をしている。

　そして、高岡にもムスリムセンターを開設予定で、地元の人たちと一緒に地域づくりをしていきたいと意気込んでいる。

富山ムスリムセンター TMC
〔住所〕富山市五福3367
〔Tel〕090-9444-9877
〔Web〕https://www.facebook.com/alfaruqtmc

市民団体「WELFARE SOCIAL SOCIETY TOYAMA JAPAN」

　射水市は外国人住民の比率が県内で一番高く、3％を超えている。そして射水市の特筆すべきことは、パキスタンやバングラデシュ、ロシアの人た

ちが多く住んでいること。8号線沿いを走っていると中古車業者が多いが、その多くはそういう国の人たちだ。

「WELFARE SOCIAL SOCIETY TOYAMA JAPAN」はパキスタン出身のナワブ・アリさんを中心にして2001年から活動を始めた。

「WELFARE SOCIAL SOCIETY TOYAMA JAPAN」も県内外で災害が起きた時は、支援物資を集めてすぐに駆け付けている。射水市にあるモスクにはあっという間に数多くの支援物資が集まって山積みにされる。それをトラックに積み込んでどんどん運んでいくのだ。

また、アリさんは、日本人でもパキスタン人でもロシア人でも、とにかくみんなと一緒に地域の中で助け合って生きていかなくてはいけないという思いが強かった。だから、町内の活動にも積極的に参加して、町内会の人たちとの信頼関係を築いてきた。町内の会合にも参加するし、官民合同の地域防犯パトロールにも積極的に参加する。地域で多文化共生を考える

地域住民として地域防災訓練に参加
(「WELFARE SOCIAL SOCIETY TOYAMA JAPAN」提供)

ワークショップがあれば、日本の人たちと一緒にテーブルで話し合う。そういう地道な活動によって、地域の人たちととても良好な関係になることが出来た。同じ地域に住んでいても、日本人と外国人の間に交流がなく、きっちり住み分けをしている場所もまだまだ多いが、アリさんたちの住む地域はちゃんと多文化共生が出来ている。

力仕事が出来ないお年寄りがいたら喜んで手伝っているので、すっかり頼りにされている。町内の行事も積極的に参加するし、ゴミ出

WELFARE SOCIAL SOCIETY TOYAMA JAPAN
〔住所〕富山県射水市草岡町 2-16-2
〔Tel〕090-2318-8093
〔Web〕https://www.facebook.com/WSSTJ/

しのルール等もアリさんたちがきちんと説明することで、トラブルになることは少ない。高齢化が進んだ地域の多文化共生の在り方の形を示してく

れている団体なのだ。

市民団体「富山日伯交流友の会」

　高岡も外国人住民の多い市で、市独自の多文化共生推進プランも策定している。そんな高岡に数多く住んでいるのがブラジル人で、そのブラジル人の精神的支柱とも言える存在が2008年に設立された「富山日伯交流友の会」である。2008年はリーマンショックが起きて、多くのブラジル人が解雇され途方に暮れていた。会を設立したばかりだった木口エルメス実さんの最初の仕事は、そんな人たちに対するポルトガル語での情報提供と、食料の提供だった。多くの市民から食料が提供された時の喜びは今も忘れることができない。

　会を設立して14年経ち、今は二つの活動の柱がある。1つは多文化共生の防災訓練。富山は震災が少ないので、安心している人も多いが、震災の時、どう行動したらよいか、それは日ごろから訓練しておかないと絶対に間に合わない。日本語がよくわかる日本人ですらそうだから、日本語がよくわからない外国人ならなおさらそうだ。そう思って、「富山日伯交流友の会」では、年に1度はちゃんと多文化共生の防災訓練を行うようにしている。

　もう一つの柱は、ふるさと再発見。実はブラジル人の中には、

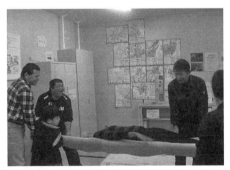

多文化共生の防災訓練（「富山日伯交流友の会」提供）

日本へのイヤな想いを抱いたまま国に帰る人が少なからずいる。けれど、富山は宝石の玉手箱だと木口さんは思っている。住んでいるところに誇りを持つことの大切さ、それを子どもたちにも伝えていきたい。富山のいい所を知ろう、そんな活動も大切にしている。

　悩みの種は活動資金。法人化していないので、助成金も少ない。そこで、

高岡なべまつりでブラジルの鍋料理を出して得た収入を活動資金源にしている。自らの活動資金にするだけでなく、高岡で外国につながる子どもたちの学習サポートをしているアレッセ高岡にも資金協力をしている。そんなふうに高岡のいろいろなお祭りやイベントに積極的に参加することで、富山日伯交流友の会の活動について多くの人に知ってもらえるようになった。ブラジルを代表するサンバで盛り上げたこともあった。学校ではブラジル人によるPTAも結成して、日本人のPTAの人たちともなるべく話し合いをし、学校行事にも積極的に参加するようにしてきた。そういう日々の積み重ねで少しずつ多文化共生の地域づくりが出来てきたのではないかと感じている。

富山日伯交流友の会
〔事務局〕オタヤセリオ7F　高岡市国際交流協会
〔Web〕http://tomonokai2009.blog38.fc2.com/

市民団体「富山日越交流会」

　富山に住む国籍別の外国人住民数のトップは長年中国だったが、2020年にその中国を抜いた国がある。それがベトナム。今、富山に住む外国人住民の約25％はベトナム人である。

　しかし、ベトナム人は技能実習のビザの人が圧倒的に多く、長年地域に住んで活動しているブラジルやパキスタンの人とは違って、地域住民という意識が生まれにくい。また、ベトナム人独自のコミュニティで活動することが多く、日本人と接する接点が少なかった。そこで、ベトナム人留学生のトラン・ディン・トゥンさんが中心になって2019年に設立したのが「富山日越交流会」である。

　まずは日本人とベトナム人の接点を増やしたい、そして富山の良さをベトナム人に知ってもらいたいということで、立山のバスツアーを開催した。大学院で立山の調査をしているトゥンさんが立山の植生のことを日本語とベトナム語でバスガイドしながらのバスツアーは日本人にもベトナム人にも大好評であった。

コロナ禍になって始めたのが多文化共生畑である。ベトナム人親子、日本人親子、留学生も一緒になって、有機野菜作りの名人のファーム杉林さんに教わりながら農薬や除草剤など体に悪いものは一切使わずに大自然の中で畑作りをしている。ベトナムでよく食べるコールラビや空芯菜も育て、育てた野菜を使って料理会を開くなどしている。多文化共生畑の活動は一過性の交流イベントでは得られない繋がりを生み出している。

また、ベトナム人住民は群を抜いて若い世代の人たちが多い。トゥンさんたちは隣近所の住民がお年寄りが多いので、雪が多い時は雪かきを手伝うなどし、近所のお年寄りは孫のような年のベトナム人にお礼に食材をあげたりして、日本人のお年寄りと若いベトナム人の間で昔ながらの近所付き合いが生まれている。災害時にはお年

多文化共生畑で汗を流すひと時（「富山日越交流会」提供）

富山日越交流会
〔事務局〕富山市鵜島1406 ハイツひよどり101
〔Web〕https://www.facebook.com/toyamanichietsu
　　　　koryukai

寄りが逃げる時に若い力で手伝えるようにしたいと、地域で共に暮らす住民としての意識を高めている。若い人が中心の会の今後に注目したい。

多文化共生の地域づくりに欠かせない持続可能な日本語教育

ここまでは、外国人住民が主体となって多文化共生の地域づくりに取り組む例を見てきた。単なる国際交流イベントにとどまらず、それぞれに地域住民とともに歩みを深めていることがおわかりいただけたかと思う。

しかし、何年も日本にいながら日本語がほとんど話せない外国人住民は少なからずいて、そういう人たちはおのずと自分たちのコミュニティのみ

で暮らすことになる。同じ地域に住んでいながら、日本人と外国人で棲み分けされていては、多文化共生とはいえないし、ダイバーシティ＆インクルージョン（多様性を包摂する）状態とは程遠い。そこで重要になってくるのが日本語教育である。しかし長年、外国人住民に対する日本語教育はボランティア頼みというのが実情だった。生活者にしても外国につながる子どもたちにしても、ボランティア頼みでは持続可能な取り組みにはならない。

　そんな中、日本語教育に取り組む人々の長年に渡る地道な働きかけで、日本語教育推進法が2019年に施行され、地域における日本語教育は国・自治体・企業が中心となり、推進するように定められた。富山県でも、富山日本語教育推進会議を設置するなど、地域における日本語教育の在り方が変わってくる兆しが見えてきた。枠組みが出来ればそれでいいというものではもちろんないが、日本は諸外国に比べると、制度が整えられているとはとても言えない状況だったので、これらの動きは日本語教育にとって大きな一歩になるだろう。

　富山でも日本語教育に携わっている方々は大勢いるのだが、ここでは富山において長く日本語教育に取り組んでいる2団体と、外国につながる子どもたちへの教育で常に先進的な取り組みをしている1団体を取り上げたい。

民間日本語教育機関「トヤマ・ヤポニカ」

　「トヤマ・ヤポニカ」は1990年に富山県で最初に設立された日本語教育の専門家集団である。設立以来、常に富山の日本語教育をリードしてきた。
　「トヤマ・ヤポニカ」は大学・高専等の高等教育機関での日本語教育、企業や自治体依頼の日本語教育、地域での生活者への日本語教育と幅広い教育実践を行っている。さらに日本語教師や日本語コーディネーター、日本語支援者など人材養成にも力を注いでいる。日本語教師はとかく目の前の学習者のサポートにばかり力を入れがちだが、「トヤマ・ヤポニカ」のすご

いところは、常に広い視点で日本語教育を捉えているところだ。

　地域社会が多文化共生社会となるために日本語教育が何を担えるのか、時代の要請に応えることができる日本語教育のありようについて模索し、さらにそれらを富山の地から発信していく、と代表の中河さん。特に人材養成は日本語教育の根幹をなすものであり、ヤポニカの強みだと述べる。

充実したカリキュラムが人気の養成講座
（「トヤマ・ヤポニカ」提供）

　数多くの講座を開講している「トヤマ・ヤポニカ」だが、2022年秋からは富山県が文化庁から受託した「日本語教育人材養成・研修カリキュラム等開発事業」として「『生活者としての外国人』に対する日本語教師【初任】研修講座」を実施する。地域に暮らす外国人は地域社会と密接につながっており、彼らの生活や学び方に焦点をあてた教育が実践されなければならない。そこには、今こそ専門家日本語教師（生活者日本語教師）が求められているとして、従来の枠組みを超えた幅広い日本語教育を展開していきたいと考えている。

トヤマ・ヤポニカ
〔住所〕〒939-8087 富山市大泉町3丁目5-12
〔Tel〕076-423-2737
〔Web〕http://www.japonica.jp/ja/

NPO法人「富山国際学院」

　「富山国際学院」は1993年4月に北陸初の日本語学校として、富山県の姉妹都市の中国遼寧省瀋陽市出身の学生を受け入れたことから始まった。

　1996年、中国の就学生ビザがほとんど出なくなり、全国の日本語学校の4割が潰れていった。「富山国際学院」も例外ではなく、当時の経営母体の会社が経営から撤退。しかし、富山を留学先に選んで日本語を勉強したいと思ってくれている若い外国人学生たちのために、教師陣が手弁当で授業

を続け、教師の任意団体として学校を継続し続けた。

　2005年9月に全国でも珍しいNPO法人の日本語学校となって、これまでに35ヵ国以上の国から日本語学習者を受け入れ、県内外の多くの大学や専門学校に学生を送り出している。

ビジターセッションで日本人学生と話す留学生
（「富山国際学院」提供）

　卒業生は富山の企業に就職したり、富山で起業したり、教育機関で教えていたり、企業で働く外国人のサポートをしたり、結婚した町で語学教室を開いたり、地域のために幅広く活躍している。

　開校して30年、多文化共生の地域づくりが生まれるきっかけを地道に生み出してきた日本語学校と言えるだろう。

　今後は県内の学校や日本語教育機関と連携して、年少者や生活者の日本語教育にも力を入れていき

富山国際学院
〔住所〕富山市芝園町 2-5-13　織田ビル
〔Tel〕076-441-9360
〔Web〕https://www.toyamaia.com/

たいと考えている。これからも日本語教育を通して、日本と海外諸国を結ぶ多様性の視点を持った人材を育成し、地域社会に貢献していきたい。

NPO法人「アレッセ高岡」

　「アレッセ高岡」は、外国ルーツの青少年が進学等によって自己実現を果たし日本とルーツの国との架け橋や地域社会の一員として活躍する人材となることを目標とし、学習・情報支援を行っている。

　2010年に設立した当時の団体名は「高岡外国人の子どものことばと学力を考える会」で、それをブラジル人の友人がポルトガル語で Associação de Apoio Linguístico e Educacional para Crianças Estrangeiras と翻訳してく

れたことから、その頭文字をとって「アレッセ（ALECE）高岡」となったそうだ。しかし、コツコツ学習支援を続けてきたけれど、同じことを繰り返し、状況が何も変わらないことにモヤモヤしていた。そんな中、新たに始めたのが、ライフコースを見据えた多言語情報支援、多言語学習動画制作プロジェクト、市民性教育講座などの新しい取り組み。国籍によらず、この地域に住んでいる市民の1人という意識を持つことはとても大切。だからこそ、市民性教育〜シチズンシップ教育〜は重要だと考えている。

映画祭で壇上に立つ外国ルーツの青少年
（「アレッセ高岡」提供）

学習支援には高岡、射水、富山等からも青少年が通っている。コロナ禍でオンライン学習支援も始めたが、散在地域に住んでいる子にとっては支援を受けるチャンスや選択肢が増えたといえるので、この取り組みはコロナ後も続けていきたいと思っている。

少子高齢化・人口減少・経済停滞等の課題を抱える地方の活性化には、多様な価値観や文化・習慣を受け入れ、共に変化・発展していく多文化共生社会の実現が欠かせない。2021年にNPO法人化した「アレッセ高岡」は、外国ルーツ青少年の教育を軸とした地方創生を目指してこれからも歩みを続けていく。

アレッセ高岡
〔住所〕富山県高岡市守山町35　ニッセンビル402
〔Tel〕080-8885-6823
〔Web〕https://www.alece.org/

引用文献
1）「富山県多文化共生推進プラン」（富山県、2012.3）
2）「富山県外国人材活躍・多文化共生推進プラン」（富山県、2021.9）

外国人も日本人もいつでも一緒に集える場所を
作りたい。

シルビア・デ・ソウザ (しるびあ・で・そうざ)

市民団体　KODOMOTACHI　HIROBA　代表

1968年　ブラジル・サンパウロ生まれ
2002年　来日
2009年　KODOMOTACHI　HIROBA 開講

いつ富山に来られましたか。

　来日当初は兵庫にいましたが、富山にある義妹の家に遊びに来て、富山は住みやすいと感じて2002年に引っ越してきました。1年後に当時16歳、15歳、8歳だった子どもたちもブラジルから連れてきました。16歳の長男は派遣会社で働き、8歳の末っ子は小学校に入りましたが、15歳の長女は高校に編入したくても情報がありませんでした。そんな時、通い出した日本語教室「ワイワイにほんご・たいこうやま」の先生に手伝ってもらって、定時制高校の2年生に編入することができたのです。

なぜ子どもたちの母語支援や学習支援を始めたのですか。

　ブラジルで小学校の教師をしていたこともあり、教えることは好きでした。日本語教室でいろいろなことを助けてもらったので、自分もやれることをやりたいとポルトガル語教室を開いたのがきっかけです。とやま国際センターで、ブラジルのことを伝える活動をしたり、町内のお祭りでブラジルの料理をふるまったり、そういうことも続けてきました。

これからやっていきたいことは何ですか。

　ブラジル人だけではなく、日本人もいろいろな国の子どもたちも、もっと教室に来て欲しいと思っています。そのために新しいプロジェクトも考えています。みんなで楽しく勉強出来て、交流できて、おいしいものを食べられて、笑顔になれる、そんな場所があったら素敵だと思いませんか。

140

人と人、町と町、団体をどんどんつないで みんなが楽しい社会にしたい。

ダルマ・ラマ（だるま・らま）

市民団体　富山ネパール文化交流協会　会長

1973年　ネパール　シンドゥ・バルチョーク生まれ
2005年　日本人の妻との間に長男が生まれる時に来日
2015年　富山ネパール文化交流協会設立

ネパールでもボランティア活動をされていたとお伺いしました。

　ネパールでは仏画の絵師だった父や兄と同じように、自分も仏画の絵師をしていました。村で、コンサートを開催するなどしてお金を集め、地元の学校にトイレを設置したり、吊り橋を作ったりするボランティア活動をしていました。29歳の時に、日本人の妻と結婚し、長男が生まれる2005年に来日しました。

富山ネパール文化交流協会を作ったきっかけはなんですか。

　私が来日したころは、ネパールのことを知らない人が多く、国際交流イベントでもネパールのブースがありませんでした。ネパールのことをもっと知ってもらいたい、そう思って2014年にサークルとして富山ネパール協会を設立しました。楽しく活動していたのですが、本格的に活動していきたいと思っていた矢先の2015年にネパール大地震が起こりました。有志で大規模な募金活動をして、その時協力してくれた皆さんが中心になって富山ネパール文化交流協会を設立したのです。

これからやっていきたいことは何ですか。

　私は、会を作るのとほぼ同時に、小松菜農家の研修生になりました。今はその跡を継ぎ、小松菜農園の経営者になりました。これからは農業面や、仏画の絵師としての美術面等をテーマにしてもっと多くの人にネパールのいい所と富山のいい所を発信して行ける機会を作りたいと思っています。人と人、町と町、いろいろな団体、企業、そういうものをマッチングさせることで新しいものがたくさん生まれます。それを若い人たちに感じてもらってワクワクしてもらいたいですね。ネパール人も日本人もいろいろ関係なく、みんなが楽しい社会にしていきたいと思っています。

魂のビタミンは「ありがとう」と笑顔。
平和の大切さを伝え続けたい。

サリム・マゼン（さりむ・まぜん）

一般社団法人　富山ムスリムセンター（TMC）　代表理事

1974年　シリア　ダマスカス生まれ
2007年　富山に移り住み貿易会社を設立
2014年　富山ムスリムセンター設立

富山に来たきっかけは何ですか。

　モスクワ大学に留学して、ロシアで7年過ごしたのですが、その間、貿易の仕事などに携わっていました。その仕事の関係で富山に来ました。内戦の続く母国シリアの両親も呼び寄せて、今は一緒に暮らしています。両親も富山は平和で暮らしやすい場所だと言ってくれています。

TMCでは国内外でボランティア活動をされているそうですね。

　母国シリアでは内戦が続いていますが、難民キャンプの子どもたちにも教育の機会をとの思いで、現地で富山学校を建てました。未来を作る子どもたちが教育の機会を奪われてはいけない。シリアにとどまらず、バングラデシュに避難したミャンマーの少数派イスラム教徒ロヒンギャの難民キャンプに寺子屋式の学校も開校しました。

　ボランティア活動は日本国内でも頻繁に行っており、日本各地の災害の時には、支援物資を積んですぐに駆け付け、現地でハラールに対応したカレーを作ってふるまいます。熊本でも、広島でも、岐阜でも、TMC設立後に起こった全国の災害はひとつの漏れもなく駆けつけています。そんな時に、皆さんからの『ありがとう』を聞くと、またやりたいという気持ちがむくむくと湧きあがってくるのです。それが自分の魂のリフレッシュになり、魂のビタミンになります。ですから、TMCとしてのボランティア活動は、自分が病気になって動けなくなるまではずっと続けていきます。

これからやっていきたいことは何ですか。

　私の住む高岡の牧野地区では外国人と日本人が一緒に牧野校下多文化共生協議会を発足させ、多文化共生の地域づくりに取り組んでいます。私の大きな願いは世界平和を作るということですが、まずその第一歩は自分たちの暮らす場所を平和にしていくということです。その一歩一歩のステップを大切にしていきたい、そう思っています。富山がよりインターナショナルな地域になるように、インターナショナルスクールも設立したい。これはきっと叶えたいと思っています。

第3章

地方に生きることの新しい意味

1、地域と農

伊 東 悠 太 郎

富山県の農業の現状は、どうなっているだろうか。水田率や兼業農家率、集落営農組織数などは全国的にも常に上位にあり、営農が困難になった農家が集落全体で組織を作る、あるいは地域の農業法人やＪＡ出資法人に農地を預け、１経営体の大規模化が進んでいる。農林業センサス2000と2020を見ると、販売農家戸数は2000年には36,397戸であったが、2020年には11,323戸にまで減少している。20年間で28,074戸が消滅しているが、この減少割合は全国ワースト１である。同じく、基幹的農業従事者数は、2000年には18,400人であったが、2020年には11,258人にまで減少している。

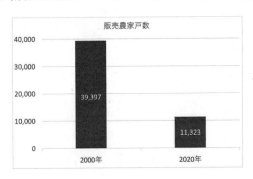

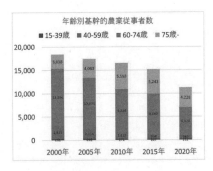

（いずれも農林業センサス2000，2005，2010，2015，2020より筆者作成）

ただし、農業に限らずこういった統計値を話をすると、様々な数値が減少傾向にあるが、それが必ずしも悪いことだとは思わない。今の日本はそもそも人口減少社会であり、そこを嘆くよりも別の視点で見ることが出来ないかと感じている。

団塊の世代が全員75歳を迎える2025年問題は、農業界も直撃している。2025年に向けて、大量離農時代

に突入している中で、一番のボリュームゾーンである彼らが抜けた時に誰が農業をやるのかということに尽きると考えている。限られた人間で農業をやる時代が必ず来る。ではその限られた人間をどう確保するか、どのように経営を安定させていけるかということが専らの課題だと思う。本稿では、大規模農業一辺倒ではなく、多様な在り方を模索している活動を紹介していきたい。

「農業界の役に立ちたい」

そんな中で、手前味噌だが筆者（伊東）の活動を紹介したい。そもそも筆者は、第１弾『ＮＰＯが動く　とやまが動く』2012を出版した時には、ＪＡ全農で働くサラリーマンであった。その仕事を通じて日本全国の農家と話をする中で、「農業界の世代交代が大きな課題」だと感じ、そもそも親子間や集落の世代間の話し合いが出来ていないことなのではないかと考え、「事業承継ブック（親子版、集落営農版）」を発行した。

それが私の人生を大きく変えた。そこから全国から講演や研修の依頼が殺到し、同じように悩んでいる農家が日本にはたくさんいるということを実感し、事業承継支援をライフワークにすることを決意した。ちょうど親が体調を崩したことも重なり、退職し、元々砺波市庄川町で農業をしていた実家で就農した。本業は農業、その傍らで「農業界の役に立ちたい」を開業し、事業承継の活動を展開している。いわゆる担い手農家への集積が限界になり、近年では半農半Ｘという概念が提唱されているが、まさにそんな働き方だ。

主な活動は講演や研修等の講師だ。退職後の登壇回数は130回を超え、全国各地で啓発活動を行っている。しかし、事業承継は共感

講演（2018年全国青年農業者会議）で事業承継を啓発する筆者（伊東悠太郎提供）

されるけれど実践されないテーマだと感じ、近年は啓発よりも個別支援や実践塾の開催に力を入れている。事業承継の悩みというのは、事業をやっている人ならば全員が持っているはずだが、相談出来ずに抱え込んでいる人が多い。その悩みに寄り添って、経営者と後継者、あるいはその他関係者の間に入って、支援をしていく役割が求められていると実感している。実際に話し合いの場を作ったり、一緒に計画を立てていることで、ぼんやりとしている事業承継に対する考えがクリアになっていくはずで、そのきっかけがないだけではないかと感じている。

これまでの経験を踏まえ、「対話型事業承継」を提唱している。事業承継とは形もなく捉え方も人それぞれで、確固たる考えを持っている人はほとんどいない。だからこそ、自己との対話、他者との対話を積極的に繰り返していくことで、どんどん考えをクリアにしていくことが出来る。そういったきっかけを創っていくことが私の使命ではないかと考えている。

農業界の役に立ちたい
〔住所〕富山県砺波市庄川町古上野 328
〔Tel〕090-7748-5615
〔Email〕yutaro19861031@gmail.com

「しかんじ棚田を護る会」

そんな筆者がたまたま縁があり、農地を借りているのは南砺市志観寺。富山県は面積の7割以上を中山間地域が占めているが、当地もまた先祖が山を切り開いて開拓した棚田が広がる。平野部であれば農業を行うにしても課題は少ないが、中山間地域となればそうとはいかない。圃場が小さく、きれいな四角、長方形ではない。石も多く、用水路の補修も追い付いていない。傾斜地の法面は草刈りだけでも重労働である。更には近年、猪などの獣害も深刻で総延長数キロに渡る電気柵の設置も必要になってきた。集落には11軒しかなく、農業を営んでいるのはわずか2軒になっている。農業生産どころか集落機能の維持も困難な状況になりつつある。志観寺集落が特別なわけではなく、中山間地域を抱える集落は県内にも山ほどある。

そんな中で筆者と同じように集落外に住んでいながら、志観寺の農地を借りるという人が年々増えてきた。その一人、佐竹弘昭さんは、なんとかこの景観、棚田を護ろうと「しかんじ棚田を護る会」を立ち上げた。集落以外の人に志観寺に来てもらう、中山間地域の現状を知ってもらう、体験してもらうために、田植えや稲刈り体験、さつまいも掘り体験などを企画している。いなみ木彫りの里と連携して、参加者募集を行ったり、収穫物の販売イベントも行っている。

はさがけ体験を行う筆者の長男（伊東悠太郎撮影）

近年は、田んぼや畑を集落営農や農業法人に預けると言う人が多く、自宅で農業をしている人は激減している。ひと昔前の富山と言えばほとんどが農家で、家で農業の手伝いをしながら育ったという子供は多かったが、近年ではそういった経験が出来ない家も増えている。保育所や学校での農業体験も人数が多く、時間が限られる中では十分には出来ていないだろう。保育所や家でお店屋さんごっこで遊んでいる我が息子も販売イベントでは売り子になり、モノを売る事の勉強をしながら活躍している。こういった体験が出来る場は非常に重要なのではないかと思う。「非常に眺めの良いこの棚田の風景を護るには血縁にこだわらない多様なバトンパスの仕方があるはず。小規模であることに魅力を感じる人を増やしたい。」と佐竹さん。

更に佐竹さんは、「一市民として出来ることは限られるけれども、市役所の各部署や中間支援組織（一般社団法人「なんと未来支援センター」）、民間企業などをつなぐ役割が出来れば。普通の市民が少しずつ協力していく社会を目指したい」と言う。集落単独では難しいものも、地域の企業や団体と連携を図ることで可能性が広がっていくのではないだろ

しかんじ棚田を護る会
〔住所〕南砺市安室 115
〔Tel〕090-6918-1652
〔Email〕satahiro1@gmail.com

うか。集落の活性化に特効薬はないはずで、今求められているのは、こういった地道な活動の旗を振る人材なのかもしれない。

「となみ野展望農園」

　その名のとおり砺波平野を一望できる農園が南砺市（旧城端町）にある。代表の舘良治さんは、ＩＴ企業を早期退職した。40代の頃から「ＩＴ業界にいると人工物に囲まれて、楽しいけれども不自然さもあり、だからこそ自然に触れあいたい」と第二の人生を思い描いていた。これまでの日本は、年功序列や終身雇用など、定年まで働くことが主流だったが、今はもうそういう時代ではないだろう。最後まで組織にしがみつく人もいるが、舘さんは自分で道を切り開こうと考えていた。「幸せを考えるようになった時に、お金ではないと。年収400万円くらいまでは幸せと比例するが、それ以上は比例しないどころか、1,000万円を超えると低下する」と言い、お金ではない幸せを追求するようになったという。

　そんな中で舘さんは覚悟を決め、早期退職し、縁あって南砺市立野原 東（たてのがはらひがし）の農地を借り、今はいちごやじゃがいも、さつまいも、にんにくなどの野菜を作っている。まずは主なターゲットは２つあり「まずは親子。思い出を作って欲しい。子供たちが大きくなった時にもう１回行きたいと思ってもらいたい」。もう１つは「働き盛りのサラリーマン。自然を満喫して、焚（た）火をしながらビールを飲んで欲しい。自分がそうだったからね」という。

砺波平野を見渡す場所にある「となみ野展望農園」
（舘良治さん提供）

　更に、とやま観光塾で農業を中心とした観光について学んだり、県立小矢部園芸高校に入学し、農業の基礎も学んだりと、第二の人生を謳歌（おうか）している。農作業だけでは物足りないし、観光と言う視点

で考えるとインスタ映えするような工夫が必要だし、「展望」を活かしたいと考えている。将来的には、畑でヨガをやったり、ハーブティーを楽しんだり、もっと健康を意識した取り組みをしたいし、既にやっている焚火の会も広げたい。耕作放棄地を復元し、試しに六条大麦も作り始めたが、脱プラの流れにのって、大麦ストローをつくりたいという思いもある。ストローの長さを揃えて切ったり袋詰めしたりという作業が必要になるが、障がい者の活躍の場にもつながると考え、近年、注目されている農福連携も視野に入れている。

となみ野展望農園
〔住所〕南砺市立野原東 1446
〔Tel〕090-9442-3994
〔Email〕tonaminotenbou1@gmail.com
〔Web〕https://tonaminotenbou1.wixsite.com/website

「農業学舎」

　上市町の農業学舎は、都会からの就農希望者を受け入れる事業を開始している。全国の農村では首都圏からの移住者争奪戦が勃発しており、こういった取り組みは自治体やＪＡが熱心に取り組んでいるが、農家有志による取り組みはそう多くない。コロナによりリモートワークが一気に浸透し、場所を問わずに仕事が出来るようになったことにより、勤務地に近い場所に住む理由が相対的に低くなった。働き方改革も相まって、副業を認める企業や転勤を見直す企業も出てきた。浸透しているかはさておき、ワーケーション（ワーク＋バケーション）というリゾート地や観光地等で休暇しつつ仕事もテレワークで行うという新しい働き方も生まれてきている。コロナ以前から移住、ふるさと回帰の流れはあったが、コロナがそれを一気に後押ししている。

　第三者でも良いので農業に興味がある人に継いでもらいたいと考える高齢の農家が、「じゃあみんなで集まって動いてみるけ」と立ち上げたのがこのスタートだそうだ。農家有志の一人、稲葉悟さんは「うちで数カ月研修して、上市の暮らしを感じてもらうことが出来れば。まず移住の場合は生活自体が不安だと思うので、その受け皿になれれば」と話す。移住就農の

場合、技術や資金の問題はもちろんのこと、住む場所や子育てなど暮らしの問題もある。期待と同じくらいの不安も抱えているはずで、実際にそこに住み農業を営んでいる農家がサポートしてくれることで、その不安を解消してあげられることに期待したい。また結果的に、空き家問題や耕作放棄地の解消にもつながる可能性もある。とはいえ、熾烈な移住者争奪戦を勝ち抜くには、更にこの取り組みが進んでいく中で移住者の声を反映させ、移住者ニーズに即した支援をどんどん拡充していくことが必要である。

　「移住者の方と話をすると、上市を好きになったという方が多い。上市の魅力を感じてもらえるようにしっかりとサポートしたいし、そのためにどんどんPRしたいですね」と稲葉さん。この取り組み以前から、移住就農した若者もいるとのことで、この取り組みをきっかけに、仕組みとして定着・拡充していくことに期待したい。

農業学舎
〔連絡先〕富山県中新川郡上市町広野新 1141
〔Tel〕090-3290-1960

「clover farm」

　広島県の非農家出身の青沼光さんは、高岡市で離農する酪農家から第三者承継で就農した珍しい人だ。今の日本は血縁や地縁によるバトンパスが圧倒的で、第三者へのバトンパスはまだまだ一般的ではない。血縁や地縁は、後継者候補が非常に限定的なのに対し、第三者は候補者を広げられる

牛の様子を確認する青沼さん（青沼光さん提供）

という大きなメリットもある。残念ながら後継者がいないという農家と新規就農したい、移住就農したいという人をうまくつなげられれば、築きあげてきた有形、無形の資産を失うことなく、また過剰な初期投資をせずにスムーズなバトンパスが出来る。

そんな青沼さんが最近始めたのは、インターネットラジオ「ポッドキャスト」の番組「百年酪農」である。最近は、誰でも自分でラジオ番組を作ることができる時代になった。青沼さんは新聞やテレビなどで記事として取り上げられることも多いが、「それでも言いたいことが全部言えるわけじゃない」と。またテレビで有識者やコメンテーターが発言している内容を見ても、酪農家の全ての声を代弁しているとは思えないと。「特に今年は飼料高騰やコロナの影響で経営は大打撃。消費が落ち込む中で牛乳を飲もうという運動が盛り上がったが、本質的に牛乳や酪農のことを消費者に知ってもらいたい」という危機感があり、自ら発信することに決めたそうだ。更には「産業として強くありたい。同情して牛乳を飲んでもらうのは本質的じゃない。なぜ牛乳が余るか、どうやって食卓まで届くのかなど、積極的に発信していくことで業界の姿勢も変えたい」という思いだ。そういった直接発信したいという思いが年々募っていた。

　ポッドキャストのよいところは、自分の生の声を消費者にも業界関係者にも幅広く伝えられるし、言いたいことを言い尽くせるという点だ。世の中にはブログやツイッターなどほかの手段もたくさんあるが、「自分のしゃべり」で勝負できるのもその醍醐味だ。実は、筆者が青沼さんに声を掛けたのも、ポッドキャストを拝聴したことがきっかけであった。生の声だからこそ伝わるものがあったり、耳を傾けたくなったりするはずだ。「牛乳は身近だけど、酪農は身近じゃない」というギャップを埋めるために、合間を縫っての配信作業に取り組んでいる。本書の読者の皆さんの多くも、社会に対する様々な問題意識を持っていると思うが、個人でも発信することが出来るということに勇気をもらって欲しい。まずは是非聴いてみて欲しい。

clover farm
〔住所〕富山県高岡市佐加野東190
〔Tel〕0766-53-5404 or 090-8049-8194
〔Email〕happydairycows.cloverfarm@gmail.com
〔HP〕http://clover-farm.blogspot.jp/
〔Web〕Facebook https://www.facebook.com/
　　　HappyDairyCows.cloverfarm

株式会社「笑農和」

　立山町の米農家の長男として生まれた下村豪徳さんは、苦労する祖父母の背中を見て、農業は継ぎたくないと、ＩＴ企業でプログラマーやシステムエンジニアとして働いていた。しかしリーマンショックのあおりを受け、そこで2013年に独立し同社を立ち上げた。そこで農業のことが頭に浮かんだ。実家の農業は三男が継いでいたが、数字のことは下村さんがフォローしており、厳しい現実を感じていた。集落を見ても、「子供のころと全然変わっていない。生産者が高齢化しただけ」だと。

　一方でカイゼンの余地はたくさんあり、そこに可能性を感じ、ノウハウを生かして直売に向けた顧客管理システムを販売していた。その次に着目したのは水管理である。県内農家１戸あたりの経営面積は増加の一途を辿り、管理する農地も当然増えていく。「田んぼの水を見に行く」という単純な作業に時間を大きく割かれている現状を踏まえ、「パディッチ」という名前の自動水門を開発した。これにより、スマホやＰＣさえあればどこからでも水門の開閉が出来るようになり、これまでの水管理よりも80％もの時間を削減することが出来た。更には水温や水位のデータが蓄積出来ることやタイマー機能があることにより、適切な水管理につながり、16％以上の収量増加という結果も出ている。実は筆者の管理する農地でもパディッチを使用している。当たり前だが、どれくらい楽になったか数字はわからないが、確実に省力化につながっている。

同社の自動水門「paditch」（下村豪徳さん提供）

　笑農和はとにかく現場主義で、農村の中までどんどん入って行く。そこで農家の課題を的確に捉え、今では自動水門以外にも、施設・露地センシングやクラウド農作業日誌、IoT（Internet of Things）技術を活用したシステム、営業代行など、農家ニーズに基づく事業を

展開している。「農家出身だからこそ、農家が真に必要なサービスが分かる」という。県内でも実家が農家でありながら、サラリーマンとして働いている人は多数いるが、農業とは一見無縁に思える知識や経験が実は農業にも応用できる可能性もある。そんな農業への貢献もあるはずだ。下村さんに続く農業ベンチャーが現れることを期待したい。

株式会社　笑農和

〔住所〕富山県滑川市上小泉 1797-1

〔Tel〕076-482-3998

〔FAX〕076-482-3991

〔Email〕info@enowa.jp

〔HP〕https://enowa.jp/

〔Web〕https://paditch.com/

〔YouTube〕https://www.youtube.com/channel/UC
9Qif71g_q6n7DxCN_LJc_Q

〔Twitter〕https://twitter.com/EnowaP

〔Instagram〕https://www.instagram.com/enowa_
paditch/

100年後の子どもたちが笑顔で夢を語れるように

舘　良治 (たち・りょうじ)

となみ野展望農園　代表

1963年　富山県砺波市生まれ
2020年　ＩＴ企業早期退職
2021年　となみ野展望農園開業
2022年　富山県立小矢部園芸高校専攻科園芸課程入学

100年後の子供たちにつないでいきたいものはなんですか？

　野菜を育てて、収穫して食べるという基本的な営みを大切にし、そこに感じる喜びをつないでいきたい。今の社会は、効率化や便利さを追求し、煩わしさを遠ざける風潮がある。そのため野菜はスーパーで買うものと考える子供たちが大半ではないか。大人だって、どこの国で栽培されたか、誰が栽培したか、露地なのかハウスなのか、あるいは植物工場なのか、意識することはない。それでは、いけないと思う。

　農作物の収穫体験を通して、豊かな自然を感じ、自然を楽しむことを創意工夫する知恵、生きていくための技を自分も学び、子供たちにもつないでいきたい。更には、感謝の気持ち。畏敬の気持ち。共生や持続への想いまでもつないでいきたい。

第二の人生を考えている人へのメッセージをお願いします。

　生きるために糧を得る生活から、自分の存在を確立する生活にシフトしたいという人は、多いと思う。自分の思いに従って第二の人生を歩みたいという人も、「準備不足でまだ早い」などと言い訳をして行動に移せていないのではないか。本当にもったいない。完璧な準備は不要。健康寿命までの年数と、実現したい第二の人生を考えると、第二の人生は思ったよりも短い。大切なのは、「覚悟」と「やる気」。また、多くの人と出会い、つながることで、助言を得られる環境を作ることも大切だ。第二の人生を歩み進んで行くには、家族の理解を得ることも必要だ。自分の気持ちが高まったら、行動に移す計画を立ててみてほしい。

100年後も日本で酪農が続く仕組みを作りたい

青沼　光（あおぬま・あきら）

clover　farm　代表

1986年　広島県広島市　生まれ
2005年　広島県立西条農業高等学校畜産科　卒
2009年　新潟大学農学部農業生産科学科　卒
2009年　中沢牧場（長野県）入社
2011年　新川育成牧場（現　くろべ牧場まきばの風）入社
2015年　clover farm 起業により独立　（高岡市）

目指す100年先の農業・酪農の姿は？

　水田一強の富山県の農地を、今より多様な農業が介入することで支えていきたい。私は酪農家として乳牛の幸せを考える事をモットーに、乳牛が地域に居る事で得られる生産物以外のメリットを打ち出したい。米価が下落する現代において、自給量に課題のある家畜の飼料生産はマッチする気がしている。減反対象地で乳牛の飼料を作って買い取れば農家の新たな収入源となり、堆肥の還元も行う事が出来る。地域内での資源循環から生産物を世に送り出す事こそ農業のだいご味で、生産物の付加価値足りうる取り組みだと思う。現行の富山県下の酪農業は衰退の一途をたどっており、乳牛頭数の少なさこそが欠点となっている。今後は耕畜連携の文化を根付かせつつ、酪農業界の再発展を図るべく、第二、第三牧場の設置と酪農での独立支援を積極的に行っていきたい。そして、30年後に事業承継をはかる際に、今よりもっと酪農がやりやすい地域にしていきたい。

牛乳を飲む人へのメッセージをお願いします。

　生乳の生産は国内全体では100％を維持しています。しかし、富山県内で見れば、需要に対する生産量は50％を切っており、乳牛に与える飼料の多くを海外に依存しており、純粋な生乳自給率はグッと少なくなります。こういった状況からも、富山の酪農業界が地域とダイナミックに関り発展していく事は、地域の土地活用における問題点を解消する一助となるだけでなく、富山県産牛乳の魅力を底上げする事に繋がると信じています。今後、富山県下の農地の様相は徐々に変化していくかもしれませんが、富山の持つ農的資源の新たな活用法として農家を信じて見守っていただけると幸いです。富山の食卓をより一層豊かなものにできるよう、私自身は酪農業界から取り組みを続けていきます。

スマート（IT）農業を通じて笑顔の人の和（輪）を つくり社会に貢献する

下村 豪徳（しもむら・かつのり）

株式会社 笑農和 代表取締役

1977年 富山県中新川郡立山町 農家の生まれ
1997年 職業能力開発短期大学 情報技術科学科卒業
2013年 株式会社笑農和 創業
2019年 一般社団法人日本農業法人協会 理事就任

継がない覚悟を決める葛藤は？

　農業を継ぐという選択は社会に出る時には正直なかったですね。幼少期は無邪気に農作業を手伝っていましたが、農業に関して、家族や親戚同士の喧嘩が絶えない家庭だったので、いつしか「農業なんて無ければよかったのに」という感情が芽生えていました。借金も多く、当時はきつい作業が多かったので、産業として、仕事として魅力を感じていませんでした。

　18歳でコンピュータに出会った私はシステムエンジニアの道を目指していましたが、そんな折に弟が実家の農業を継ぎました。遠目で眺めてはいましたが、繁忙期の作業を手伝ったり、会計を手伝ったりするうちに、農業が嫌いなのではなく、農業に関連して家族、親戚の不仲が嫌いだったのだと気付きました。

　農業への捉え方が変わり、私が培ってきたITの力、テクノロジーの力でもっと農業を面白くできるはずだと思うようになりましたし、価値ある産業だと発信して側面から農業を盛り上げる農家の長男になろうと考えるようになりました。令和の二宮尊徳ですと発信しています。

目指す農業の未来は？

　農業に携わる人口は減る事は止められないでしょう。これは全ての産業において人口が減っていくはずです。しかし、世界の人口は増え、食料は不足していく事が考えられます。このような状況下では、様々なアプローチで持続可能な農業を創る必要があると思います。晴れている8時間の中で出来る作業は限られており、人手でしか出来ない作業工程は限界を迎えるはずです。そこに、ロボット、IoT、AIなどのテクノロジーの力と共存し人手作業との分散が考えられるでしょう。寝ている時間でも分散で農作業が進む未来。自然エネルギーに頼り、環境破壊を起こさない自国で自立した農法への切替も進むと予想しています。

2、ジェンダー平等・女性のエンパワメント

大 坪 久 美 子

「ジェンダー平等」と「男女平等」

　「ジェンダー平等」という言葉は、「SDGs」の普及と共によく知られるようになってきた。「ジェンダー」（女らしさ・男らしさといった、社会的・文化的につくられた性別の概念）による縛りをなくして、誰もが、平等に責任、権利、機会を分かち合い、あらゆる物事を一緒に決めることができることを目指すものだ。「ジェンダー平等」＝「性別による差別の撤廃」とも言い換えられる。しかし、実際には、社会の中で性別によって固定的に役割を決め付けることが根強く残っている。

　ジェンダー平等の中には、「男女平等」も「セクシャル・マイノリティの尊重」も含まれ、どちらも重要な課題である。時々、「今は多様な性を語る時代だから『男女』の問題をいうのは時代遅れ」といった声が聞こえるが、それは大きな誤解である。「男女平等」は、長期にわたり目指されながら、今なお達成できていない課題であり、それが達成されない世の中では、性的マイノリティの困難や課題の解決も難しい。すべての人にとっての重要テーマである。

　後述するSDGsでは、目標5「ジェンダー平等」の各項目で、「男女平等」（日本の政策では「男女共同参画」と表現）について9つのターゲットを設定し、固定的性別役割分担意識や女性への差別をなくして女性をエンパワメントすることを主軸としている。それは裏返せば男性の権利を守ることでもある。本稿では、「男女平等」に焦点をあてて、富山県におけるNPOの動きを見ていくこととする。

「ジェンダー平等」と「SDGs」

　SDGsは、2015年9月の国連サミットで加盟国の全会一致で採択された「持続可能な開発のための2030アジェンダ」に書かれている、2030年までに持続可能でよりよい世界を目指すための国際目標だ。それは17テーマの目標からなり、その「第5番の目標」に「ジェンダー平等と女性のエンパワメント」が掲げられている。

　それだけではなく、SDGsの全体の目的や行動原理を示す「前文」にも、同じように「ジェンダー平等と女性と女児のエンパワメントをはかる」事が書かれている。つまり、ジェンダー平等は「誰一人取り残さない」という理念と共に、SDGs全体の目標となっている。確かに、人口の半数以上を占める女性たちを、権利や社会参画面で取り残さない社会にすることは大前提である。

　さらには、全ての目標をジェンダー平等により進めるとされている。ジェンダー平等は「手段」としても、すべての課題解決促進に必要なものとされているのだ。

　このように、「ジェンダー平等」は持続可能な社会をつくるSDGsの「全体の目標」であり、「手段」であり、それ自身「独立した目標（SDG5）」となっているのである。「ジェンダーの平等と女性のエンパワメント」は、SDGsつまりは持続可能な社会づくりの基礎として非常に重要なテーマであり、日本では「男女共同参画社会基本法」で21世紀の最重要課題と位置付けられている。

（参考資料　「みんなで目指す！SDGs×ジェンダー平等」（内閣府サイト　PDF資料））

　このことは、世界の中で女性がおかれている状況には、様々な分野で今なお解決されていない課題が多くあることを示している。その中で、日本の状況はどうだろう。

「ジェンダー・ギャップ指数」から見る日本と富山の現況

　男女平等がどれだけ実現できているかを数値で示した「ジェンダー・ギャップ指数」（GGI）という数字がある。1が完全な男女平等で、0が完全な不平等を示し、「政治」「経済」「教育」「保健」の4分野から分析されている。

　2022年7月13日最新版が世界経済フォーラム（WEF）から発表された。日本の総合スコアは「0.650」で、順位は146ヵ国中「116位」。世界の先進国の中で最低レベルである。第1回の2006年時の「0.645の80位」と比べると、スコアがわずかに上がったものの、順位は大きく下がっている。これは、各国がどんどんジェンダー平等に向かっている中、日本が遅れを取っていることを示している。特に、「政治」分野が深刻で139位、スコア0.061であった。G7の各国のスコアは0.55〜0.319であるのを見ても桁が違う低さである。議員、大臣の女性割合の低さ、過去に女性首相が誕生していないことが要因という。「物事を決定していく場」の男女平等が急がれる。

　ジェンダー平等につながる国際法として、「女性差別撤廃条約」がある。日本は、「女性差別撤廃条約」を1985年に批准しているが、国内ではまだまだ女性差別となる課題があり、政府は国連の女性差別撤廃委員会より何度も勧告を受けている。日本国憲法（1946年公布）に男女平等が書かれ、本条約を踏まえた「男女共同参画社会基本法」（1999年制定）に基づいて地方自治体も政策を推進してきた。目に見えるあからさまな男女差別は減ってきたが、人々の意識や慣習、地域、さまざまな分野の組織のあり方にジェンダーギャップを生む要素はいまだ多く、差別撤廃はなかなか進まない。

　日本の女性たちは各地で活動しながら全国ネットワークを広げてきた。それぞれテーマの活動をとおして社会問題解決を試みているが、こちらもさまざまな課題がある。

　全ては政治で決められるが、政策方針決定の場に女性が少ないことの弊害は大きい。議員だけでなく、行政や企業のトップの多くは男性であり、審議会や団体幹部にも女性は少ない。そのような日本国内では女性差別を

訴えてもなかなか認められないことが多い。

　2021年2月3日、東京オリンピック（五輪）・パラリンピック大会組織委員会の森喜朗会長が、「日本オリンピック委員会（JOC）臨時評議員会」で女性蔑視の発言をして、日本だけだと苦笑いで流されていたかもしれないことが、世界中からレッドカードを突き付けられるような大ニュースとなった。国外から言われて初めて、日本のジェンダー平等意識がいかに世界の中で遅れているかということが広く認識され、それ以降、「ジェンダー平等」という言葉がより広がることになった。

　一方、コロナ禍により、女性の困難が浮き彫りになった。シングルマザーの生活困窮、DV・性暴力相談の増加、非正規雇用労働者の失業、女性の自殺の大幅な増加など、女性や子どもの貧困は深刻である。「生理の貧困」「子育て緊急事態宣言」「女性による女性のための相談会」などSNSを活用して新しい動きが見られる。

　富山の女性たちをみると、声をあげるより個人の問題として我慢してしまう傾向があるように思われる。しかし、個人的な問題と感じることの背景には、社会の問題がある事は多い。

　富山のジェンダーギャップ指数を見てみよう。2022年、「3月8日・国際女性デー」に向けて、上智大・三浦まり教授たちの「地域からジェンダー平等研究会」が、日本の「都道府県版ジェンダー・ギャップ指数」の試算を公表した。『北日本新聞』がそれについて3月8日に特集記事を出した。前述WEFが指標とする4分野のうち「健康」は医療水準が高い日本では地域差が小さいことなどから、今回は代わりに、住民に身近な地方自治を担う「行政」を指標とし、「政治」「行政」「教育」「経済」の4分野

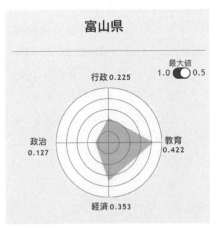

富山県のジェンダー・ギャップ指数
（「都道府県版ジェンダー・ギャップ指数」より）

で算出したという。

　「政治」は富山は全国37位で、政治スコアが低い日本の中でも低い結果となった。「行政」は26位、「経済」は29位、「教育」は富山の小学校長に比較的女性が多いなどで9位だった。「強みである教育分野を礎にして、次世代の女性を政治や経済の意思決定層へと導いていくことが鍵」と公表サイトに記されている。

　　出典：「都道府県版ジェンダー・ギャップ指数」

　　　　　https://digital.kyodonews.jp/gender2022/paid.html

「男女平等」で持続可能な社会をつくる

　一方で、こうした社会の問題や困難を解決するため、人々の動きも変化してきた。富山県内の男女平等のための公的センターは、富山県民共生センター（サンフォルテ）、高岡市男女平等推進センター、富山市男女共同参画推進センターがあり、市民の学びの場や男女共同参画に関わる活動をする団体の活動拠点となっている。

　ジェンダー平等（男女共同参画）をめざして活動する県内の団体は、そういった場でつながりながら、長年継続しているところもあり、NPO活動として力をつけてきていると思われる。さらに、ここ数年前から新たに始まった運動のネットワークも生まれている。それら団体の活動について紹介していく。前回の『NPOが動く とやまが動く』2012で取り上げられている団体もあるが、本書ではジェンダー平等・女性のエンパワメントの活動内容に光を当ててより詳しく紹介する。

　　男女平等社会の実現を目的とした富山のネットワーク活動
市民団体「シャキット富山35」

　まずは、2000年から22年間活動を続けている「シャキット富山35」である。（『NPOが動く とやまが動く』2012　参照）（以下、「シャキット」）

「シャキット」は、1999年に制定された「男女共同参画社会基本法」を県内市町村の条例に反映しようと2000年に活動を開始した。平成の大合併以前の富山県は35市町村があったので、県内全域のネットワーク活動をしようと名前に35といれたという（現在は15市町村）。最初に35市町村の首長を訪問し聞き取り調査して報告書にまとめ、国立女性教育会館でのワークショップで発表した。これが、県内外から高い評価を得て名前を知られるきっかけとなった。

　その後は、自主的に活動するメンバーがテーマを発案し、プロジェクトチームを起ち上げて活動してきた。主なプロジェクトを紹介する。

①「条例プロジェクト」

　2001年にスタート。当時、男女共同参画推進条例が制定されているのは「県」だけだった。メンバーが住んでいる自治体の男女平等政策を調査した。すると、女性議員のいる自治体では男女共同参画推進のプランを策定し、女性議員ゼロ議会ではプランのあるところは皆無だとわかった。当時19市町村は女性議員がいなかった。同年にDV防止法が成立したが相談窓口がある自治体も全体の3分の1程度であった。

②「働き方プロジェクト」〜公務非正規労働者実態調査〜

　2004年スタート。県の男女共同参画推進認定事業所（伏木海陸運送、YKK黒部事業所、インテック）と県庁に対し聴き取りを実施した。2010年には、公務非正規労働者の実態調査を実施した。報告書は夏野射水市長、田中南砺市長へ届け、非正規職員の待遇改善を申し入れている。このような取組みは、長年、労働問題に取り組んできた高木睦子さんを中心に進められた。

③「政治参画プロジェクト」

　2007年スタート。2002年に開催した「女の政治塾」が大きな力となり、女性の政治参画について取り組んだ。

2008年、国会ネット・県議会ネット・市議会ネット（高岡市）を開催している。同年のサンフェスワーク、Eフェスタワークでも「市民の政治参画せんまいけ」を開催。

2009年、2010年は「議員と市民との勉強会」を数多く実施している。同時に、高岡市長選挙立候補者、衆議院選挙立候補者への「公開質問」を実施した。新しい取り組みであり、好評だった。南砺市の磯辺文雄さんなど新しいメンバーの参加があり活気があったという。

ワークショップでの集合写真（「シャキット富山35」提供）

　活動報告や情報を集めた広報紙「シャキット情報」1号から159号を、女性エンパワメントの全国ネットワークであるWAN（NPO法人ウイメンズアクションネットワーク）HPの「ミニコミ情報誌」コーナーに掲載してもらうことが出来た。

　「シャキット」の活動の特徴は、社会の問題に対してフットワーク良く行動することが挙げられる。

　特記すべきは、高岡市が合併10周年記念としてつくった"市民の歌"について、2018年に「男女平等問題処理委員会」（以下「委員会」）へ異議申し立てをしたことである。

　林真理子さんに作詞を依頼し、高岡市が約500万円かけてつくった「市民の歌」の歌詞は、父や兄を直接賛美する一方、全編を通して女性を示す言葉は皆無であった。公共の歌なので、子どもらにとってもジェンダー面の影響が懸念された。そこで、「シャキット」は、問題点を説明してこの歌の廃止を委員会へ申し出た。しかし、審議の結果は「なんら問題なし」とのこと。全国的にもニュースとなり話題になったが、委員会からは、申し出の趣旨を聞き取りされることもなく、座長にも会えなかったという。市

議会でも質問があったが、当局の回答は変らなかった。申し出の理由等も市のHPには記載がなかったので、過程など明記するよう申し入れた。情報公開などを通し、制度をしっかり機能させていくことも重要な課題である。

　一方、2019年、北米のカナダでは、男女平等の観点から国歌が改善さられたという歴史上画期的なニュースが届いた。歌詞に「sons・息子たち」と男性しか指しておらず女性が含まれなかったので、「us・私たち」に表現が変えられたという。同じ時期の、これら対応の違いに考えさせられる。

　行政に制度の改善を求めていく活動は精神的負担も大きい。しかし、「シャキット」は粘り強く取り組み、問題への一石を投じた。

　2021年、「政治分野の男女共同参画推進法」が取り組みを強化して改正された。2021年の射水市議会議員選挙に女性候補者がゼロとなったので、「シャキット」は、すぐに射水市長に女性の政治参画セミナー開催を提案する要望書を提出し、同市議会議長へは女性議員を増やすための施策とその実行を要望した。同時に、県内の自治体の女性議員ゼロ議会である入善町と朝日町へも要望した。

　2022年3月、高岡市役所の庁内案内図に男女平等・共同参画課と男女平等推進センターの表記がないことがわかり、記載を要望したところ、4月から明記された。

　2017年から世話人代表を担っている山本夕起子さんは、「シャキット」の活動を通して社会問題に気づき、直ちに行動することの大切さを知ったと実感を込めて話された。

　こういったアクションの積み重ねが、社会を少しずつ変えていく。女性自身が気付き、声をあげていくことが重要だ。そのためにも、「シャキット」のような活動のネットワークの存在は非常に貴重である。

市民団体 「シャキット富山35」
（男女共同参画社会基本法ネットワークｉｎ富山）
〔住所〕射水市赤井 425-2
〔Tel & Fax〕0766-52-3596
〔Email〕yamayuki@po4.canet.ne.jp
〔Web〕https://wan.or.jp/dwan/dantai/detail/111
　　　　（WAN のシャキット情報掲載サイト）

富山の男女平等推進団体の草分け。次世代へのバトンをつなぐ

市民団体「ベアテさんの会」

　もう一つ、1999年から活動をしている「ベアテさんの会」がある。ベアテ・シロタ・ゴードンという女性が、若干22歳の時（1945年）、GHQ憲法草案チームメンバーとして「日本国憲法」に男女平等条項を書いたことは、長い間、トップシークレットだった。ベアテさんは、1990年代に入って来日されるようになり日本全国で講演をされるようになった。1999年春、愛知県の人から富山にもベアテさんを呼んでほしいと、高岡市在住の山下清子さんに連絡が入ってきた。

　この年は統一地方選挙があり、高岡市では県議選・市議選両方に女性議員を送り出す運動をしていて忙しかったが（4月に両方を当選させた）、仲間と共に話し合い、「サンフォルテ」館長にベアテさんの講演会を提案した。1997年に「サンフォルテ」が出来て、集まった女性たちは男女平等推進活動に活気づいていた。

　県内35市町村から集まったメンバーで「ベアテさんを富山に招く実行委員会」を起ち上げて、約2ヵ月、無我夢中で準備に取り組んだ。そして、1999年5月21日に「サンフォルテ」と共催で、ベアテ・シロタ・ゴードンさんの講演会「私は日本国憲法に男女平等を書いた」を開催した。当日、会場いっぱいの参加者から大きな拍手と「ありがとう」という声があふれた。

　ベアテさんは、「私は憲法に男女平等条項を書きましたが、日本の女性たちはそれを実行していますか？選挙に出なさい。裁判に訴えなさい。毎日毎日繰り返し繰り返し、闘ってください。」と言われた。山下さんはこの言葉が強く印象に残ったという。この言葉を受け取って行動していくために、実行委員会の有志で「ベアテさんの会」を発会した。

　1999年度「とやまの女性百科」調査研究支援事業に応募し、「私達と憲法」について調査レポートを作成した。保守的な富山にあって女性差別を

感じていた人たちは、これまでの我慢を吐き出すように話された。そして、ヌエック（国立女性教育会館）の「女性学ジェンダーフォーラム」にて、「私達と憲法」ワークショップを開催し、反響を呼んだ。その時出会った赤松良子さん（元文部大臣、男女雇用均等法（1985年成立）制定時の労働省婦人少年局長）とのネットワークもできた。

ベアテさんの会作成資料（「ベアテさんの会」提供）

2001年には、ベアテさんをモデルにした演劇「真珠の首飾り」（青年劇場）を旧大山町の後援を得て開催し、多くの人が鑑賞し、感動した。

2004年4月には国会の「憲法調査会」を傍聴し、院内集会を開いた。その報告会として、ベアテさんからのメッセージと「ベアテさんの会」をアピールする会を富山で開催した。そして、「富山弁で憲法9条」と「富山弁で憲法24条」を作成した。

2004年11月、赤松良子さんの講演会「憲法と男女平等」（サンフォルテ「出前トーク」）を高岡市男女平等推進センター（以下、センター）共催として開催することができ、翌年には赤松良子さんより当会に戴いた書籍をセンターに寄贈した。これらの活動について、『北陸中日新聞』NPO通信「ベアテさんの会」①～⑥に掲載した。

翌年2005年には、サンフォルテと共催で「ベアテの贈りもの」映画上映を行い、藤原監督に講演していただいた。

「法律を生活にあてはめて使っていくことが大事だと、子どもたちにも考えてもらいたい」と、「ベアテさんの会」のメンバーで話し合い、富山市で行われた「子どもの権利条約フォーラム2009 inとやま」の分科会で「子どもの権利条例をつくろう」ワークショップを開催した。

2019年、公益財団法人「日本女性学習財団」月刊誌We learn9月号に当会の活動情報を掲載した。ヌエックの「2019年度女性アーカイブセンター所蔵展示」ベアテ・シロタ・ゴードン展—日本国憲法に男女平等の思いを

込めて─（2019.4/25〜9/30）に、当会のこれまでの数々の活動報告書など資料を提供し展示された。

　「『個人的なことは政治的なこと』といわれるように、自分の問題から出発して、社会を考えると、政治的な課題が見えてくる。その視点を持つと、貧困や差別など社会問題を解決するために私たちに出来ることはいっぱいある」と山下さんは語る。

　戦前の日本女性は、自分で物事を決める権利も財産も持てない「無能力者」の位置づけだったことを知るベアテさんが、「男女平等」を憲法に書いて、それを活かす人々の行動により、社会は変わってきた。これからもベアテさんの想いを忘れることなく、女性も男性も、社会をより良くするために活動していくことが求められている。権利があっても行使するためには不断の努力が必要である。

市民団体　「ベアテさんの会」
〔住所〕高岡市東下関 6-15
〔Tel & Fax〕0766-23-1054
〔Web〕https://note.com/npro/n/n33b4d53bf9b9

「夫婦は同姓でも別姓でも選べる」日本へ
市民団体「選択的夫婦別姓を実現する会・富山」

　2011年に富山市の塚本協子さんら全国から同じ思いの5人が原告となり、「民法の夫婦同姓の規定は憲法違反である」として、国を相手に訴訟（「第一次夫婦別姓訴訟」）を起こした。これによりできた市民団体「別姓訴訟を支える会・富山」（『NPOが動く　とやまが動く』2012　参照）は、2016年2月に名称を「選択的夫婦別姓を実現する会・富山」と変えて活動を続けている。当会では、選択的夫婦別姓を実現させるための世論喚起、民法改正の署名集めやワークショップ、展示作品の作成、さらに、自治体や国政選挙のときの立候補予定者に選択的夫婦別姓に関するアンケート等を行ってきている。

　「選択的夫婦別姓」とは、結婚して同姓にしたい人は同姓に、別姓にした

い人は別姓にと、選択できるようにするということだ。ちなみに現在、夫婦同姓を義務付けている国は世界で日本だけと言われている。政府も2015年9月、夫婦が同姓を名乗るよう法律で義務づけている国があるかとの問いに「現在把握している限りでは、我が国のほかには承知していない」との答弁書を閣議決定している。

　しかしそのような中、別姓訴訟に対して日本の最高裁大法廷が出した判決（2015年12月）は、「棄却」。「名字が改められることでアイデンティティーが失われるという見方もあるが、旧姓の通称使用で緩和されており、日本国憲法に違反しない。」「我国に定着した家族の呼称として意義があり、呼称を一つに定めることには合理性が認められる。」というものだった。そして、「選択的夫婦別姓制度については国会で論ぜられるべき」と、立法府にボールを投げた格好となった。しかし、15名の裁判官の内、男性裁判官10名が夫婦同姓を義務付けることを合憲としたものの、女性裁判官3名全員及び男性裁判官2名の計5名は、違憲であると表明した。

　その後、2018年に次々起こされた幾種類もの選択的夫婦別姓を求める訴訟（IT企業社長らの訴訟、「第二次夫婦別姓訴訟」、「婚姻確認訴訟」、子連れ再婚夫婦の訴訟）のうち、「婚姻確認訴訟」では、2021年4月の東京地裁判決（確定）で米・ニューヨークで別姓で結婚した夫婦が婚姻関係にあることが認められたものの、それ以外は、2022年3月にかけて、いずれも最高裁で原告側の請求が退けられる決定が出された。しかし、第二次訴訟で

選択的夫婦別姓の活動展示
（「選択的夫婦別姓を実現する会・富山」提供）

も合計5名の最高裁判所裁判官は、同姓を強いることは違憲だと表明した。

　この間、塚本さんが2019年9月に急逝された。熱望していた選択的夫婦別姓の実現を見ずに旅立たれ、仲間たちは、改めて、選択的夫婦別姓の実現を誓い、塚本協子さんと「選択的夫婦別姓を実現す

る会・富山」のこれまでの活動を冊子にまとめた。

　第二次訴訟以降の大きな特徴は、当事者が全国各地で立ち上がり、議員への働きかけや意見書採択等で活発な活動をしていることがあげられる。富山でも、いままでつながりのなかった当事者の方々が、自ら当会を見つけて会員となり、声をあげていこうとしているということだ。

　2022年通常国会（6月閉会）では、内閣府や男女共同参画局、担当大臣により、通称使用では限界があり、選択的夫婦別姓に対する前向きな答弁が目立つようになってきた。

　市民の度重なる働きかけにより確実に社会は動いてきている。会は、粘り強く、制度実現のために活動を継続中である。

市民団体　「選択的夫婦別姓を実現する会・富山」
〔Email〕besseitoyama@gmail.com
〔Web〕http://sasaerukai-toyama.blogspot.com/

国際法に関わるジェンダー平等推進活動

　ジェンダー平等社会をめざす基礎ともいうべき国際法として、女性差別撤廃条約（日本の公定訳では女子差別撤廃条約）がある。これがなければ、日本に男女共同参画推進法はできなかったと言っても過言ではない。しかし日本での認知度は数十年前から変わらず30％程度という。

　女性差別撤廃条約は、1979年12月18日に国連で採択され、英語表記ではConvention on the Elimination of all Forms of Discrimination against Women、略してCEDAW（セダウ）と呼ばれる。日本での正式名称は「女子に対するあらゆる形態の差別の撤廃に関する条約」。

　日本は苦労の末に、1985年、本条約を批准した。当時の日本が本条約を批准するためには、まずは批准が可能となるレベルまでに男女差別を解消するべく国内法制度をいろいろと改善する必要があったのだ。

　本条約には2000年に発効した「選択議定書」があり、それは、個人等の通報制度（個人または集団が、条約違反に対して国連組織の女子差別撤廃委員会に申し立てできること）を定めたものである。

選択議定書とは、条約を補完するために作成される、条約とは独立した法的国際文書である。条約の締約国で選択議定書が効力を持つには、改めて選択議定書を批准することが必要だ。

　しかし、日本はまだ女性差別撤廃条約の選択議定書を批准していない。日本が選択議定書を批准すれば、国内の裁判で女性差別と認められなかったことでも、国際的な力を借りることができる。また、国内裁判に女性差別撤廃条約の適用を促す効果が大きく、日本の女性の権利を国際基準にする重要な一歩であると思われる。

国際法から日本のジェンダー平等をめざす
市民団体「女性差別撤廃条約実現アクションとやま」

　日本は、慣習を含むさまざまな場面での男女不平等について、条約があっても解決が難しい現状がある。個人や民間団体が直接的に、国際的な場である国連とつながって改善にあたることができるようになる「選択議定書」の必要性・重要性がよくわかる。

　この頃、なかなか選択議定書を批准しない日本において、全国のいろいろな地方議会から早期批准を求める「意見書」を国に出す動きが起こっていた。2019年11月、「雇用差別を許さないネットとやま」（代表本間啓子さん）主催で、柚木康子さん講演会「日本の女性の権利を国際基準に！〜女性差別撤廃条約選択議定書早期批准に向けて〜」が、サンフォルテで活動している女性たちに呼びかけ賛同団体を募って開催された。そして、賛同団体のみんなで、女性差別撤廃条約及び選択議定書の周知と、富山県議会から選択議定書批准を求める意見書を国に出してもらうことを目的に「女性差別撤廃条約選択議定書批准を求める実行委員会とやま」（以下、実行委員会）を結成した。全国ネットの「女性差別撤廃条約実現アクション」というネットワークがあり、富山から「Ｎプロ」（後述）と「シャキット」（前述）がすでに参加しており、ここに「実行委員会」も加わった。

　2020年、富山県議会の全女性議員4名も協力して、連続講演会や、浅倉

むつ子さん講演会（ZOOMと会場）を開催し、選択議定書の早期批准が必要であることを参加者全体で共有した。

　そして、2020年11月には女性議員4人が紹介議員となり、実行委員会は、意見書の提出を求める請願書を富山県議会に提出した。2020年12月、富山県議会で請願書と意見書が全会一致で採択された。（議員定数40名）

　県議会への働きかけだけにとどまらず活動を継続しようと、2021年6月、会の名称を「女性差別撤廃条約実現アクションとやま」とした。

　これまで2021年6月「高岡市議会」2021年9月「富山市議会」2022年3月「射水市議会」2022年6月「南砺市議会」で選択議定書批准を

富山県議会意見書採択時の記念
（「女性差別撤廃条約実現アクションとやま」提供）

求める意見書が採択されている。その過程で各地域のいろいろな人ともつながり、富山県内すべての市町村議会で意見書採択がされることをめざそうと話し合っている。

　富山では、これまでジェンダー平等をめざす多くの人がサンフォルテを重要な拠点の一つとして活動を続け、ネットワーク、エンパワーしてきた。これにより、誰かの呼びかけやチャレンジの決意があったとき、賛同する人や団体がサッとネットワークして活動できると考えられる。富山のジェンダー平等運動の特色と言えよう。

市民団体　「女性差別撤廃条約実現アクションとやま」
〔住所〕富山市上飯野 17-34
〔Tel & Fax〕090-7599-1763/076-451-0669
〔Email〕spag7g29@vivid.ocn.ne.jp
〔Web〕http://opcedawactiontoyam.wixsite.com/
　　　opcedaw-toyama

平和を求めた女性からの主体的アクション
市民団体「女性のレッドアクションとやま実行委員会」

　次に紹介するのは、女性が主体となってスタンディングとスピーチにより一般市民にアピールするネットワーク活動である。レッドは女性の情熱と平和への意思を表すという。女性がはっきりと社会に意見を発信するジェンダー平等を実践する行動だ。

　2015年9月19日未明、安全保障関連法が参院本会議で賛成多数で強行採決され成立した。集団的自衛権行使を容認し、事実上9条改憲となる法案を阻止しようと、この年の5月31日、富山の女たちは富山駅前CIC前広場

スタンディング＆アピールの様子
（「女性のレッドアクションとやま実行委員会」提供）

で「戦争をゆるさない 女性のレッドアクションとやま」を始めた。この運動は1ヵ月間で350名近い女性の賛同を集めた。以来、雪降る厳冬期も酷暑の夏の日も、コロナ禍でアラートが出ている時期を除いて、男性にも参加を呼びかけ、月に一度、「スタンディング＆アピール」を続けている。7年後の2022年7月で82回になった。

　1回目は、「許しません！戦争法」「こわすな！憲法9条」とパレードを行い、2回目は、戦争法を進める議員にレッドカードを掲げ、市民の平和への願いを手紙にして国会議員に届けた。その後も毎月40人、50人と集まり、「国民の声に耳を傾け、安全保障法案は廃案に！」と訴えた。

　法案は通ったが、「私たちはあきらめない」と2016年初頭に上野千鶴子講演会「決めるのはわたし 変えるのは私たち～立憲主義ってなんだ?!～」を開催し、同年国会を変えようと参議院選挙に取り組んだ。2017年には、「改正組織犯罪処罰法」（共謀罪）、その翌年には、「戦争する国はごめんです」と「憲法を生かす全国統一3000万人署名」に取り組んだ。

戦争に関わる法案が次々と出されるなか、憲法や国際法、ジェンダーなどの学習を並行して行った。その成果が、家庭や私的領域に政府が介入しようとする「家庭教育支援法案」を批判して「24条を変えさせない！」と富山から声をあげたことだった。

地域紛争や戦争が世界を脅かしている現在、アピールは、「軍事力より外交力」「敵基地攻撃より社会保障の充実」「辺野古新基地建設中止」「戦時紛争下の性暴力はNO！」「コロナ対策」「選択的夫婦別姓制度実現」「学術会議任命拒否問題」などのテーマで、「わきまえる」ことなく政権批判をしている。その一方、市民に広げていこうと、仮装し、詩を読み、歌を歌い、趣向をこらしてスタンディングを楽しんでいる。

2022年6月、スタンディングの現場を取材すると、小雨の中、赤いものを身につけた女性たちがそれぞれプラカードを持ち、元気に順にアピールしていた。そこに男性が1人、2人とメンバーに語りかけ、プラカードを選んで列に並び、飛び入り参加していた。駅前で、高校生なども耳を傾けながら歩いているようだった。若い世代も参加しやすくすれば、さらに活動に膨らみが出そうだと、可能性を感じた。

市民団体 「女性のレッドアクションとやま実行委員会」
〔Tel & Fax〕090-6273-4136（宇治谷）
〔Email〕redaction_toyama@googlegroups.com
〔Web〕https://www.facebook.com/profile.php?
id=100064279556431

性暴力根絶に向けて、ネットから始まる＃MeToo運動！
「フラワーデモ富山」

若い世代の（女性）運動は、行動しようと気づいた一人がインターネットで呼びかけて同じ想いの人たちに伝えてつながっていくスタイルが増えている。

2019年3月、立て続けに性犯罪が無罪になる判決が出た。中でも、名古屋地裁岡崎支部で、実父が19歳だった娘へ性的暴行を行い、無罪となった判決に波紋が広がった。すると翌月4月11日、その判決に対し抗議する"フ

フラワーデモ富山に集まったみんなで(「フラワーデモ富山」提供)

ラワーデモ"＃MeToo ＃WeToo ＃WithYou 運動が東京で始まった。被害者に寄り添う気持ちを表して「花」を持ち寄り集まろう、そして声を上げようという呼びかけに賛同した個人が、指定の場所に集まってアクションする。この運動は、毎月11日に行われ、大都市にとどまらず、全国各地に広がった。そして、富山でも、「フラワーデモ富山」が立ち上がった。

　当時県外の大学に通っていた吉岡星さんがTwitterで発信。同年11月11日に帰省して富山駅前に着いた。情報を見て集まった人たちを見た時、富山にもこんなに問題を感じている人がいることに大きな感動を覚えたという。

　一方、12月、県外出身富山在住の岸順子さんは、「一人でもいい！」という思いで立った。一人だとしても、全国に仲間がいることを感じるから孤独ではないという。それに、仲間は自然と集まった。岸さんは、前の月に「フラワーデモ富山」を始めた彼女の思いも継いでいこうと、継続実施する意思を固めた。以降、一度だけ豪雪でできなかった日を除き、毎月続けている。

　岸さんは話す。「私には幼い日の性被害に対し、それまで封印されていたことに気付いていく、そんな経験がある。そして、フラワーデモに立つことは、私は一人ではないといつも感じさせてくれる。花を持ち静かに一人で立っていた時、私の行動に気付き関心をもった中学生たちがいた。この子たちの知りたいという行動に未来を感じた。この子たちに正しい知識を伝えたいと思った。」

　そんな時、2022年5月13日、ここ富山で起こった性暴力の裁判員裁判に無罪判決が出された。性暴力は被害者の多くが女性で、裁判に関わる人は男性が多い。この時の裁判員は6人中5人が男性だったという。岸さんは、2年以上フラワーデモで声を上げ続けてきたけど変わらない現実が、ここ

富山で見せつけられたと衝撃を受け、6月5日（日）臨時のフラワーデモを決めた。この時は30人ほどが集まり、富山地裁の性暴力無罪判決への抗議と正しい裁判の実施を訴えて、スピーチと、署名活動を行った。

　7月11日、筆者は「フラワーデモ富山」の現場を取材した。この日は富山駅の南北自由通路で行われていた。毎回行政と警察に届けて場所の確保をしている。フラワーデモの場では、周辺で静かに座って聞いている人もいれば、快く署名に応じてくれる人もいる。一方で、署名の説明をすると、さっとその場を離れていく人もいる。フラワーデモ参加者たちに聞くと、女の子の方が避ける傾向を感じるという。男の子に説明した時、ニヤニヤしたり冗談のようなことを言ったりするケースもあったそうだ。「でも、最初はそうでも、コミュニケーションをとっていくことで変わっていくことがある」そうやって継続することの重要性を参加メンバーは話してくれた。自分の得意を活かして、「フラワーデモ富山」のHP作成を担当している若い人もいる。自分たちの行動が社会を変えることにつながるとの思いがあるという。

　「フラワーデモ富山」の開催情報はWeb、ツイッターで発信している。通りがかりでも、活動に賛同してすぐにアクションすることもできる。全国のフラワーデモと連絡を取り合い、ジェンダー平等社会、性暴力を許さない社会をめざしている。

フラワーデモ富山
〔Web〕https://flowerdemo.toyama-web.jp/

持続可能な社会をめざしてジェンダー平等での地域づくり
NPO法人「Nプロジェクトひと・みち・まち」

　NPO法人「Nプロジェクトひと・みち・まち」（以下、「Nプロ」）は、高岡市で女性たちが長年取り組んできた男女平等・共同参画社会をめざす活動を背景に、「誰もが暮らしやすい持続可能な地域をつくっていくためには、女性がもっとまちづくりの主体者になっていく必要がある」そして、「行政に求めるだけでなく、市民が社会に必要なサービスの提供者になろ

う」と、2007年に女性10名で立ち上げた。全国的にも市民活動団体がNPO法人になるところが増えた時期だが、富山県では福祉部門が多く、「Nプロ」のように男女共同参画推進を目的に掲げ、女性問題解決や女性の社会参画を応援するNPO法人は珍しかった。

「持続可能な社会づくり」につながるさまざまな分野の活動に女性の視点を活かして取り組んできた。社会をより良く変えるのは人。「Nプロ」は、人がイキイキと生きられるよう、基本的な人権や心身の健康を守る普及啓発から、男女共同参画で多様な主体が協働する「自転車de地域デザイン」等のまちづくりプロジェクトまで、幅広く取り組んできた。

まずはジェンダーの問題と深く関わる「DV」の対策に力を入れた。県西部6市をまわって「DVの無い社会をめざして」とのスローガンで、「DVって何？」というところから、DV防止・予防に関する基礎講座を開催した。また、応用編講座として「DV加害者にも被害者にもさせないための幼児からの予防教育」「DV加害者プログラム～被害者支援の視点から～」「男性相談」など、当時まだ取り上げられていないような情報を、県外の専門家と連携して富山県内に伝えた。その際は、必ず意見交換やワークショップの時間をとり、参加者全員で今後に向けた話し合いを行った。このテーマで比較的男性の参加が多いことも「Nプロ」の講座の特徴である。

高岡市男女平等推進センターの「デートDV等予防啓発講座」のプログラム開発と中学校での実施にも参加している。より広く若い世代に向けた予防や支援につなげるため、「カフェにおけるパンフを」をコンセプトに、「Are You Happy?」とタイトルをつけたDV対策パンフレットをつくり、カフェや美容室などに置いてもらった。

「Are You Happy?」DV対策パンフ（「Nプロジェクトひと・みち・まち」提供）

子どもたちに小さい頃から「ジェンダー平等」について知らせ、「女性差別撤廃条約（セダウ）」という国際的な約束があり、日本もその約束に加わっている（批准している）ことをわかりやすく伝える「セダウミニブック」を制作した。このミニブックではクイズ形式でジェンダー平等を学べるようになっており、これを使って子どもたちとワークショップを行った。

「セダウミニブック」（「Nプロジェクトひと・みち・まち」提供）

子どもたちは、セダウミニブックをつかって子ども同士でクイズを出し合い「女性は総理大臣になれるか？」「権利としてはなれるけど、今の日本では難しそうだ」「早く日本がジェンダー平等に追いついてほしい」など話し合ったり、女だから男だからと何かを制限させられて嫌だった経験を共有したりして、ジェンダー平等を主体的に学び合っていた。子どもたちの可能性は大きい。

学校の中では男女平等でも、社会に出たとたん、性別による差別をつきつけられる可能性が大きい。その時に、「大人になったらそういうものなのか」と諦めず、不当な差別に屈しない自信が持てるよう、小さな頃から「女性差別撤廃条約」など法的な支えを知っていてもらいたい。

次世代に、これまでどんな社会があって、女性たちがどのように生き、人生を切り拓いてきたか、平等な権利を守るためにどんな歩みがあったかという歴史を残せるように、女性史・女性学の講座の企画開催や、実際の人の半生と社会背景を綴る本「女性史BOOK『バトンタッチ』」を制作・発行し、現在第2号までつくられている。

そして、毎年3月8日の「国際女性デー」に寄せて、「楽集会」を開き、さまざまな角度からジェンダー平等推進に関わるイベントを行ってきた。2020年、富山県の女性史として有名な「米騒動」の事を魚津で描いた映画「百年の蔵」を、多くの企業や団体の協力を得て上映することができた。

地域づくりには、政治分野との連携が重要だと、今年2月には高岡市議

議員と市民の勉強会ディスカッションの様子
(「Nプロジェクトひと・みち・まち」提供)

会議員に呼びかけて、ジェンダー平等について「議員と市民の勉強会」を開催した。オンラインで瀬山紀子さんに講師をしていただき、議員10名市民10名で熱心に語り合った。

今、「Nプロ」が地域のジェンダー平等推進においても最も効果的なアプローチとして力を入れているのは「みんなの力を活かす（＝男女共同参画の）地域防災力アップ」である。以前から男女共同参画の防災に着手していたが、「3.11」の東日本大震災以降、全国の女性支援ネットワークの取り組みにより、国で急激にその必要性が重視されるようになってきた。

防災分野のジェンダー平等について、次に詳しく取り上げたい。

NPO法人　Nプロジェクトひと・みち・まち
〔住所〕高岡市東下関 6-15
〔Tel & Fax〕0766-23-1054
〔Email〕npro@live.jp
〔Web〕http://www.npo-npro.com/

ジェンダーの視点から地域防災を問い直す

自然災害が多発・激化している中、災害が少ないと言われる富山県でも地域での意識は高まりつつある。阪神大震災を機に、ボランティア活動やNPOの動きが活発化し、防災分野の市民活動も進んだ。しかし、地域で避難所などの備えについて取り組む際、その担い手は、自治会役員同様、ほとんど男性（の年配者）に偏っている現状がある。

阪神大震災など大規模災害が起こる度、防災活動や避難所運営に、女性の視点・参画がなかったことによる多種多様な問題が起こり、幾度となく繰り返されていたが、なかなかそのことが表に出ず、広く共有されてこなかった。

東日本大震災でも、東北の女性たちは最初ずっと我慢して、困ったことを表に出さなかったという。避難所本部役員はほとんどが男性で、そこに、老若男女のあらゆる問題や要望が集まる。役員男性たちは、過労死しそうなほど苦労され、女性の生理用品などよくわからない分野のことはなおさら手がまわらない。だからこそ、女性たちも本部のメンバーになって、当事者が主体者・リーダーに加わって、テーマごとに平時から対策しておくことが重要だ。

　「3.11」では、もう繰り返してはいけないと、東京はじめ全国ネットの女性支援団体が、避難所本部の了承を得て避難所に入り、女性たちだけが集まって安心して話せる環境をつくり、丁寧に聞き取りをした。そこでいろいろな課題が見えてきて、「こんな対策・支援が必要だ」ということが明らかになった。それを国にも伝え、働きかけたことによって、国の防災基本計画が変わり、男女共同参画の必要性に関して非常に詳しく明記された。例えば、「自主防災組織の育成、強化の際の女性の参画促進が必要」「女性専用の物干し場、更衣室、授乳室の設置や生理用品・女性用下着の女性による配布」など。そこには、地方自治体の計画にもこのように具体的に書き入れて、地域現場への浸透をはかってほしい願いが読み取れる。

　被災地へ支援や調査に入り、そこでわかったことを研修等で普及している組織の一つに、「減災と男女共同参画研修推進センター」があり、「Nプロ」はこの研修を受けて今も連携し、得た情報を元に、地域にどんな防災活動が必要かを伝え広げる活動をしている。

　2018年には、「Nプロ」は、行政、「地域女性ネット高岡」「NPO法人富山県防災士会」と協働で、減災と男女共同参画 研修推進センターの浅野幸子さんを講師に招き、高岡市にて男女共同参画の防災をテーマにした講座を開催した。この時ポイントとしたのは、「各地域

男女2×2チーム参加の防災講座
（「Nプロジェクトひと・みち・まち」提供）

から男女2名ずつ計4人チームをつくって参加する形態」をとったことだ。男女が同じ場で情報を共有し、その場で地域で取り組んでいく事を共に話し合ってもらうのが狙いだ。最初は、男女混合チームはなかなかできなかった。いかに普段の地域活動が、男女で分かれているかということが見て取れた。多方面の協力により、最終的に19チームが参加した。ディスカッションの後、参加した自治会長らは「参加してよかった、楽しかった」「男女共同参画というものがはじめて分かった、大切だ」と感想を寄せ、会場で意見を発表した女性は「ふだん町内の会合で発言しないが、今日のことは町内のみなさんに知らせたいと思う」と宣言した。最後はみんなで「これからがんばるぞー」のポーズで盛り上がった。

　それ以降、ここで学んだことをより広く各地に広げるため、理事長大坪

老若男女共同参画「みんなの力を活かす地域防災力UPテキスト」（「Nプロジェクトひと・みち・まち」提供）

（筆者）を中心に「Nプロ」が講師となって「みんなの力を活かす地域防災力UP」講座を富山県各地で行っている。「みんなの力を活かす＝老若男女共同参画」だ。「これだけ被災地が教えてくれている情報が出ているのに、それを生かさずに、災害が起こった時に同じ困難を繰り返してはいけない」との想いがある。講演を聞いたとき、参加者の皆さんは非常にモチベーションが上がるが、その後の実践をどうしようか考えているうちに時は流れる。講演後の地域活動の道しるべが必要だとわかり、どんなテーマでどんな対策をしていけばよいか、「Nプロ」は12のポイントをまとめた「みんなの力を活かす地域防災力UPテキスト」を制作して地域の取り組みをサポートしている。富山市、高岡市、氷見市、朝日町、南砺市、射水市、立山町、黒部市と、講演する地域はどんどん広がり、県外からの依頼も増えている。それぞれ依頼先は、自主防災組織、自治会組織、女性グループ、行政、センター、男女共同参画推進員や民生委員などの団体、企業団体、幼児園やPTAなど多岐

にわたる。特に、氷見市の「男女共同参画推進員連絡会」の取り組みは、市内全地区で、この講座を行うことをめざし進んでいる。

このように、防災における男女共同参画を学ぶ動きは進みつつある。

2020年、内閣府から「災害対応力を強化する女性の視点〜男女共同参画の視点からの防災・復興ガイドライン〜」が出た。

2021年には、防災基本計画に、「被災者や支援者が性暴力・ＤＶの被害者にも加害者にもならないよう、『暴力は許されない』意識の普及、徹底を図るものとする。」「男女共同参画センターが地域における防災活動の推進拠点となる」など書き込まれた。担当課や前述のサンフォルテはじめ、富山市、高岡市のセンターで、防災における重要な役割が期待されているということだ。

「防災士」の教本に、4年前はまだ「男女共同参画」の文字はなかった。しかし、今はしっかりと章立てて男女共同参画、多様性への配慮などが盛り込まれている。「Ｎプロ」は富山県主催の防災士養成講座等でこのテーマの講師をした。「Ｎプロ」の理事は全員女性であり防災士であり、会員には男性も多く防災士の会員もいる。「Ｎプロ」は富山県の自主防災組織のジェンダー平等推進に力を入れている。2020年6月より、NPO法人「富山県防災士会」と「Ｎプロ」は協定を結び、連携していこうと話し合った。

「防災士」についても、現在は圧倒的に男性が多く、女性は2割に満たないところが多い。富山県には2007年に富山県防災士会がつくられ、2018年にNPO法人となった。（理事長 佐伯邦夫さん、前理事長 小杉邦夫さん）地域に根差した防災知識の普及啓発、研修などを行っている。その中には女性部があり、女性防災士の集いを毎年開催している。女性部メンバーと「Ｎプロ」は互いに講座等で協力し合い、情報交換や交流が進んだ。

「防災士」資格には行政が取得を助成するしくみがあり、地域の自治会長や自主防災組織の隊長などが受験者を推薦するようになっている。受験者候補は多くの場合、会長が声をかけやすい男性に偏っているのが現状であり、女性は受験の機会があることも知らず、防災士の男女比は開くばかりであった。その問題を受けて担当課である富山県防災・危機管理課も、女

性防災士がもっと増えるように、あらゆる人が県の防災士受験（防災士養成研修）を受けやすいように、検討、工夫を進めている。

　ここで重要なことは、資格を取るだけでなく、その後地域でジェンダー平等の視点を持って活動を進めることだ。そのためには、リーダーとしてまだ少数派の女性たちがネットワークしていくこと、男女が共に研修して、意識や情報を共有していくことが不可欠である。

　富山県にて、官民連携によりジェンダー平等で進める地域防災を加速すべく、もっといろいろな団体で共に協力していくことが求められている。

「個人的なことは政治的なこと」

山下　清子 (やました・せいこ)

ベアテさんの会　代表

1945 年　富山県高岡市生まれ
1991 年　高岡市議会に市政初の女性議員を送り出す活動に参加
1999 年　「ベアテさんの会」発会
2000 年　「シャキット富山 35」発会
2007 年　「NPO 法人 N プロジェクトひと・みち・まち」設立

「ジェンダー平等」推進活動の経緯を教えてください。

　1989年、大小多様な女性グループが連携した「高岡女性の会連絡会」で、男女平等推進拠点となる女性センターを要望しました。また、女性議員が必要と、高岡で初めて女性を議会に送りだす選挙に取り組みました。ベアテさん、そして「女性史・女性学」に出会い、女性差別への認識を深め、全国ネットの「全国フェミニスト議員連盟」の会員になりました。

　1997年にノルウェーの国政選挙スタディツアーに参加して、カルチャーショックを受けました。多くのフェミニストに出会い、ネットワーク活動を展開することで、富山でエンパワメントできました。

今、コロナ禍における社会で、どんなことを感じられますか。

　超高齢社会となり、地域のコミュニティは崩壊寸前。そこに、コロナ、ロシアとウクライナの戦争がおきました。人々の心は閉鎖的になり、分断と孤立が増えている状況が心配です。問題解決のすべてが政治に関わり、あらゆる場面でSDGs5番「ジェンダー平等」が必要とされます。今こそ「子どもの時からジェンダー平等教育」を広げる時だと思います。

これからのNPO活動についてご意見をお願いします。

　NPOやNGOなど、主体的に社会問題解決に向けて動く市民が増えることを願っています。北欧の国々のように、小さい時から社会問題を政治で解決するための教育や環境が必要です。日本の教育を見直していくことが重要と思います。行政と市民をつなぐ議会を中心にディスカッションするためにも、NPOの役割が求められていると考えます。

女性も働いて生きることが当たり前の社会を
めざして60年

高木　睦子（たかぎ・むつこ）

シャキット富山35 世話人

1943年　富山県射水市生まれ
1962年　新湊高校卒、富山県庁入職
1984年　自治労富山県本部執行委員として専従、1986年に職場復帰
1995年　自治労中央本部女性部長に選任され、2年1期（1995～'96　休職）在京。
1996年　富山第1選挙区から衆議院選挙に立候補。惜敗　（1996年,2000年）
2000年　「シャキット富山35」発会

これまでの活動経緯を教えてください。

　母子家庭で、働く必要がありました。県庁に入職したが、そこも女性差別が酷く、働き続けるには労組が必要と思い、「女性解放」を謳ったI女性会議に入会しました。'85年の「男女雇用機会均等法」施行を機に、自治労県本部が女性専従枠を設け任に就き、その後中央本部女性部長として北海道から九州まで忙しく動きました。その後職場に戻るも、総選挙の候補に推挙され立候補と同時に県庁を退職しました。以降、I女性会議やシャキット富山35に軸足を置き、自身の日々が豊かになりました。

コロナ禍を経て、ジェンダー平等に関わる問題とは何だと思いますか。

　解雇や雇止めによる生活苦、社会的弱者の女性たちに問題が集中したと思います。'21年の女性の自殺者は7068人で2年連続増加しました。給付金は世帯主への支給で、DV・虐待など、別居中の女性や子どもたちに届かず居住困難者も増えました。これは災禍で表面に出ただけで、実は日常的なこと。女性が働いて生きる事を権利として確立する以外解決の道はありません。

これからの社会に求めることは。

　社会貢献したい人を増やすこと。国立青少年教育振興機構の調査で、「私の参加により、変えて欲しい社会現象が少し変えられるかもしれない」との問に、「そう思う」「まあそう思う」の合計が日本「34,5％」で、中国、米国、韓国の70%前後に対し、日本が突出して低い。仕事以外で自ら社会に関わり、自分の可能性を自分で認められるよう、学校教育を見直すことが求められています。

「NPOの先導で、懐かしい未来の実現へ！」

磯辺　文雄 (いそべ・ふみお)

南砺市子ども権利条例　制定委員

1952年　富山県南砺市本町（旧井波町）生まれ
　　　　富山県立福野高校 → 立教大学社会学部卒業
　　　　自然農実践、環境育成活動、平和活動、協働のまちづくりに取り組む

これまでの活動、「ジェンダー平等」について聞かせてください。

　20年ほど前まで、東京を中心に平和や環境の活動に参加し、その中で東京平和映画祭のスタッフをするうちに、男女平等の問題にも関心を持つようになりました。特に経済格差と社会的地位の不平等について、子育てを女性に頼るならその分の手当ては女性が得て当然であるにもかかわらず、実際には子育てが女性の立場を更に弱くしている。こうした現実を変えたいと思い、女性の政治参画、女性や弱者中心の地域づくり・まちづくりに参画するようになりました。

コロナ禍で思うことは何ですか。

　現在起きているコロナの流行に関しては、地球環境をこれだけ激しく壊したのだから、もっとひどい感染症が起きても不思議はないし、人類は生き残りをかけて闘うしかないのでしょう。日本は原爆を経験しているのだから、もっと積極的に人類の未来を考え、20年後50年後にどんな社会を目指すのかを議論して、そのための地域づくりをしたいと思います。

これからのNPO活動についてご意見をお願いします。

　NPOによるまちづくりに参加する人が多くなれば、それがそのまま協働のまちづくりとなり、民意による社会づくりとなるでしょう。力と権力による社会づくりの時代から、人類史上初めての長い平和の中で培われてきた可能性が、SDGｓという素晴らしいゴールを見いだしました。今やどんな政治も企業活動も、NPO活動と無関係ではない新しい時代になっており、この先どんな社会が登場するのか、NPOの先導が楽しみな時代となりました。

3、新しい日常とSDGs

堺 勇人

新しい日常—複合的な課題に囲まれた時代—

　かつては人為由来かどうか確定できずにあった地球温暖化。気候変動に関する政府間パネル（IPCC）による最新の報告書では「過去2000年以上前例のない温暖化」「人間の影響が大気、海洋及び陸域を温暖化させてきたことには疑う余地がない」「大気、海洋、雪氷圏及び生物圏において、広範囲かつ急速な変化が現れている」と明記されるに至っている[1]。国連事務総長はこの報告書について「人類に関する厳戒警報である」という声明を発表した。日本でも今年は記録的な速さでの梅雨明けと報じられた後、連日の猛暑や記録的な豪雨が続き、気候変動を日常的に実感するようになりつつある。今後の世界の平均気温上昇を産業革命前から1.5度以内に収められないと、災害の多発や食糧危機等により、人間が心身ともに安全健康に暮らせない状況になるとされており、そのために原因物質である二酸化炭素を2050年までに実質ゼロを目指す必要がある。また、二酸化炭素の増加は温暖化のみならず、海水の深刻な酸性化も招いており、カルシウムの殻を持つ生き物や珊瑚などの減少を招き、海の生物資源減少や生態系破壊にもつながりつつある。

　食糧、エネルギー、経済活動、あらゆることがグローバルなつながりで成り立つ現代社会において、これらの影響はあらゆる方面にあらゆる形で表出するようになっている。もはや部分的な対応では本質的な解決にはつながらず、地球全体を運命共同体とした統合的な対応策が必要となっている。そんな日常を、ここ富山でも過ごすことになってきている。

「誰ひとり取り残さない」SDGsの登場

　そのような中、2015年、国連で「持続可能な開発目標」（Sustainable Development Goals）通称SDGs（エスディージーズ）が、史上類を見ない国連加盟国193カ国全会一致という形で採択された。貧困や飢餓、紛争、ジェンダー不平等、格差、不公正等の社会課題や温暖化等の環境課題を統合的に解決しようと、それぞれの課題を17の目指す姿（ゴール）として示し、2030年という期日にむけ、世界のあらゆる人々の協力でこれを実現していこうとする仕組みである。「誰ひとり取り残さない」をキャッチフレーズに、どの時代どの場所でも、あらゆる人が尊重され人間らしく豊かさを享受できる社会の実現を目指す。17のゴールには、それぞれのゴール達成のための具体的な行動目標（ターゲット）と進捗を計る指標が複数あり、着実に実現していく設計がなされている。毎年、世界レベルでのその進捗が報告されているが、SDGsが始まって6年目の今年（2022年）時点では、COVID-19のパンデミックやロシアのウクライナ侵攻等もあり、その達成は容易でない状況となっている。

統合解決を目指すSDGs
（出典：国連広報センター）

"みんなでミライ" SDGsのプラットフォーム「PECとやま」の誕生

　富山の環境教育や市民活動を長年牽引してきた本田恭子さんが2020年6月20日、持病のがんが進行し、多くの人に惜しまれながら亡くなった。悲願であった環境市民プラットフォーム団体の設立を果たして。「後はあなたのやりたいようにやってほしい」。亡くなる数日前、とても穏やかな口調で本田さんは筆者にこう言い残した。

2018年6月、富山におけるSDGsを標榜した市民プラットフォーム団体が立ち上がった。一般社団法人「環境市民プラットフォームとやま」（通称「PECとやま」）は、本田さんの呼びかけに応じ、大学、企業、市民団体等の有志13名が集まり、SDGsの普及啓発およびパートナーシップ構築支援をミッションとして設立された。

　この設立は、遡ること2016年5月、G7環境大臣会合に日程を合わせ「アースデイとやま」（実行委員長：本田さん）が開催した「環境市民フォーラム」によって採択された「環境市民宣言」に端を発している。物質文明から環境と生命を大切にする文明へとシフトしようと、地産地消を進めること等の10の行動目標の中に「市民がエンパワーメントされる市民プラットフォームをつくる」と掲げた。翌年（2017年）、本田さんはこの実現に向け、選び抜いたメンバーに呼びかけ、早速動き出した。筆者が本田さんと知り合い合流することになったのもこの時である。以降、数回の準備会を重ね、紆余曲折の末、2018年6月に無事に一般社団法人としての登記を果たした。「団体名には絶対"環境市民"を入れてほしい」、SDGsを標榜しつ

設立時の記念写真（島田茂さん撮影）

つもあくまで「環境市民」の理念を中心に据えたい、本田さんの強い願いから、団体名は「環境市民プラットフォームとやま」と決まった。本田さんの想いの詰まった団体設立趣意書を以下に紹介する。

環境市民プラットフォームとやま（略称：PECとやま）
設立趣意書

　産業革命が起こった18世紀以降、私たち人類は目覚しい産業の発展と経済成長、科学技術の進歩等により、快適な暮らしを手に入れてきました。

地球誕生から46億年、人類の歴史700万年といわれる中で、特に第2次大戦以降は、稀に見る速さで変化を加速させています。

わたしたちが「発展」と呼ぶ変化の原資は、ほとんど全てが鉱物などの地下資源、水資源、森林資源や多様な生物など、地球に依拠する自然資源です。

そのかけがえのない地球が今、地下資源の枯渇や生物多様性の喪失、地球温暖化による激しい気候変動などに見舞われていることは、多くの人が知っています。

国連地球サミットでも、1992年「アジェンダ21」、2001年「MDGs（ミレニアム開発目標）」、2015年「持続可能な開発のための2030アジェンダ」＝「SDGs（持続可能な開発目標）」が世界各国の賛同のもとに採択され、世界中の国や地域で、持続可能な地球社会の実現に向けた様々な取り組みがはじまっています。

日本でも政府は、経団連、経済同友会、SDGs市民社会ネットワーク、地球環境パートナーシップ会議等と連携し、SDGsが目指す17の目標と169のターゲットの実現に向けた取り組みを、積極的に推進しています。環境、健康と福祉、教育、人権、産業と技術革新、貧困と飢餓、平和など、多岐に及ぶ分野を横断的につなぎながら、誰ひとり取り残さずに、持続可能な未来社会を構築しようとするものです。

すでに、先進的なグローバル企業ではESG投資（環境、社会、企業統治に配慮している企業への投資）を呼び込むべく、SDGsを踏まえた事業展開へとシフトし始めています。しかしながら、真に持続的な社会であるためには、国際的な取り組みにとどまらず、各地域の課題に根ざした身近な取り組みと幅広いパートナーシップが求められます。

「富山でもSDGsでつなぐ足元からの活動を活発にしていきたい」— 私たちはそのための情報と人の交流基点として、「環境市民プラットフォームとやま」を設立します。

未来社会をつくる若い人たちのパワーで、地域内外の調査や情報収集と発信を進め、地域のNGO・NPOや企業活動の、SDGsの取り組みを促進し

ます。そのための研修や人材育成にも力を注ぎ、市民社会全体のエンパワーメントを図ります。また学校や地域との連携を進め、次世代の人づくりにもESD(持続可能な開発のための教育)の側面から注力していきます。

　「環境市民プラットフォームとやま」は、SDGsが目標年として掲げる2030年を一区切りとして、地域に根ざし、地域を超え、富山と世界をつなぐ地球市民のプラットフォームとして、持続可能な未来社会の実現を目指し、ここに設立を発起するものです。

２０１８年６月

環境市民プラットフォームとやま設立発起人一同

共同代表 島田 茂

上坂博亨

東澤善樹

（文構成：本田恭子）

進行する本田さん（堺　勇人撮影）

　設立以降、３人の代表理事を筆頭に、事務局長の本田さん、副事務局長の筆者が中心となり、助成金や行政等の事業受託を軸としつつ、多様な主体によるパートナーシップ構築活動を数多く行ってきた。富山でのつながりや経験値の少なかった筆者は、本田さんと活動を共にする中で実に多くのことを学んだ。2年目を終えるくらいから本田さんは時々体調不良を訴えることがあったが、活発さは衰えることはなかった。3年目を迎えた2020年、筆者が「PECとやま」を生業としていくことを決めた頃、本田さんは抗がん剤治療をやめ緩和ケアへと移行された。

「ちょっと治療法をかえたのよ」と明るい口調で話されていたが、それから数ヶ月も経たずに逝去された。思い起こせば、本田さんはよく「私には時間がない」と口にされていた。本田さんから譲り受けたバトン、その意味を想いながら筆者は現在活動を続けている。

....
一般社団法人　環境市民プラットフォームとやま
（PEC とやま）

〔住所〕富山市婦中町田島 854-3
〔Tel〕076-400-8305
〔Email〕info@pectoyama.org
〔Web〕https://www.pectoyama.org/
....

富山のSDGs

　日本政府は全国的にSDGsの促進を図ろうと、2018年から毎年「SDGs未来都市」を選定しており、富山では富山市が2018年、富山県が2019年、南砺市が2020年にそれぞれ選定された。県民のSDGs認知度も2021年8月時点で72％と前年度の2倍となり、その浸透は急速に進んでいる。富山県では、2021年度から県内企業等さまざまな団体から、自主的なSDGs推進への取り組みをSDGs宣言書として申請を受付け、それらを特設ホームページにて公開する「SDGs宣言事業」を開始している。2022年7月15日現在では289団体が登録されている。富山でのSDGs認知が進む中、課題も見えてきている。1つはSDGsが環境や海外のことと受け止められる傾向があり、人権や社会的包摂に関する身近な課題に結びついていないというものである。2つ目は、SDGsの行動目標（ターゲット）と指標によって進捗を図りながら進めていくという体制が富山で整っておらず、どのくらい達成に近づいているのか等、ローカルレベルでの進捗評価ができない状況にあるということである。この点は、富山に限らず日本全体の課題でもある。SDGs達成年まであと8年。掛け声だけで終わることのないよう、実質的な変化につながる体制整備が急務である。

新たな日常へ　つながる動き・つなげる人

　SDGs の浸透により、多様な社会課題への解決に関心を持つ人々が大幅に増えている。社会課題をビジネスとして解決する「ソーシャルビジネス」という概念・手法も脚光を浴びるようになった。今まで当たり前に行ってきたことの社会的価値をあらためて見つめ直し、大きく舵を切り直す企業や団体も登場している。社会課題への対応は、かつては行政、慈善活動、ボランティア、NPO といった、一部の誰かが特別に担うという状況やイメージがあったが、SDGs によって「みんなの課題をみんなで何とかしよう」という風潮が広まりつつある。つながろうとする組織、それらを積極的につなぎ、統合的な社会課題解決を目指そうとする人、ここ富山でもそのような動きがではじめている。例えば、エネルギー関係では「北酸株式会社」は再生可能エネルギーを起点に多様な主体とのパートナーシップを図りながら統合的な課題解決を目指すことを事業化に取り入れており、特にその中心人物である藤井晃さんは、地域に寄り添い、地域の人々と連携しながら様々な地域課題解決アイデアを生み出している。南砺市のお寺「光 教寺」の水林慶子さん、義博さんご夫妻は、お寺でコンサートや勉強会などさまざまな企画を行い、多様な人々の交流拠点を築こうとしている。株式会社「たがやす」の鈴木耕平さんは、多様な主体間での対話を通じた一人ひとりが輝ける社会づくり支援を生業としており、神通川流域に関わる多様な主体間で科学者との連携も図りつつ防災も含めた統合的な治水を考えていく「流域治水」というプロジェクトの運営支援などを手がけて

北酸株式会社
〔住所〕富山市本町 11 番 5 号
〔Tel〕076-441-2461
〔Web〕http://www.hokusan.co.jp/

光教寺
〔住所〕富山県南砺市井波 1735
〔Tel〕0763-82-0074
〔Web〕https://www.facebook.com/kokyojinanto/

株式会社　たがやす
〔住所〕富山市小泉町 181 番地
〔Tel〕076-481-6399
〔Email〕tagayasu.information @ gmail.com
〔Web〕https://tgys.co.jp/

いる。富山大学の横畑泰志さんは、
NPO法人「立山自然保護ネットワ
ーク」にて科学的根拠をもとに絶
滅危惧種のハクバサンショウウオ
の生息地保全に成功するなどの実
績を出す一方、本田恭子さんが実
行委員長を務めていた「アースデ
イとやま」を引き継ぎ、より広い
多様な人々とのつながりを生み出す活動もしている。

NPO法人　立山自然保護ネットワーク
〔住所〕富山市中野新町 1-1-11
〔Tel〕076-434-3891
〔Email〕tanc@vega.ocn.ne.jp
〔Web〕https://npotanc.blogspot.com/

アースデイとやま実行委員会
〔住所〕富山市西金屋 6717　富山市くれは山荘内
〔Web〕http://earthday-toyama.org/

　最後に、林業を人々の統合的な豊かさにつなげようと挑戦する株式会社
「鶴巻育林サービス」の中川透さんの取り組みを紹介したい。

　60年続く林業会社を縁あって引き継ぐことになった中川透さん。中川さ
んは一貫して森の恵みをどうやって人々の豊かさにつなげるかに挑戦しつ
づけている。「日本全国の森で、戦後たくさん植えた杉が活用できず困って
いるんです」と話す中川さん。ここ富山も状況は同じ。中川さんは昨今の
サウナブームに目をつけ、富山の杉をサウ
ナ小屋を作る材として、そしてその熱源と
しても利用する、という仕組みを考えた。
「おかげさまで全国から引き合いが来るほ
どになりました」。中川さんの一途な思い
は杉の新しい市場をも生み出しつつある。
　日本の林業は、森を維持管理する作業が
中心で、それを税金を投じて行っているの
が現状。「林業をもっと魅力的にそして稼
げるようにし、林業に携わる人を増やして
地域活性化につなげたい」。そう話す中川
さんの会社には現在20名の社員がいて、年

可動式サウナ小屋（中川 透さん提供）

森を舞台に（中川 透さん提供）

齢も20代から80代まで幅広い。定年を迎えた人たちを積極的に雇用している。インドネシアの人もいて多国籍。「どんな人も生涯やりがいをもって健康的に生きられる、林業はそんな職業としてピッタリです」。自身も仕事場の砺波の森近くに移住し、家族3人で森と地域の人と共に暮らしはじめた中川さん。森と人の豊かさをつなげる牽引者の1人である。

株式会社　鶴巻育林サービス
〔住所〕富山県砺波市東別所5303
〔Tel〕0763-37-1268
〔Web〕http://www.t-forest.biz/

引用文献

1）IPCC 第6次評価報告書 第1作業部会報告書（自然科学的根拠）に関する アントニオ・グテーレス国連事務総長声明（ニューヨーク、2021年8月9日）|国政連合広報センター（unic.or.jp）

　　https://www.unic.or.jp/news_press/messages_speeches/sg/42575/

　　　　　　　　　　　　　　　　　　　　取得日　2022年7月24日

参考文献

1，NHKスペシャル：「海の異変 しのびよる酸性化の脅威」．NHK，2022/7/17放送．（テレビ）

2，国連広報センターホームページ

3，第52回県政世論調査報告書 – 富山県

本当の生物多様性を守りたい

横畑　泰志 (よこはた・やすし)

NPO法人　立山自然保護ネットワーク　理事長

1960年　大阪府生まれ
1985年　岐阜大学大学院農学研究科獣医学専攻修了
1991年　富山大学教養部講師（2013年より理学部教授）
2013年　立山自然保護ネットワーク理事長に就任

生き物に関わるきっかけは？

　元々野生動物が好きでしたが、高校生の頃に特別天然記念物ニホンカモシカの植林木への食害が大きな問題となり、野生動物と人の共存の問題に関わっていきたいと獣医学科へ進学しました。今専門にしているモグラや寄生虫のように、多くの人に保護すべき生物として見逃されてしまうような生き物に特に惹かれるところがあります。

富山での自然保護活動をつうじて感じていることは？

　富山市による呉羽丘陵の整備事業に対して10年近く住民訴訟で争いましたが、市側が市民の意見を聞く姿勢を見せず、敗訴の結果に終わりました。しかし最近では、富山県が私たちの声を取り入れて、有峰林道の整備計画をハクバサンショウウオの保護のために事実上撤回するなど、社会認識の変化を感じます。私たちの活動が、科学的な知見や根拠に基づいていることも功を奏していると思います。温暖化などの影響で、イノシシやシカが増えていることも気になります。

コロナ禍の影響はありますか？

　立山アルペンルート沿線の外来植物の除去活動を続けていますが、コロナ禍で参加する人数がぐっと減りました。多くの人の参加に支えられている活動だと改めて実感しました。

地道な市民活動は大事ですね。

　市民活動は本来参加する数の多いことに意味があると思います。ITの進歩で多くの市民から膨大なデータを集めることができるようになっていて、活動によっては大規模な調査も可能になっています。一方で市民活動では人気のある、あるいは調べやすい生き物（鳥類や植物など）に偏ってしまう傾向もありますが、そうでない生き物も大切です。「本当の生物多様性を守る」という点において、科学が果たす意義は大きいと感じ、研究活動にもますます力を注いでいきたいと思っています。

みんなが笑顔になれる仕組みが作れたら最高！

藤井　晃 （ふじい・あきら）

北酸株式会社　次世代戦略推進室　室長

1975年　富山市生まれ
1998年　富山国際大学人文学部社会学科卒業、北酸株式会社に就職
2018年　一般社団法人環境市民プラットフォームとやま　理事に就任
2020年　北陸先端科学技術大学院大学　産官学連携客員教授に就任

ガス事業の会社にお勤めですが、実に多様な事業を生み出されていますね。

　呉羽丘陵の梨園では毎年大量の剪定枝・幹・根等が廃棄されていて、それらをエネルギー資源として地域で活用していくしくみを作っています。たとえば、幹や根を生産組合を通じて買取り、それらを障害者福祉施設と連携し薪にし、薪ストーブユーザーに販売して利益を得るというものです。米農家から大量に廃棄される籾殻も、熱利用しつつ炭化させ、それらを地中に埋める（炭素を減らす）取組なども試行しています。

なぜそんなことをされているのですか？

　会社も地域も環境も障害者も、関係するヒトや資源をうまくつなげて、環境、社会、経済どれも大切にできるしくみをつりたいんです。呉羽梨剪定枝の件は、農家の人がそれらを燃やす煙が周囲とのトラブル源となっていることを知ったことがきっかけでした。みんなが笑顔になれる仕組みがつくれたら最高です。

コロナ禍の影響はありましたか。

　実質的な影響はあまりありませんでしたが、これからはこういった読めない危機がたくさん起こる時代だと思うので、それらを「チャンス」に換えられるように、常に備えておくことが重要だと痛感しました。

これからの課題を教えてください。

　本質を伝えていかなければいけないと思っています。たとえば、脱炭素の取り組みとして推進される国家戦略やトレンドにも、その過程でCO_2を排出するような仕組みもあったりします。ビジネスになるからと盲目にならず、なんのためにやるか、本質から外れないことを一層大切にしたいと思います。

一人ひとりが輝く土壌をつくりたい

鈴木　耕平 (すずき・こうへい)

株式会社　たがやす　代表取締役社長

1986 年　東京生まれ。3 歳から茨城県で育つ
2011 年　北海道大学大学院 地球環境科学院修士課程修了
　　　　　日本たばこ産業株式会社に就職
2019 年　株式会社たがやすを設立、企業 / 行政 / 研究機関の対話の場を創る
2021 年　PEC とやま理事に就任

株式会社たがやすはどんな会社ですか？

　一人ひとりが輝く土壌をつくりたいと、行政、市民、科学者、企業等あらゆる人の対話の場、ビジョンづくりやチームづくり、課題解決、個々人の変容を起こすことに想いのある方々の伴走支援をしています。

きっかけは何ですか？

　思春期に自分の思いをうまく表現できず苦しみました。大学で北極に行き、氷面積が最小化していることを目の当たりにし、その危機感が一般市民にほとんど伝わっていない現状にも愕然としました。「一人ひとりがありのままの自分を発揮し、社会もより良くしていくにはどうすればいいか？」と考える中で、「対話」の重要性に気づき、そういう場づくりを自ら担いたいと強く思うようになり、起業しました。

対話で大切にしていることは何ですか。

　声の大きい人だけが目立ってしまうことなく、参加者それぞれの意見や思いをフラットに共有していく、どんな人も取り残さずに、その場に自分らしくいながら関われる器づくりを大切にしています。

誰ひとり取り残さない器を見出したいですね。

　誰もが「自分自身でいいんだ」「自分がいる場所に誇りを持てる」って胸張って言えるような社会を作りたいです。一人ひとりが輝く土壌づくりを、ここ富山から続けていきたいです。

4、変わる社会の仕組み

村 上 和 博

富山においての社会的企業

「やってみたい、と言ったら実現したんです」

そう話してくれたのは、富山市にあるゲストハウス「泊まれる図書館寄処」の現管理人を務める大学生の榎本理恵さんでした。読書会をやりたいという思いを当時の管理人に相談したのがきっかけらしい。

それが経営の利益に繋がるとは思いづらいところだが、学生たちのやりたいことを実現する場をつくり支える。それが「寄処」の側面と以前運営している大学生から聞いた。

社会的企業とは何か。利潤の追求ではなく、社会の課題や問題を解決に比重を置いた動きをしている企業のことを指す。その点を踏まえた上で、富山県内にて社会的企業を実践している企業、団体、個人を取材させていただいた。

ゲストハウス「泊まれる図書館寄処」

富山市にある富山大学の市電沿いを中心部に向かった先にゲストハウス「寄処」がある。運営している会社は、大学生の支援事業を中心とした事業をその時世に合わせて運営している。2019年にゲストハウスとして開業し、クラウドファンディングや大学生のワークショップを通して2021年に泊まれる図書館としての運営を始めた。ここでは、大学生と旅人と地域の人々が交流することをテーマに、食事会やボードゲーム会、読書会など学生たちが提案した交流がその学生たちによって実施されている。

大学生が全体の運営を行い、経営することを通して一般では社会人にならないと経験できないことを、実践を通して学び経験することができる。現管理人（2022年7月現在）の榎本理恵さんも、最初は友人と見学に来た時に、読書会をやってほしいという提案をし、

読書会に参加したゲストと大学生と社会人
（榎本理恵さん提供）

その後すぐに実施された状況を体験し、「寄処」の管理人に志願するきっかけになった。コロナ禍にあった時期は宿泊客が激減し、閉めている日が多くあったがZOOMを使った全国の人々が参加できる読書会を実施し続けることでお客さんや地域内外の応援者と繋がりを持ち続けていたのが印象的だった。

全国を旅する方々や学生たちが出会えた地域の方々に、寄処の学生たちで実際に会いに行ったりする話も聞かせてもらえた。

ゲストハウス　泊まれる図書館寄処
〔住所〕富山市諏訪川原1丁目11-10
〔Web〕https://yosuga.labore.jp/

「寄処」の図書館本棚にも見開きで雑誌に紹介されている「藍染め屋aiya」の南部歩美さん。学生たちは大きな影響を受け、また活動のお手伝いに行きたいと言っていた。

次は南部さんの話を書こう。

「藍染め屋aiya」

魚津市の中山間地、農道をあがった先に自然豊かな緑に囲まれた地域がある。その地にて、藍染の染色作業や原料の植物であるタデアイの栽培を行っている。

南部歩美さんは、藍染めを北海道で体験してから魅力に惹かれ、徳島県

藍染めの様子（南部歩美さん提供）

に染色方法を体得しに行く。結婚を機に富山県に戻り、藍染め屋として起業。これまで藍染め体験会を開催したり、作家とコラボした商品の販売に力をいれたりしてきた。

様々なサービスを通して藍染めの魅力を一人でも多くの方に知ってもらいたかったと南部さんは語った。そんな中、コロナ禍によりイベントの中止や人と会うことに制限がかかるようになりこれまでの活動にストップがかかった。そのことをきっかけに活動方針を見直し、現在は色褪せたり汚れたりしたお洋服を藍で染め替えるサービスと地域の放棄田を活用して原料のタデアイ栽培に力を入れている。

「自分が続けていきたい藍染めは社会に何を問いかけているか」

藍染めは、人と人が繋がるきっかけのツールであり、持続可能な社会の実現のための一つの選択肢でありたい。

そのためにも藍を通して生まれた人とのつながりをこれからも大切にしながら、暮らし続けられる社会への在り方を問えるような藍染め屋になりたいと語った。

藍染め屋 aiya
〔Web〕http://aiya-some.com/

「FACTORY ART MUSEUM TOYAMA」

高岡市福岡町の工業団地にある、金属加工を担っている町工場、株式会社フジタの傍らにミュージアムがある。展示されているものは工場での金属廃材をつかった作品メタルアート。2017年にクラウドファンディングを

通して建設された。展示の規模は広くはないものの、この場所でしか見ることのできない精巧な作品を見ることができる。

　株式会社フジタ代表の梶川貴子さんは「このミュージアムを建てたことで多くの方が全国から足を運ぶきっかけができました。同業者はもちろん同業者以外の方々も足を運んでいただき町工場の様子や展示されている作品を見ていただけることが嬉しいです」と語った。

　続けて「この博物館は変わったものが置かれているし、町工場でこんな展示をしている場所もないので、来られるのは情報収集力に長けた方ばかりです。同業者でもないので、広告や商売抜きで大切なつながりが増えました」とのこと。

　博物館での取り組みは作品の展示だけでなく、イベント会場として場所貸しもされている。これまでZenschool（瞑想を通し対話を活用した学びの場）やプロフィール写真撮影会、哲学カフェ、出張町工場（子ども向けモ

ノづくりワークショップ）等の企画を実施。町工場や企業と関連のない場としてコミュニティを開くことで、新しい人々との交流が行われてきた。

　コロナ禍にあったときも直接博物館に足を運ぶ機会は減ったが、ZOOMなどを用いて全国の人々と交流を持ち続けていた。

出張工場に参加した子どもたち（梶川貴子さん提供）

「これらの小さなイベントを通して、理解度のある人々と小さなビジネスをつくって、継続していくことで、人の感度を静かに変えていきたい」と梶川さんは語った。

FACTORY ART MUSEUM TOYAMA
〔住所〕富山県高岡市福岡町荒屋敷525-9
〔Tel〕0766-64-0501
〔Web〕https://www.fujita-k.co.jp/art/

「CoCo Marche」

　この場所でしか見ることのできない精巧な作品を見ることができる場所の紹介の次は、全国的にも、富山県としても増えてきたマーケットイベントに触れたいと思う。2020年にマーケットイベントの調査として行われた、とやまマルシェサミットでは富山県内で現在開催されているマーケットイベントの数は55となっている。今回はその中でも県内で大規模開催とされているCoCo marcheと立山Craftを紹介する。

　CoCo Marcheはフランスの蚤の市をイメージした年に2回、5月と10月に富山市のグランドプラザで開催されているイベント。2日間で100店舗ほどの作家が全国から集い、今では富山県を代表とするマーケットイベントといっても過言ではない。

マルシェ当日の様子（平山尚子さん提供）

　2008年から実施、これはグランドプラザが建設される前から計画を進めていたとのこと。主催者の平山尚美さんは、最初は1人で立ち上げることになった。当時、朝市は各地にあれども日中に様々な作家が販売を行うマーケットイベントの開催は富山県内でもなく、協力者が見つからなかった。現在では簡単に人とつながりをつくることも可能になったSNSも普及がまだ狭く、手探りで実施に向かうことになった。

　全国のマーケットイベントに平山さん自ら出店し、出店者のつながりをつくり、出店者の気持ちやイベントの運営方法を学んできた。現在は県外の作家が富山に訪れ、富山を知ってもらえる機会を提供できていることに喜びを感じながら毎年実施している。

　「この企画は全てを1人で計画しているため、他所との連絡を取ることが少なく、運営方法も自由に決めることができたことがCoCo Marcheをやっ

てこられた理由のひとつかもしれません。今では力仕事とか自分だけだと大変になってきたので多くの助けて下さる方が出てきたのも嬉しいです」と平山さんは語る。2022年7月現在では多くのマーケット企画を富山市より委託されるようになり、仲間たちと企画運営している。

コロナ禍において、現在マーケットイベントを実施するには出店の感覚や設備に関して市の取り決めがあり、場所の利用料が変わらないが出店者を減少させ、提出書類が当時より増えて手間とお金がかかるようになった。それでも、平山さんは力を貸してくれる人々と共にマーケットイベントを実施し続けている。

CoCo Marche
〔Tel〕090-1639-3071
〔Web〕www.cocomarche.net/

「立山Craft」

年に1回（コロナ禍以前は5月、コロナ禍後は秋）に立山町の中山間地の大型公園、立山町総合公園にて開催されているイベント。2日間で100店舗ほどの作家が全国から集まる。余談だが筆者も実行委員会として関わっている。

開始は2015年、当時、立山町の地域おこし協力隊として移住した兵庫県出身の陶芸家・佐藤みどりさんが有志と企画した。

佐藤さんが暮らす過疎化が進む上東地区に全国から多くの方に足を運んでもらい、クラフトを通して出店者も来場者も地域の豊かさに触れてもらいたいと思い、ものづくりを生業にしているクラフト作家が全国から集まるマーケットイベントを企画。地域の自治振興会の会長や県内の作家、先輩移住者などの力を借りて計画された。

コロナの影響が出る前までは2日間で約15,000人の来場者が県内外から訪れ、コロナ禍の後は開催時期を秋に変更し来場者を富山県民に限り1日3,500人の来場制限、様々な感染対策を行い実施された。

地域住民にとって、開催されるまでは、地域内は過疎化が進み、地域内の小学校が閉校することによって更なる人口減少に不安を持ち始めていた。立山Craftは地域や世代を超えて多くの人が楽しめる機会が創出される場と

クラフトフェア当日の様子（佐藤みどりさん提供）

期待されている。

　地域おこし協力隊として立山町に赴任した佐藤さんも現在は任期を終え、陶芸家として、NPO法人「立山クラフト舎」の代表として、イベント運営の他にも地域とよそ者をつなげる自身の役割を模索している。

NPO法人　「立山クラフト舎」
〔Email〕tateyama_craft@yahoo.co.jp
〔Tel〕090-6508-4157
〔Web〕https://tateyamacraft.wixsite.com/tateyama
　　　craft

「櫻明堂」
（おうめいどう）

　南砺市福光の昔ながらの商店街の町並みにある古風な住居を活用したギャラリーがある。ギャラリーでは東京で暮らしていた櫻明堂代表の吉村華子さんが出会ってきたクラフト作家がつくった作品が展示販売されている。

　もともと櫻明堂は東京にて3年間店舗を持ち、オーダーメイドをメインとした様々な職人と来場客をつなげていた。

　現在の櫻明堂の場所は吉村さんの祖父母が暮らしていた家で、戦前に呉服屋、戦後には十数年唐津屋を営業、その後は、空き家となるが地域の人々の集う場所となっていた。その建物がなくなることに寂しさを感じ、東京での仕事が場所を選ばないものだったのもあり、2019年に南砺市に移住し櫻明堂へと生まれ変わらせた。

　櫻明堂はギャラリーとしての機能と同時に、福光商店街を活性化するために福光内外の若者たちと共に幾度も話し合い、宇宙一商店街と称しイベントを定期的に実施している。

福光商店街を幸せな場所に、富山一や日本一などは生々しいのもあって、宇宙一幸せな商店街になる。という内容で、商店主や地域の方々と共に実践できるもの、幸せとは何かを考え続けている。

地域の方々が主役になって様々な企画を、櫻明堂を舞台として実践されていき、そのたびにつながる地域の方々が増えたり、地域外の方が力を貸してくれるようになったり、少しずつではあるが広がりを見せ続けている。

音楽ライブ開催の様子（吉村華子さん提供）

櫻明堂
〔住所〕〒 939-1610　富山県南砺市福光 6789
〔Web〕https://omeido.com/shop/

「Like! とやま」

「Like! とやま」は富山県内の地域おこし協力隊のネットワークである。地域おこし協力隊は、総務省の事業として富山県外に住民票がある人が富山県内に移住し、2022 年現在も 45 名が各市町村にて活動を行っている。その活動内容は地域文化に応じ、農漁業や観光を担っている人、「立山 Craft」で紹介した佐藤さんのように陶芸等の芸術分野や IT、教育分野と幅広い。

しかしながら、地域内にて数名採用している所もあれば、初めて 1 名を採用した地域もあり、同じ環境の人間がいるのならば相談できるが、可能な環境も地域によって差がでている。

採用期間も最大 3 年ということもあり、満了後はどのようなことで富山にて暮らしていけるのかを不安に思う協力隊の方も少なくないと思える。

2019 年、上市町の地域おこし協力隊に就任した吉野智美さんも同じ不安を感じ、富山県内の地域おこし協力隊ネットワークをつくろうと動いた。

地域おこし協力隊メンバーとマルシェ出店
（吉野智美さん提供）

同年に団体を結成し、県内の様々なマーケットイベントにて同メンバーと出店、地域おこし協力隊がそれぞれの得意分野を生かしての商品を提供してきた。

「地域おこし協力隊での実践の場として活用していくことも大切だけど、1人で移住してきた時の不安が少しでも軽くでき、ゆるやかな仲間ができる安心感が生まれたら嬉しいな」と吉野さんは自分自身の富山に来た時のことを思いながら言う。

Like! とやま
〔Web〕https://m.facebook.com/LikeTOYAMA/

「朝活ネットワーク富山」

　富山市を中心に2009年より学びと交流の場を提供し続けている人がいる。永吉隼人さんは、毎週水曜と不定期の土日の朝に朝活という場を提供する。

　会社員を続けている中で自宅と会社の往復ばかり、時によっては会社の方々と飲み会ばかりで、生活に新鮮味がなくなってきた時に県外の交流会に参加。多くの刺激を永吉さんは体験し富山で実施することを決める。飲むと愚痴が多くなる夜ではなく、前向きになれる朝に集う参加者と学ぶ場を提供し続け、開催初期は永吉さん自らが議題となるものを提案していたが徐々に参加者が増え、今では県内外の作家や講師も参加し勉強会や交流会が開かれる。

　自宅と会社との他に、安心できる居場所をつくる。これはサードプレイスと呼ばれ、アメリカの都市社会学者レイ・オルデンバーグがその重要性

を伝えている。

永吉さんは「朝活の活動を通して、多くの仲間ができて自分の今の仕事にも生かせるようになった」と喜んで語る。

講師の小山さんによる朝活の様子（永吉隼人さん提供）

徐々に永吉さんの活動に影響を受け、富山県内でも上市町や射水や黒部、県外では石川県金沢市、小松市、福井県福井市、愛知県名古屋市などで朝活を実施する人が出てきた。

永吉さんの目標は100歳まで朝活を続けることだと語った。その間に多くの方々の人生に影響を与えていくだろう。

コロナ禍においてもZOOMなどのインターネット上のツールを使うことで、参加者が全国から集い、継続し続けていた。

朝活ネットワーク富山
〔Web〕http://asakatsutoyama.net/

「タカポケ」

2ヵ月に1回、高岡市内の様々な会場をつかって高岡で何かを実行する後押しをするイベントがある。「タカポケ」正式名称は「高岡4D-ポケット」、漫画家の藤子不二雄F先生の出生地ということもあり高岡を元気にしたいチャレンジャーにドラえもんの四次元ポケットのようにいろんな夢を叶えてくれる道具が沢山あることを参加者に置き換えて、誰かの夢を参加者がそれぞれの出来ることで全力応援するイベントである。

開催のきっかけは2016年、神奈川県鎌倉市でITを生業にしている人々が実施している「カマコン」という地域の課題や可能性に様々なアイデアや技術、人脈を用いて実践に移していくイベントが高岡市にて開催されたと

きに、参加して良かった楽しかったで終わらせないために、やりたい人を
その場で集い「カマコン」体験後直ぐに高岡でも継続し実施している。先
に紹介した「FACTORY ART MUSEUM TOYAMA」も建設前にタカポケ
でのプレゼンを通して企画やアイデアを募った。

　代表を務める升方芳美さんは「『タカポケ』の開催を通して、富山県内各
地や『カマコン』そして、県内外で『カマコン』を地域で実施したいと言
う声を聞いて実際に伝えて回ることで、多くの方々に出会え、地域を元気
にしたい想いが強い仲間ができたことを誇りに感じています」と語った。

　イベント開催前に「全部ジブンゴト」と参加者全員で確認のように声を
合せる。これはどんなチャレンジャーが抱えている課題や可能性を自分事として考え、悩んで、アイデアを提案する。そんな当たり前のようなことだが、周りで起きている出来事に他人事に思っている自分に気付く良いきっかけになると思える。

参加者によるブレインストーミング（アイデア出
し）（升方芳美さん提供）

　コロナ禍において、これからも継続し続けたいから、やり方を見直し、ZOOMや開催頻度を変更しながら今の時代に合う実施の形を模索しながらも、地域を元気にしたいチャレンジャーの応援を続けている。

タカポケ
〔Web〕https://takapoke.com/

「観音湯」

　入善駅から東に数分くらい歩いたところに、入善町唯一の銭湯「観音湯」
がある。観音湯は1958年代に開業し約60年の間、町民に親しまれてきた銭
湯だったが、2018年に店主の病気により閉店した。入善町唯一の銭湯がな

くなると地域の銭湯を利用する方々は隣町の入浴施設を利用していたが、長距離の移動が難しい高齢者の方々には利用が困難だという声を聞き、町おこしを目的とした活動を行っている合同会社「善商」のメンバーの松岡直樹さんが中心になり経営を引き継ぎ2020年

観音湯の外観（村上和博撮影）

11月26日（いい風呂の日）に銭湯の営業を再開させた。

　経営を引き継いて営業再開までの間にコロナの影響があった。しかしながら設備や内装にかけた資金の回収に対して来客数が想定より少ない。喜んでくれるお客さんの為にも、そして、多くの資金を投入したからこそ安易にやめることもできない状況という側面がある。

　観音湯のおかみとして働いている大橋史さんは「地域の銭湯は健康面だけでなく、精神面や教育にとっても必要不可欠。そして、お客さんの笑顔の為にも何としても残したい」と元気に語った。

　銭湯の売店で売っている飲みものやアイスは善商によって再生されたコンビニで取り扱っているものもある。大橋さんは買っていくお客さんとの語らいを通して、何がお客さんの喜ぶものかを見つけるのが楽しいと語った。

　地域の方々から応援される銭湯の姿を見ることができたと嬉しく思う。

合同会社　善商
〔住所〕富山県下新川郡入善町入膳 5439-5
〔Web〕http://zensyou.com/

「クロポッケ」

　上市町にクロデンという電器店がある。その一部にクロポッケという小さなカフェを楽しめるスペースがある。

　店主は黒田直美さん。クロデンを経営している社長の奥さんである。ク

ロデンは1978年に上市駅前商店街に創業。黒田さんは電器屋の家庭に生まれ夫と稼業を継ぎ、事務の仕事をしながらお客さんへの接待を担っていた。時代の変化、量販店やネット通販の普及により客数が減少、クロデンも商店街から広い駐車場がある場所に移転することに。

　新しい店舗にて事務を続けるも、以前ほどお客さんの顔を見る機会が少なく、手持ち無沙汰を感じることが多くなる。何かのきっかけ、アイデアが欲しくなり上市町雇用創造協議会にて実施されていた起業塾に参加。

　「町のみんなが助かったと思えるお店にしたい。創業当時に構ってくださった方への恩返しがしたかった」と黒田さんは語る。

　2015年にクロポッケを開業。HACCP（厚生労働省で定められている食品の衛生管理を行う手法）を上市町で初めて登録したり、薬膳茶の提供、法話の会、ウクレレ演奏会などを仲間たちの助けを借りながら実施し、幅広い年齢層の地域の方々が訪れる場所になった。

クロポッケ真宗講座の様子（黒田直美さん提供）

　ただ、ここでは黒田さん一人でやれることを念頭に営業している。「カフェでもレストランでもない。ここは電器屋にある小スペースを借りて、知り合った素敵な方と小さな交流の場をつくる場所なんです」黒田さんはご自身の学びの場で共に学んだ仲間や、地域の電器屋さんだからこそのつながりの中で出来ることを小さく実践している。これは「一年でも長く、一人でも多くの笑顔に出会うため」と黒田さんは語る。

クロポッケ
〔住所〕富山県中新川郡上市町横越25
〔Tel〕076-461-6630

「考えるパン Koppe」

　氷見市の商店街に、木の香りのする小さなパン屋がある。この住居兼店舗に住むのは、竹添あゆみさん、夫の英文さんと娘さんだ。

　ふたりは2017年に氷見市に移住した。2019年、あゆみさんは、「小さな仕事づくり塾」という講座に参加。参加者と様々なアイデアを出していく中で、暮らす地域に食べたいパンがないことと、文学や政治のことを気軽に話す場がないと思った。なければ、自分で作ればいい。その頃、市の取り組みでマルシェが開かれるようになり、まずは出店してみようと「考えるパン KOPPE」を不定期に始めた。

　「店舗をもとうと思ったときに出会ったのが、この場所でした。大切に使われてきた様子に惹かれ、ここにしようとすぐに決めました。でも工事が遅れてしまって、この場所で2020年3月に開店したときにはちょうど感染症が騒がれ出した頃でした」と、あゆみさんは語った。「感染症対策として店内のお客さんを一組ずつにしたため、よりゆっくり話すことができるようになった」と笑顔で話す。

　「考えるパン KOPPE」では、不定期にイベント「考えるとき yotte」を開いている。これはあるテーマについて知ったり、対話したりする場で、これまでに「戦争を知る」「まちの本屋」「フィンランドの教育」「旅」などを扱ってきた。そのほかにも商店街を活用した「ヒミ一箱古本市」、「もくもく市」の協賛も行なっている。「どちらも多くのお客さんを集めることが目的ではありません。参加する人も通りすがりの人も、それぞれにいつか何かが

考えるとき yotte の様子（竹添英文さん提供）

芽生えるような、種を植えるような感じの取り組みです。この商店街では今、出た芽が伸びてきているのを感じます。それが何なのかを検証しなが

ら、これからもこの街とともに暮
らしていきたいです」と英文さん
は語った。

考えるパン KOPPE
〔住所〕富山県氷見市中央町 9-10

　今回の取材にあたり様々な活動を見てきて、今の富山県には多くの問題
点、課題点が存在していると感じた。しかし、それを見ながら自分ができ
ることを先延ばしにしていては深刻化していくばかり、自分が関わること
ができる、もしくは、多くの方を笑顔にできることを少しでも早く動いて
いくことの大切さを体感できた。
　直ぐに結果となるようなことは起きないだろうが、環境が変化しても動
いていく先に今はまだ言葉にならない未来があるのだろうと様々な分野の
人々の声を通して感じた。

212

富山県を良くしようって動いている方々と 繋がれるのが楽しい。

榎本　理恵 (えのもと・りえ)

「泊まれる図書館　寄処」　4代目管理人

2001 年　大阪府生まれ
2019 年　富山大学入学
2022 年　「寄処」4代目管理人となる

寄処に関わるようになったきっかけはどんなものでしたか。

　大学生が運営しているゲストハウスがあるってことは大学で友人や先輩からやんわりと聞いていて、偶然友だちと散歩していたときに「寄処」の前を通って、入ってみよって。その時に3代目の管理人にあたる秋元さんに出会い、本を見ながら話をしていて、本について語り合う機会がほしいなって言ったら読書会を提案していただき、日程もその時に決まったのです。読書会当日に大学生・高校生・社会人、そして日本一周をしている最中の方が参加され、みんながそれぞれの言葉で話をしている姿を見て、好きって思えました。その数日後にスタッフ募集があって応募しました。

管理人になって変わったことはありましたか。

　富山県各地の方々や旅をしている方々に一期一会といえども出会えることを大切にするようになりました。

　そしていつの日か、出会ってきた様々な地域の方に今度は自分から訪ねてみる旅に出たいって思っています。

これから未来の「寄処」の管理人を務める方にひとことお願いします。

　とことん人と、自分と向き合う経験をしてほしいと思っています。「寄処」のそして自分の人生にとってこの場所がどんな位置にあるのかを深く考え抜いてください。ここは自由な場所だからこそ軸をもってお客様とスタッフと一緒につないでいってほしいです。その経験は今後の人生に必ず活きてくると思っています。

自分を犠牲にして地域の課題に取り組まない。

南部　歩美 (なんぶ・あゆみ)

藍染め屋 aiya　代表、つなぐプロジェクト　代表

1985 年　富山市生まれ
2012 年　徳島県で藍染を学ぶ
2014 年　魚津市に移住
2015 年　藍染を始める
2018 年　魚津市鹿熊に移住
2019 年　つなぐプロジェクト開始

魚津市で活動し続け地域で変わってきたことはありますか？

　この鹿熊に住んで地域の方と交流をしていたら、ここで古くから住んでいる方はこの地域を誇りに思っている方が多いんですよ。歴史や環境をみながら地域の人が好きな場所に、外から来た自分が得意な形を生かすことで光を当てて、多くの方に知ってもらえたら嬉しいです。その様子を丁度良い距離感を大切にしながら自分なりのスピード感で見守っていたいです。

コロナ禍で変わってきたことはありますか？

　藍染めをはじめた2015年から様々な方法で多くの方々に知ってもらいたいと思って、多くの作家とコラボレーションしたり、企画をつくったりしてみたのですが、気が付くとこのまま一人でやっていけるのかなって思える状態になったのです。

　コロナ禍でイベントがなくなり、人と会う機会が少なくなったことで、一度ひと休みをして自分がいくつもやっていた企画を見直すきっかけができたのです。

　一年くらい自分と向き合って、自分の軸を定める機会になりました。

　なのでコロナに対して、良いものだとは一概には言えないのですが、良いご縁だったのかと思えます。

「個人的なことは政治的なこと」

竹添あゆみ （たけぞえ・あゆみ）　竹添 英文 （たけぞえ・ひでふみ）

考えるパン KOPPE　店主　　　　氷見市職員

1982年　富山県高岡市生まれ　　　1985年　島根県生まれ
2017年　富山県氷見市移住
2020年　考えるパン KOPPE 開店
2021年　考えるとき yotte、ヒミ一箱古本市開催

小さく始めるってどんな感じですか。

　あゆみ「できることを、できるだけするということです。例えばうちは、週に2日だけ、ひとりでパン屋を開けています。その2日前から仕込みを始め、オープン前にパンを焼き上げるまで、とにかく精一杯なんです。だから小さいからといって決して楽ではないのですが、家賃も安く、人件費もかからず、動力を引かずにできる機材を使っているので、何かあってしばらくお休みしなければならないときにも負担が少ないです」

イベントを実施するときに気にかけていることはありますか。

　あゆみ「考えるとき yotte は、対話の会です。結論を出すことを求めず、互いに聴いたり話したりしながら、それぞれの心の中に浮かぶことを、それぞれ持ち帰ってもらいたいです。よい場をつくるためのテーマ設定には、最も気を使っています。一箱古本市は、お客さんと店主さんが本について語ったり、ページをめくったりしながらゆっくりと時間を共有して、満ち足りた時間を過ごしてもらえたらうれしいです」

商店街の方々とよくお話しをされるのですか。

　英文「地域の方とは、仲良くさせてもらっています。特に娘は食堂のおじいさんが大好きで、いつも駆け寄っていきます。町内の方とも掃除当番の時などにお話をして、フラットな関係で仲良くさせてもらうことが多くあります。先日も、大阪のご出身で80歳近くになって氷見に移住してきてくださった方と戦争体験のお話をしました。互いに気にかけつつも干渉し過ぎない、程よい距離感の商店街の近所関係は、居心地が良いです」

第4章

耕論　これからの市民社会を語る

これからの市民社会

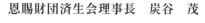

恩賜財団済生会理事長　炭谷　茂

1946年富山県高岡市生まれ。1969年東京大学法学部卒業後、厚生省（当時）に入る。厚生省社会・援護局長、環境省官房長等を経て、2003年7月環境事務次官に就任、2006年9月退官。現在恩賜財団済生会理事長、日本障害者リハビリテーション協会会長、中国残留孤児援護基金理事長、富山国際大学客員教授、ソーシャルファームジャパン理事長等を務める。
国家公務員在職中から一個人として障害者、ホームレス、刑務所出所者などへの就労支援、貧困地域のまちづくりなど社会貢献活動に従事している。
主な著書に「私の人権行政論」（解放出版社）、「環境福祉学の理論と実践」（編著）（環境新聞社）、「社会福祉の原理と課題」（社会保険研究所）

57年が経過したが

　大学に入学した57年前は高度経済成長の真ん中にあった。多くの人は、生活の豊かさを実感したが、障がい者や公害被害者のように恩恵を受けられない人が存在した。私の関心は、これらの人に向かい、福祉国家論を学び、ボランティア活動に従事した。

　卒業後旧厚生省に入省し、福祉行政に従事する一方、スラム街や福祉施設でボランティア活動を行った。退官後は済生会理事長として生活困窮者問題に向き会っている。

　あれから57年、大学時代に対峙した問題は、現在どうなったのだろうか。問題は解決せず、むしろ増大し、複雑化している。さらに新しい問題が次々に発生している。

　なぜだろうか。実はこれは日本だけではなく、世界共通に30年ほど前から起きている。家族・親族や地域社会でのつながりが脆弱化したため、社会から排除され、孤立を余儀なくされる人が増加してきたからである。

　ヨーロッパの各国は、「社会的排除問題を解決しなければ国家が衰退する」という強い危機感を持って抜本的な対策を進めた。そこで掲げられた

理念は、「ソーシャルインクルージョン（社会的包摂）」である。

　これに対して日本では外見的には社会的排除は見えにくいため、国民の関心が薄く、政治や行政でも看過されてきた。しかし、2021年2月になって孤独・孤立対策担当大臣が任命され、対策の一歩が踏み出された。さらに2022年6月に策定された「経済財政運営と改革の基本方針2022（骨太の方針）」では、政府は、社会課題を解決するため包摂社会の実現を目指すと明記された。非常に遅れたけれども、日本でもソーシャルインクルージョンの具体化に向けて動き出したことは、嬉しく思う。

　ソーシャルインクルージョンは、SDGs（国連の持続可能な開発目標）のスローガンにある「誰ひとり取り残さない」ため社会的に排除され、孤立している人を社会に包摂することである。このためにはまちづくりの手法が最も効果的である。これは新しい市民社会づくりと言える。

成功のカギは様々な人の参加

　ソーシャルインクルージョンの理念に基づくまちづくりは、済生会では他に先駆けて実施している。

　済生会は、明治天皇が生活困窮者を支援するために1911年（明治44年）に設立したが、その役割は一世紀を経た今日でも変わっていない。前述のように生活困窮者問題の実態は、大きくも変化しているが、済生会が取り組むべき問題はむしろ増加している。

　そこで2020年7月に「済生会ソーシャルインクルージョン推進計画」を策定し、解決に向けて動き出した。ソーシャルインクルージョンの実現のためには、住民に対する啓発活動だけでは効果がない。具体的な事業、例えば仕事、学び、生活支援、余暇活動などで人の結びつきを強化する必要がある。計画には全国４０都道府県での1696事業が計上されている。

　しかし、このような事業は、済生会だけでは実現できない。地方自治体を始め同じ志を有する企業、住民団体等幅広い組織や人の参加を得てまちづくりとして推進する必要がある。

済生会北海道支部では済生会小樽病院が中核となって隣接する複合商業施設「ウイングベイ小樽」を経営する小樽ベイシティ開発、小樽市、小樽商科大学等と連携して発達障がい児の療育指導、高齢者の社会活動、市民の健康増進等の事業の実施を進めている。人口が急減している小樽市で人々の結びつきを強め、活気のある都市になることを目指している。

　東京都の済生会中央病院は、港区の知的障がい者施設、住民団体、文化放送などと連携して蜂蜜とそれを利用した商品づくり・販売を実施している。住民も商品の購入などで協力をしている。これによって知的障がい者が地域の一員となることを目指す。また、ユニクロは、中央病院の協力を得て高齢者や障がい者が着脱しやすい衣類を開発し、病院に店舗を設けて販売している。

　済生会は、このほかイオンモール、日本最大の生協であるコープみらい、UR都市機構等と連携を取って全国各地でまちづくりを展開している。

新しい市民社会を支える中間組織

　ところでヨーロッパでは、ソーシャルインクルージョンの実現のためのまちづくりの中心を担っているのは、慈善団体、教会、協同組合、労働組合等の中間組織である。これらの組織は、近世以降発展し、医療、福祉、教育などで重要な役割を果たし、市民社会の形成に貢献してきた。

　一方、日本では市民社会の担い手になる中間組織が未成熟である。しかし、最近、各地でNPO,生協、労働者協同組合、ソーシャルファーム（社会的企業）など住民中心の組織が、活発に活動を始めており、やがてヨーロッパのように市民社会の中核を担っていくだろう。

　日本社会の底辺に存在する社会問題に関心を抱き、活動を初めて57年の歳月が過ぎたが、ようやくその解決の明かりが見えてきたように感じる。私の人生の残り時間は少なくなったが、あの青春の時に抱いた問題の解決のため、さらに努力を重ねたいと思っている。

コロナ禍を越えて、富山のNPO・市民活動への提言

特定非営利活動法人　日本NPOセンター
常務理事　田尻　佳史

1964年大阪府生まれ。高校時代からボランティア活動に没頭。
大学卒業後、海外（ケニア）でのボランティア活動を経て、大阪ボランティア協会に入職。
その後、1996年11月より日本NPOセンターに出向（03年転籍）。
市民活動の基盤整備を推進すべく、NPOと他セクターとの連携のコーディネーションを行いつつ、各種プログラムの企画を手掛ける。2015年4月から地方での生活に憧れ、東京から黒部市に家族で移住。地方都市が強い日本のあり方を模索中。

○コロナ禍でのNPO支援組織の動き

新型コロナウイルスの拡大感染は、さまざまな困難を抱える人達の生活を支えるNPOにも、大きな影響を与える可能性があると考え、各地でNPO支援を行う組織が連携して「新型コロナウイルス」NPO支援組織社会連帯＜CIS[1]＞を立ち上げた。

CISが2020年7月に実施した「新型コロナウイルス感染拡大への対応及び支援に関するNPO緊急アンケート[2]」では、感染拡大により88％の団体が「活動に影響がある」と回答し、「団体の経営に影響がある・今後影響が出る」との回答が77％であった。経営面の影響について最も多かった回答は、活動の縮小や中止により収入が大幅に減少したために、経営に大きな打撃を与えたというものであった。

○NPOの新たな工夫と課題

なんとか活動の中止や停滞を防ごうと、非対面で活動を進める工夫とし

て、ITCの活用が急激に広がった。オンラインによる会議や研修・イベントの開催、ホームページを活用した物品販売、寄付や会員の拡大など、団体ごとに工夫された取り組みが広がった。その工夫は感染減少時においても継続する団体も一定数見受けられる。その理由は感染防止という側面だけでなく、活動実施における金銭的・時間的なコスト削減のためという側面も少なからずあるようだ。

　ITCの活用は利便性が高いものの、一方で、対面でしか対応できない活動に取り組む団体や、団体内部のITリテラシーに課題がある団体などは、コロナ禍の制約ある環境をITCの活用だけで乗り切ることは難しいことは否めない。

○広がるNPOへの期待

　外出制限やリモートワークにより、孤独・孤立状態や家庭内DVなどが増加傾向にあると言われている。コロナ禍により失業や賃金低下を余儀なくされて苦しい生活の中、ロシアによるウクライナ侵攻により国際情勢が乱れ、食品や生活必需品の値上げが広がり、市民生活の負担は増している。この物価上昇は、生活困窮や孤独・孤立の問題に更なる課題拡大に拍車がかかる状況と言える。

　これらの問題を解決には、政府や行政サービスのみならず、NPOによる対応への期待は大きい。政府は2021年に内閣官房を所管に孤独・孤立対策室を設置し、翌2022年には孤独・孤立対策官民連携プラットフォームを設立した。セクターの枠を超えた取り組みにより、孤独・孤立問題の解決を進めるために、全国各地・各分野のNPOの参画が期待されている。

○今こそ、団体の再点検

　コロナ禍により浮き彫りになった数々の社会課題。解決に向けた取り組みを進めるNPOへの期待が集まる。その期待に応えるには、コロナ禍で揺

らいだ活動や団体の再点検と組織基盤の強化が必要であろう。

「信頼されるNPO」になるためにも、次に挙げる項目に沿って再確認を頂けることを期待したい。

①目的と目標の設定

団体設立から時間が経過し、支援の対象者や活動に取り組む人が変化することにより、設立時の目的や目標が薄れることが往々にしてある。コロナ禍により従来の取り組みの変更を求められた際に、今一度、原点に立ち返り、何を目的として設立された団体なのか。団体として何を目標として活動に取り組むのか。について議論し、再確認することが大切である。

②財源の多様化

団体の「目的」と「目標」の達成には、活動の趣旨に沿った自由度の高い資金が必要である。その資金確保には、多くの市民からの会費や寄付、民間の助成金といった支援性の高い収入財源の確保が一番である。一方、対価性の高い収入財源である自主事業や受託事業の活用も有効だが、対価性の高い収入財源は、団体の自由度が低くなる可能性もあり、支援性の高い収入財源とのバランスが大切である。

③共感と支持

財政的にも活動的にも安定している組織は、多くの人に支えられている組織である。団体の目的に共感して協力する人々の、知恵や専門性を借りて課題解決に取り組むことで活動は充実するからだ。また、共感して活動に参加する人々＝資金的にも団体を応援する人が多いからである。会員やボランティアなどの理解者・協力者を多く集め、その想い活かした参加を促すことが、団体にも支援者にも大切である。

④情報の公開

NPO法人の場合、一般の閲覧に役立つように毎年、所轄庁に活動報告書

や決算報告書などを提出することが義務づかれている。しかし、多くの人々に団体や活動内容を理解してもらい、参加や支援に繋げるためには法的義務にとどまらずに、多様な情報発信ツールを活用して情報の公開を自主的にする必要がある。団体の目的や目標、活動内容や様子、毎年度の収支や財産目録等を公開し、理解と共感を得ることが大切である。

⑤問題意識と提言

　ほっておけないという思いや問題意識からスタートした活動が、日々の活動に追われるあまりに、開始当時の問題意識が薄れてしまうことも少なくない。常日頃から団体の目的や目標を確認し自団体の活動を進めると共に、自団体だけでは解決できない課題については、他団体と連携して課題解決に取り組むと共に、社会に対してメッセージや提言を行うことが、NPOの真の役割として大切である。

　特定非営利活動促進法（NPO法）の成立から間もなく四半世紀。法の施行から年々その数は増加し、10年余りで5万法人を超えた。その間に、NPOを取り巻く状況に変化をもたらす出来事があった。「新しい公共支援事業」「東日本大震災」そして「新型コロナウイルス感染の拡大」。数々の大きな課題に出くわしながらも何とか乗り越えて来た。しかし近年、法人解散数が増加しているのも一方の事実である。財源確保の問題、活動の担い手不足、世代交代の問題など、その課題は多様であるが、全て組織基盤の課題でもあるともいえる。コロナ禍のピンチをチャンスに変えるためにも、ぜひ、組織の再点検をしていただければと思う。

引用・参照文献
1）参照：https://stopcovid19-for-npo.jp
2）引用：https://note.com/cis_npo/n/n823679e01e5a

執筆者耕論　「これからどうする　富山のNPO」

出席　　向井嘉之　　川添夏来
　　　　吉川夕佳　　成川正幸
　　　　志甫さおり　宮田妙子
　　　　大坪久美子　村上和博
司会進行　金澤敏子
紙上参加　伊東悠太郎
　　　　　　堺　勇人

コロナ禍での取材を終えて

金澤：第4章はまず「これからの市民社会を語る」と題して、日頃から
NPO・市民活動に関しての発言や活動を行っておられるお二人の主張を紹
介しましたが、具体的に富山の市民活動を取材してきた10人の執筆者によ
る意見交換を行い、まとめにしたいと思います。何よりも今回の取材はコ
ロナ禍いまだ収束せずという厳しい条件下での取材でしたが、このあたり
から最も印象深いこと、再認識させられたことなどを話してもらえますか。
川添：私は福祉分野で障害者福祉に日々携わっていますが、感染者はもち
ろん、濃厚接触者が出るだけでも現場は大変で、対面の時は利用者もスタ
ッフも絶対にマスクをはずさないという厳格なルールで
今も対応しています。コロナ禍で仕事も激減、苦しい思
いをしましたが、本書の取材ということもあって、障害
者福祉に携わる人たちと「どうしてこの分野のNPOを立
ち上げたのか」ということについて十分話し合えたこと
が大きな収穫でした。

川添夏来

金澤：吉川さんも「子ども支援と子育て支援」というテーマの取材でした
から、コロナ禍で取材の苦労もあったのではないですか。

吉川：コロナ感染防止のため、どうしても活動に制限はかかりますが、私が担当した団体では、コロナ禍でも比較的子どもたちを受け入れ、支援にあたったところが多かったように思います。活動に大きな支障をきたしたと聞いたのは2ヵ所でした。お母さんを支援する「子育て支援」に影響があり、子育て中のお母さん方が大変な思いをされていたことが改めてわかりました。子育て中のお母さんはコロナ禍でさらに孤独になり、孤立しがちですから、支援が必要です。取材してみて「子ども支援と子育て支援」という分野は市町村によって支援の動きが違うということを感じました。

志甫：私も子どもに関する話題ですが、「食をつなぐ市民活動」というテーマで、こども食堂とフードバンクを取り上げました。富山県は全国で最もこども食堂が少ない県ですが、それでも既に26ヵ所あります。こども食堂というと私は最初、貧しい家庭のお子さんのためというイメージがありましたが、取材してみると全く違っていて、むしろそれぞれの地域の拠点というか、居場所のような存在になっています。何ヵ所か取材しましたが実に楽しい場所で、フードバンクとうまくネットワークを組んでいるところもありました。

志甫さおり

金澤：成川さんは現役の市議会議員で自らNPO活動に取り組んでおられますが、取材は「貧困と格差」でした。

成川：今回のコロナ禍で驚いたのは、生活困窮者への支援金支給に富山県内の自治体でも列ができたということです。一般的には生活保護の受給率が全国一低い富山県で貧困がコロナによって可視化されたといえばいいのでしょうか。日頃は見えにくくなっている貧困が裕福な県といわれるこの富山県でも実態としてあるということです。貧困の実態が日頃は見えないだけかもしれません。

成川正幸

社会の変化とNPO

金澤：さて、2012年に本書のいわば第1弾、『NPOが動く　とやまが動く』を出版した際には、「地方において『民間の公共マインド』の価値観醸成を追及した」と嬉しい評価をいただいたのですが、それから10年、人口100万ちょっとのこの富山県という地域社会もさまざまな変化を遂げてきています。その変化はNPO・市民活動に象徴的に表れてきます。

金澤敏子

宮田さん、コロナ禍で外国人の来日が困難になり確かに観光面などでは打撃を受けていますが、富山のような地方在住の外国人の生活はいかがですか。

宮田：富山在住の外国人と地域住民の関係はかつては、国際交流という言葉に集約されましたが、最近ではむしろ外国人のほうが積極的に地域住民として生きる多文化共生という道を選んでいます。中国やブラジルをはじめ永住ビザを持っている在住外国人が増えてきていますし、障害者と一緒で、少しずつ地域での共生へと変化しつつあります。ロ

宮田妙子

シアのウクライナ侵攻に伴い、ウクライナへの支援は政府が力を入れていてウクライナ人の難民には積極的に支援をしています。日本は一旦、道がつくと動きやすいので、これを突破口に他の難民にも支援が広がっていくことを願っています。

大坪：私は「ジェンダー平等」の中で、「男女平等」と「防災」の大きく2つのテーマを担当しました。「3.11」を機に約10年、防災分野で男女平等の重要性が大きく打ち出されました。大規模災害の度に「検討や対策の場に女性が少ない」「性別で役割を決めつ

大坪久美子

ける」がための深刻な問題があったのに、表沙汰にされていませんでした。今回、長く活動する全国の女性はじめ多世代のネットワークの力が国を動かし、地域に変化の波が来ています。何をやるにしてもジェンダー平等の

視点が必要だと理解され、外国人・高齢者・障害者・女性・子どもなど多様な人たちが当たり前に生きていけるようになればと思います。

金澤：村上さんは文字通り「変わる社会の仕組み」というテーマで取材されたのですが、どういう所を取材したのですか。

村上：私が取材したのは社会問題に正面から取り組むという団体ではなく、むしろ小さな困りごとを解決していこうという団体が主でした。スモールビジネスというか、小さな資金で立ち上げ可能な仕組みで、コロナ禍の影響もあまり受けず、社会から不要になれば、さっとチェンジできる、そういう仕組みが対象です。地域の課題解決のために苦労しているので、メディアにも取り上げられるし、「あそこに行ったら助けてくれる」みたいな存在感で、地域やコミュニティの問題を解決していく場になればと感じています。私自身もそうした団体やお店などのように、人と人とを繋ぐ人でありたいし、「ツナギスト」的なポジションを地域で求めていきたいと思います。

村上和博

NPOの現在地

向井：各執筆者の生き方自身がユニークですが、コロナ禍による新しい社会的支援の必要は、社会の目の向け方を確実に変えてきていますし、ジェンダー・子ども・障害者・外国人などさまざまな分野で「権利を推進」し、「権利を擁護」する市民活動を活発にしてきたと思います。その意味でNPOは社会基盤を支えるサードセクターとして存在感を増していることは事実だと思います。ただ、私はそうしたNPO・市民活動を評価しながらも、地域活動の最前線に立つ地域力としてのNPOに「もう一歩のもの足りなさ」を感じています。率直に各執筆者から、富山のNPOの現在地をお聴きしたいと思います。

向井嘉之

宮田：本書の「これからの市民社会を語る」に寄稿いただいた炭谷茂さん

が「ソーシャルインクルージョン（社会的包摂）」について書いておられます。ＳＤＧｓのスローガンにもありますが、「誰ひとり取り残さない」ということです。社会的に排除され、孤立している人を社会に包摂するという市民活動、つまり縦の関係ではなく、ネットワークが大事ということです。先ほども申し上げたように外国人も地域住民なのです。

志甫：横のつながり、確かに一つの団体の動きは他の団体になにかしら関係があります。ネットワークの中心を例えば、子ども食堂のようなブームにおいてもいいのではないですか。

吉川：富山のNPOにも「NNT」という名称のネットワークがあるのですが、今は、休眠状態で寂しく感じています。個々の活動を継続することで精一杯なのか、「みんなでやろう」という動きがなかなかつながらない。NPOの過渡期なのでしょうか。

吉川夕佳

川添：私たちは障害者の外出支援を主に行う団体で、福祉有償運送という車を用いたサービスを行っているのですが、そうした関係の北信越地区ネットワークができないのです。全国には各ブロックのネットワークがあるのですが、なぜか北信越地区がなくてやはり何かと都合が悪いですね。

向井：今回、本書第１章に掲載しましたが、コロナ禍を踏まえてNPO・市民活動団体のアンケート調査を実施しました。「これからの市民社会を語る」に寄稿いただいた田尻佳史さんも団体の再点検を述べておられるように、コロナ禍におけるNPO・市民活動の課題は何かをお聴きしたところ、富山に足りないものは「機動的ネットワーク」と答えた団体が非常に多かったのです。例えば行政へのコロナ支援とか、オンライン活動の講座開設要望なので、富山のNPOが一致して動くことがなかったとの苦情であり提言でした。もちろん、行政サイドのNPOへの向き合い方にも問題ありとの声が多くありましたが、市民活動助成金や寄付などを呼びかけるNPOサイドの熱意そのものが問われるアンケート結果でした。

ツナギストとして

金澤：まだまだ発言を続けてほしいのですが、紙幅の関係で、あと2〜3人、発言のある人に、これからの活動の意欲というか、未来へ向けての希望を語ってください。

村上：私の生き方として、これからも困っている人がいたら関与していく、つまり生き方として「ツナギスト」を実践していきたいと思います。

成川：街は人でできています。街をよくするために何かやりたいという人を応援していきたい。今、「アイドルをつくろう」ということでCDデビューを応援しています。

大坪：この本を軸に、タイプが違ってめざすことが重なる人や団体が、つながるきっかけの場をつくれたら素敵と思います。

金澤：まさに今日の座談会のキーワードは「ツナギスト」に落ち着いたところですが、富山のNPO人の熱い志が、NPOへのあたたかい共感を得ることにつながるようにこれからもネットワークをよろしくお願いします。
長時間ありがとうございました。

紙上参加の執筆者から

伊東悠太郎

　第1弾ではNPOの世代交代が課題だという議論もありましたが、図らずもコロナによってそのあたりが白黒ついてしまった団体も多いように感じます。元々属人的なものになりがちなNPOでコロナがあってもなくても早晩同じ結論になっていたかもしれません。逆説的に言えば、コロナでも乗り越えられるような組織にしてあったところは継続しているのかなと思うので、こういったことに対応できる組織体を目指していくことも必要ですね。

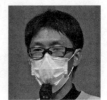

伊東悠太郎

堺　勇人

　今回はSDGsをテーマにしながら環境分野の活動を主に取材しました。SDGsで若い人や多様な人が社会課題に関心を示すようになっていることを感じつつ、一方で長年活動している環境団体等の次世代継承がなされていない実態も見えてきました。昨今の多様化・複雑化する課題に対しては、それらがうまく繋がり、柔軟な発想やアプローチが生み出される必要があると感じています。この本がその点に大きな役割をはたすのではないかと期待しています。

堺　勇人

特定非営利活動法人設立の申請及び認証状況

（2022年3月31日現在）
富山県の資料を元に作成

法人名称	代表者名	主たる事務所の所在地
デイサービスこのゆびとーまれ	惣万　佳代子	富山市富岡町３５５番地
ひまわり会	中山　敞 （清算人）	＜解散＞
しおんの家	山田　和子	富山市水橋辻ヶ堂７７７番地
はなまる会	長谷川　哲 （清算人）	＜解散＞
高岡鳩の会	永原　卓男	高岡市木津１５４２番地の８
福祉サポートセンターさわやか富山	森沢　恵美子 （清算人）	＜解散＞
にぎやか	阪井　由佳子	富山市綾田町一丁目１０番１８号
ヒューマックス	石田　修一	氷見市島尾５４８番地１
とやま成年後見人協会	長井　久美子	富山市五福９区３９９５番地
とちのみ支援会	廣田　秀徳	小矢部市今石動町二丁目１３番１３号

目的
この法人は、介護及び看護が必要な高齢者・障害者（児）・疾病を有する者・乳幼児に対して、在宅支援サービスに関する事業を行い、福祉の推進に寄与することを目的とする。

この法人は、地域に住むすべての人に対して、「年齢や障害の有無、要介護状態等にとらわれず、すべての人がどんな状況におかれても互いに助け合いながら、豊かな人生を送ることができるようにお手伝いする」という法人理念に基づき、在宅支援サービスや地域交流に関する事業等を行い、地域福祉の増進とまちづくりの推進に寄与することを目的とする。

この法人は、諸外国との相互互恵に基づく善隣友好の精神を尊重し、国や地方公共団体が推進している国際交流事業に協力すると共に、地域に密着した民間の国際交流団体として会員各自がその胸に秘めた善意と向学心を発揮して、外国語講習会やボランティア通訳及び翻訳に関する事業などを行い、平和的国際友好親善に寄与することを目的とする。

この法人は、乳幼児、障害者（児）、高齢者等に対して、在宅福祉サービスに関する事業を行い、福祉の増進に寄与することを目的とする。
この法人は、高齢者のグループホームに関する事業及び乳幼児の緊急一時預かりに関する事業等を行い、住民の福祉の増進と子どもの健全育成に寄与することを目的とする。
この法人は、一般市民に対して、成年後見制度の啓発・普及活動を行うこと、及び高齢者・障害者等が安心して、自らの意思に基づいた日常生活が送られるよう権利を擁護し、もって福祉の増進に寄与することを目的とする。
この法人は、高齢者及び心身体障害者への身体介護・生活援助に関する事業や保健・医療・福祉についての講演会を行うほか、不登校児童等のカウンセリングに関する事業等を行うと共に、婚活事業を通して地域社会の発展と活力ある地域づくりを推進し、地域の人々の保健、医療又は福祉の増進及び子どもの健全育成、住みよい地域づくりや少子高齢化対策に寄与することを目的とする。

法人名称	代表者名	主たる事務所の所在地
自立生活支援センター富山	平井　誠一	富山市新川原町5番地9レジデンス新川原1階
日豪友好協会	渡部　みずほ	富山市田畑1623番地の17
ハーモニーネット	高須　佳美 （清算人）	＜解散＞
富山県断酒連合会	川崎　清人	富山市千石町二丁目6番4－1004号ダイアパレス千石町
全国災害救助犬協会	黒川　哲男	富山市上野332-3
北陸青少年自立援助センター	川又　直	富山市万願寺144番地
デイサービス藤ノ木	藤田　弘	＜解散＞
生活支援センターアットホーム新川	尾谷　清光	魚津市吉島1118番地1
ＰＣＴＯＯＬ	能登　貴史	南砺市山見1714番地
くろべ工房	永井　出 （清算人）	＜解散＞
くれよん	足立　貴子 （清算人）	＜解散＞
富山県民ボランティア総合支援センター	髙木　繁雄	富山市安住町5番21号

目的
この法人は、障害者と健常者が共に生きる社会をめざして、障害を持つすべての者に対して、自立した生活を営んでいくために必要な自立生活支援や権利擁護等の相談や外出介助や移送介助サービス等を、障害を持つ人々の立場に立って事業を行い、社会福祉の向上に寄与します。また、広く一般の人たちを対象に講座や講演会等を行い、社会教育の推進を図ることを目的とする。
この法人は、日豪間での民間レベルの国際交流を志す方を対象に異文化交流プログラムの企画、運営を行い、個々人の国際的視野を広げ、さらに両国の真の相互理解の増進に寄与することを目的とする。
この法人は、富山県内の酒害に悩む人々及び断酒を志す者に対して断酒を勧め、また支援協力し、断酒によって明るい人生の建設をめざすとともに、酒害に関する相談活動と酒害の及ぼす社会悪の防止に関する啓発の事業を行い、広く社会福祉の増進に寄与することを目的とする。
この法人は、広く災害時等における人命救助に関する事業を行い、人々の安全と福祉の増進に寄与することを目的とする。
この法人は、不登校、ひきこもり、障害等で、社会的な自立が困難な青少年（以下「青少年」と記す）に対して、基本的な生活習慣の習得、社会復帰、社会的自立への援助、青少年の保護者への相談、研修事業とともに、幼児期から学齢期の子どもを持つ保護者に対して、子育てに関する相談・研修事業を行うほか、共生の理念のもと、在宅サービス事業を併せて行うことにより、青少年の自立の促進に寄与することを目的とする。
この法人は、生活支援を必要としている高齢者・障害者（要援護者）に、いつでも・どこでも・誰にでも公平に支援サービスを提供することを基本に、自立・自助のバックアップ等に関する事業を行う。又高齢者が安心して暮らせるまちづくりの推進を図り、地域福祉の増進に寄与することを目的とする。
この法人は、一般の市民の方に対して、パソコンの講習や、ＩＴを活用した情報提供、ＩＴを推進する活動や市民活動に関する事業等を行い、市民のコミュニケーションを図り、市民の自主的な社会活動による豊かな社会づくりの推進に寄与することを目的とする。
この法人は、心豊かでふれあいのある地域社会を実現するため、ボランティア活動をはじめ、県民が自由に行う社会貢献活動としての特定非営利活動が、より活性化されるよう交流活動を支援するとともに、情報の収集提供を行う等、ボランティア・特定非営利活動を総合的に支援し、もって、県民総ボランティアの輪を広げることを目的とする。

法人名称	代表者名	主たる事務所の所在地
ふくのスポーツクラブ	蟹谷　康司	南砺市寺家字八田島３２１番地の１
日本文化交流センター	中山　妙子	射水市三ケ９０８番地の１
スクエア富山	小杉　徹己	富山市古鍛冶町２番14号
とやまの自然と緑の会	中村　昭夫 （清算人）	＜解散＞
富山県ゲートボール協会	中川　忠昭	砺波市深江一丁目２８０番地
健康deねっと	藤澤　武	＜解散＞
黒部まちづくり協議会	三井　適夫	黒部市新牧野２２０番地
ふるさとのあかり	山田　紀子	富山市四方荒屋３２２３番地
あわすの	荻原　孝夫	富山市本宮字薄波割１８６８番地
とやまいいすまいネット	廣瀬　貴志	富山市野口８１２番地
日本文化経済リサーチセンター	加藤　和郎	高岡市戸出光明寺１８７０番地の２４号
北陸健康住宅研究会	山下　輝雄 （清算人）	＜解散＞
富山県砂防ボランティア協会	石﨑　信夫	富山市安住町３番14号
戸出コミュニティ開発	松嶋　浩二 （清算人）	＜解散＞

目的
この法人は、南砺市福野地域を中心とする地域住民に対して、運動・スポーツ活動の普及推進に関する事業を行い、その振興を図るとともに、子どもをはじめ地域住民の健全な心身の育成に寄与することを目的とする。
この法人は、日本の伝統文化を継承し、未来に創作活動を求め、国内外において広く文化を紹介し、日本の伝統文化の振興に寄与することを目的とする。
この法人は、青少年をはじめとした一般市民に対しスポーツの普及と推進に関する事業を行い、スポーツの振興と、新しい社会を担う健全な青少年の育成に寄与することを目的とする。
この法人は、富山県民に対して、ゲートボールの普及・奨励等に関する事業を行い、ゲートボールの健全な普及発展及び県民の心身の健全な発達に寄与することを目的とする。
この法人は、市民一人ひとりが知恵を出し合い、参加するまちづくり活動を推進し、自然豊かで個性あふれる魅力的なまちをつくり、もって地域の振興と市民生活の向上に寄与することを目的とする。
この法人は、介護及び看護が必要な高齢者・障害者（児）・乳幼児に対して、その環境、年齢及び心身の状況に応じ、健やかに生活できるように、在宅福祉サービスに関する事業を行い、地域福祉の増進に寄与することを目的とする。
この法人の目的は、粟巣野地域の中核施設である粟巣野スキー場の運営等を担い、龍神の滝や百間滑等の優れた景勝地と立山信仰や越中塩の道にまつわる文化史跡等の残る当該地域の荒廃を防ぐとともに、その良好な環境を守り、あわせて同スキー場周辺において多様なスポーツの振興を図ることとする。
この法人は、富山県民に対して、住まいづくりについての啓蒙・支援活動に関する事業を行い、より良いまちづくりに寄与することを目的とする。
この法人は、日本に伝承されてきた日本人の心や感性といった文化遺伝子を人類の財産として普及するとともに、その文化遺伝子が日本の伝統文化を形成していく過程の中で、どのような役割を果たしてきたのかを明らかにし、新たな文化の意義を認識できる機会を創造することをもって、日本の伝統文化を振興、保存かつ継承し、全ての国民の利益に寄与することを目的とする。
この法人は、土砂災害から県民の生命や財産を守るため、土砂災害防止に係わるボランティア活動を行い、もって県民の福祉に寄与することを目的とする。

法人名称	代表者名	主たる事務所の所在地
暮らしの経済研究所	中村　公二男	砺波市中央町7番4号
文福	八木　勝自	富山市五福3734番地
あいの風	二上　久	黒部市宇奈月町栃屋151番地の4
ユビキタス新湊	伊藤　可志朗	射水市本町二丁目13番5号
日本・ラオス総合協力協会	駒見　博信	富山市今泉170番地の3
日本女子野球協会	春日　利比古	＜転出＞
富山スイミングクラブ	福田　豊	富山市荒川四丁目1番70号
JINZU SPORTS CLUB	植野　聡 （清算人）	＜解散＞
パートナー	渡辺　菜美	下新川郡入善町上野1672番地
知的障害者のくらしを考える会	中島　代志美	中新川郡立山町道源寺851
食と福祉と環境を考えるネットワーク	浦上　貢 （清算人）	＜解散＞
富山生活総合相談センター	青山　嵩 （清算人）	＜解散＞
とよた学童クラブ	齊藤　真知子	富山市米田42番1号
おらとこ	野入　美津恵	富山市上滝88番地7

238

目的

この法人は、不特定多数の市民が自己責任時代に対応した賢い消費者となるべく、暮らしの中の経済について様々な情報提供を行い、もって市民の社会教育の推進に寄与することを目的とする。

この法人は、障害者・児及び高齢者が、地域社会で自立した生活を営み、社会参加を確保していくために必要な事業を行い、誰もが安心して暮らせる文化・福祉・人権・教育の推進を図り、社会全体の利益の推進に寄与することを目的とする。

この法人は、新川地区を中心とした住民に対して、通所介護や学童、乳幼児の保育等に関する事業を行い、地域社会福祉の向上に寄与することを目的とする。

この法人は、多くの市民に対して、囲碁・将棋の普及等に関する事業を行い、社会教育の推進に寄与することを目的とする。

この法人は、日本とラオス人民民主共和国との相互交流に興味及び関心を有する者に対して、教育、文化及びスポーツ等の分野における交流及び支援に関する事業や青少年の健全育成を図る事業を行い、日本とラオス人民民主共和国との間の国際交流促進に寄与することを目的とする。

この法人は、子どもたちや一般の市民に対して、正しい水泳の普及と技術の向上をはじめとした水を通した生涯スポーツに関する事業を行い、地域社会の健全な発達に寄与することを目的とする。

この法人は、高齢者や障害者及び乳幼児を抱えた方たちが住み慣れた地域社会の中で、より充実した人生を送ってもらうため、家事及び介護の援助に関する事業並びに通い、泊まり、居住が可能な住まいの提供に関する事業並びに乳幼児の緊急一時預かり等の子育て支援に関する事業等を行い、社会福祉の向上に寄与することを目的とする。

この法人は、知的障害者に対して、障害福祉サービス事業としてケアホームの運営等に関する事業を行い、知的障害者が個人の尊厳を保持しつつ、自立した生活を地域社会において営むことができるよう支援することを目的とする。

この法人は、共働き家庭の児童たちに対して、放課後や学校長期休業時を安全に過ごせるよう、学童保育事業を行い、児童の健全な育成とその保護者に対する仕事と家庭の両立を支援することを目的とする。

この法人は、介護等が必要な高齢者・障害者（児）・乳幼児や児童に対して、商店街の中でデイサービス等に関する事業を行い、福祉の増進と地域の活性化に寄与することを目的とする。

法人名称	代表者名	主たる事務所の所在地
子どもの権利支援センターぱれっと	明橋　大二	射水市三ケ３６５２番地２
サポートライフ	小竹　進	富山市金泉寺４８８番地３
富山 ISO 普及支援センター	笠井　一美 （清算人）	＜解散＞
いちにのさんぽデイサービス	大泉　淳子	射水市海老江練合５７０番地
マイジョブクリエイションズ	盛田　淳	富山市婦中町蛍川１７８番地３４
富山県自然保護協会	川田　邦夫	富山市湊入船町３番３０号
グリーンアーツコミュニティ利賀	野原　順作 （清算人）	＜解散＞
トーゴ国際開発聖友会	熊本　康孝 （清算人）	＜解散＞
環・日本海	大井　進 （清算人）	＜解散＞
デイサービス青空	齊藤　彦三郎	砺波市矢木２２２番１
とやま環境監査機構	森田　清進 （清算人）	＜解散＞
エコテクノロジー研究会	川上　智規	富山市本郷町１３番地
補食の会	山本　忠久	砺波市平和町１４６番地大沢内科クリニック内
デイサービスなかよし	高田　美穂子 （清算人）	＜解散＞

目的
この法人は、地域住民に対して、子どもの教育、福祉その他人権に関する諸問題に関して、情報提供、相談・支援活動等に関する事業を行い、青少年の健全育成と子どもの権利の実現に寄与することを目的とする。
この法人は、一般市民が健全で安定した、より良き人生を送るためのライフプランの確立と、それを実現するためのファイナンシャルプランニング及び資産形成に関する啓蒙、教育に取り組み、加えて、ライフプラン実現のサポートに必要な諸事業の研究とその推進により市民生活に貢献することを目的とする。
この法人は、在宅で介護等が必要な高齢者・障害者（児）・乳幼児に対して、在宅支援サービスに関する事業等を行い、福祉の推進に寄与することを目的とする。
この法人は、創業志向者及び求職者に対して、創業や就業に係る情報提供に関する事業等を行い、新規事業の創出と雇用の拡大及び雇用機会の拡充に寄与することを目的とする。
この法人は、一般県民に対して、自然教室の開催や環境調査等に関する事業を行い、自然と環境の保護に寄与することを目的とする。
この法人は、高齢者に対して、居宅介護サービスに関する事業を行い、福祉の増進に寄与することを目的とする。
この法人は、地球市民に対して、地域市民の主体的な参画のもと、地域規模から地球規模までの循環型社会構築に極めて有効な技術、すなわちエコテクノロジーに関する事業を行い、地域の学術的、文化的、社会的発展に貢献し、もって地球環境の保全、持続可能な社会の形成に寄与することを目的とする。
この法人は、一般市民に対して、一型糖尿病患者の自立を図るために同病に対する正しい知識の普及啓発及び療育指導等に関する事業を行い、医療・社会福祉の増進をもって公益に寄与することを目的とする。

法人名称	代表者名	主たる事務所の所在地
三樹福寿会	田中　三夫	黒部市植木１９４番地の２
愛和報恩会	吉田　勇次郎	富山市八尾町西川倉２３番地１
射水おやじの会	宿屋　浩一 （清算人）	＜解散＞
NPO福光	辻野　清志	南砺市高宮８４２番地
ひらすま	佐伯　知華子	高岡市木町２番２５号
新湊くらし応援団	明　寿夫	射水市本町三丁目１２番地の２８
立山町馬術協会	高平　公嗣	中新川郡立山町五郎丸２２２番地
わくわく小矢部	松岡　和子	小矢部市新富町４番１号
立山自然保護ネットワーク	横畑　泰志	富山市中野新町一丁目１番１１号
にこやかな里	梧桐　てるの （清算人）	＜解散＞
青い鳥	安田　正	＜転出＞
ＩＴコーディネータ富山	吉田　誠	富山市下野16番地　富山市新産業支援センター202号室
さくらの家矢木	吉田　直子	砺波市矢木８６番地
安全企画センター	中村　將	富山市金屋３７８３番地の７
デイケアハウス手をつなごう	木本　好枝	高岡市本丸町１３番１８号

目的
この法人は、住みなれた地域社会の中で生活を目指す高齢者、障害者（児）、痴呆者及び乳幼児に対して、居宅支援サービスに関する事業等を行い、ノーマライゼーション社会の実現及び福祉の増進に寄与することを目的とする。
この法人は、何らかの障害を持つ人に対して、その生活全般の支援に関する事業等を行い、社会の福祉の増進に寄与することを目的とする。
この法人は、地域住民に対して、南砺地方に伝わる有形・無形の資産を次世代に伝える事業等を行い、地域文化の保存と伝承や日本の成長を支えた世代の活性化と次世代の育成を図ることを目的とする。
この法人は、年齢や障害の有無に関わらず、誰もが助け合いお互いを認め合いながら自分らしく暮らしたいと望む人に対して、在宅支援サービスに関する事業を行い、心豊かに暮らす福祉の推進に寄与することを目的とする。
この法人は、新湊市を中心とした市民に対して、児童教育、高齢者福祉、商業等各分野が協働して高齢者福祉や保育サービス事業、地域の交流促進に関する事業等を行い、地域福祉の増進、中心街の活性化及び住みやすい魅力的なまちづくりに寄与することを目的とする。
この法人は、富山県民に対して、馬術競技の普及・奨励等に関する事業を行い、馬術競技の健全な普及発展及び県民の心身の健全な発達に寄与することを目的とする。
この法人は、乳幼児、児童、障がい者（児）及び高齢者等に対して、在宅福祉サービス、生きがい活動、生活支援に関する事業等を行い、福祉の増進に寄与することを目的とする。
この法人は、広く県民のために、立山連峰一帯で動植物等の調査研究や環境整備等に関する事業を行い、自然環境の保全及び環境教育の推進に寄与することを目的とする。
この法人は、戦略的な情報化投資に熱意と意欲を持つ不特定多数の者に対して支援活動を行うとともに、ITコーディネータ及びITコーディネータを目指す者の能力研鑽と交流促進を図り、もって富山県におけるITコーディネータ制度の健全な発展と県内産業の活性化に寄与することを目的とする。
この法人は、高齢者等に対して、在宅福祉サービスに関する事業を行い、福祉の増進に寄与することを目的とする。
この法人は、富山県民に対して、道路の調査並びに地域安全に係るパトロール事業等を行い、環境の保全に寄与することを目的とする。
この法人は、乳幼児、障害者（児）、高齢者等に対して、在宅福祉サービスに関する事業を行い、福祉の増進に寄与することを目的とする。

法人名称	代表者名	主たる事務所の所在地
学校外教育支援協会	福本　秀樹	高岡市駅南一丁目1の18番地
片貝川の清流を守る会	入井　義浩 （清算人）	＜解散＞
創藝	小原　勉	南砺市城端4316番地の1
つむぎ	飯田　恭子	魚津市吉島511番地
里山倶楽部	稲葉　實	富山市太田口通り一丁目6番24号
たんぽぽ	鈴木　隆慶	砺波市高道99番地2
ウェルネット	雄川　友美子	高岡市福岡町福岡新295番地
訪問理美容サービス髪ねっと	高橋　賢一 （清算人）	＜解散＞
元気やネット	岡村　祥子	射水市南太閣山15丁目61番地
グリーンツーリズムとやま	橋本　正義	富山市安住町3番14号富山県建設会館内
Angel ship	黒河　密雄 （清算人）	＜解散＞
富山県キャリアコンサルタント協会	伊藤　祐太郎	富山市上飯野新町二丁目5番地

目的

この法人は、不登校生や保護者に対して、居場所の提供やカウンセリング等を行うとともに、学習の機会を必要としている青少年や保護者及び社会人に対して、充実した学習機会の提供や学校外教育に関する助言又は支援・協力等を行うことにより、青少年の人権の擁護や次世代を担う人材の育成に寄与することを目的とする。

この法人は、子どもから高齢者までの不特定多数の方を対象に、まちづくりの様々な課題に積極的に取り組み、「出逢いとふれあい」のできる「場」の創設と、それによる自己の人間的成長を広くサポートすることで、市民・行政の協働によるまちづくりの中核を担い、地域社会における自然、福祉、教育、文化など生活の質の向上と活性化に貢献することを目的とする。

この法人は、お年寄り、障害を持った人や子どもを抱えた人達が住みなれた地域社会の中で、より充実した人生が送れるよう一時預かりなどの事業を行うとともに、地域住民が健康、介助や介護に理解を深めるための普及啓発・支援事業などを行うことにより、社会福祉と地域保健の向上及びまちづくりの推進に寄与することを目的とする。

この法人は、広く県民に対して、環境の保全を図りながら、自然環境を活かしたコミュニティづくりに関する事業を行い、真に豊かで健康な暮らしを企画・実践し、住みよいまちづくりの推進を図ることを目的とする。

この法人は、高齢者等に対して、歌唱や舞踊による施設への慰問活動等に関する事業を行い、福祉の増進と社会教育の推進に寄与することを目的とする。

この法人は、高齢者及び障害者(児)が、安全で自立した生活が送れるよう住宅改修事業等を行い、地域福祉の増進に寄与することを目的とする。

この法人は、子育て中の母親をはじめとした一般市民に対して、健康体操を通した交流事業等を行い、思いを共有できる場づくりと心身の健康の増進に寄与することを目的とする。

この法人は、都市・農山漁村の交流及びグリーンツーリズム（農山漁村で楽しむ、ゆとりある滞在型余暇活動）活動の推進に関する事業を行い、元気で活力のある農山村漁村の創造と人間性豊かな地域社会の形成に寄与することを目的とする。

この法人は、青少年、職業人、社会人等に対して、キャリアコンサルティングの普及・啓発事業を行うとともに、キャリアコンサルタントに対して、キャリアコンサルタントの能力・資質の確保・向上を図る事業を行い、個人の主体的なキャリア形成の促進や職業生活の充実、ひいてはわが国の雇用の安定と豊かな社会形成に寄与することを目的とする。

法人名称	代表者名	主たる事務所の所在地
心泉いなみ	楠　則夫	南砺市北市１２８番地４
富山県地すべり防止工事士会	矢野　享	富山市安住町３番１４号
公清会	石丸　真弓	下新川郡入善町入膳４７１６番地８
フィールドパフォーマンスクリエイトラボ	髙田　宣史 （清算人）	＜解散＞
富山・イタズラ村・子ども遊ばせ隊	早川　隆志 （清算人）	＜解散＞
デイサービスわかば	中村　ゆみ	氷見市稲積１８６２番地
とやまの木で家をつくる会	長森　稔	富山市婦中町新屋５０７
まほろば	藤岡　毅智	氷見市窪２０１４番地７
立山ＷＡいいちゃ	清水　利恵	中新川郡立山町栃津７０番地
富山観光創造会議	池田　安隆	富山市堤町通り一丁目３番地７
あいこでしょ	高柳　美幸 （清算人）	＜解散＞
多重債務者救済支援機構	西岡　洋介 （清算人）	＜解散＞

目的
この法人は、南砺市井波地域の住民及び南砺市井波地域を訪問する人々に対して、有形無形の資源を活用し、地域のにぎわい創出に関する事業や歴史的遺産の保全事業等を行い、活気ある地域づくりと活力ある人づくりに寄与することを目的とする。
この法人は、富山県内のすべての住民に対して、地すべり防災に関する啓発事業等を行い、地域の安全に寄与することを目的とする。
この法人は、富山県東部地域に在住する高齢者、知的、身体障害児(者)とその家族に対して、ニーズに合わせた様々なサービスを提供するとともに、地域社会に向けた障害児(者)へのノーマライゼーションの普及啓発に関する事業を行い、心豊かなまちづくりの推進に寄与することを目的とする。
この法人は、乳幼児、障害者(児)、高齢者等に対して、在宅福祉サービスに関する事業を行い、福祉の増進に寄与することを目的とする。
この法人は、生活者に対して、とやまの木の良さと必要性を知ってもらい、林業家・製材所・工務店・建築家・生活者がお互いに顔の見える関係で、とやまの木を活用した家づくりに取り組むことを支援する事業を行い、安心して暮らせる持続可能な地域循環社会を創ることと、とやまの森林に元気を取り戻し、森林と人との絆を深めることに寄与することを目的とする。
この法人は、主に高齢者や定年後の再就職を目指す人たちに対して、その人の経験や技術にあった求人情報を提供し、働く意志のある人たちを支援することで、生きがいのある生活と雇用の創出に貢献することを目的とする。
この法人は、介護などが必要な高齢者、障害者(児)、乳幼児や児童に対して、デイサービス等に関する事業を行うとともに、地域での体験事業等を実施することで、幅広い層の交流の機会を提案し、まちづくりの推進を図るほか、障害者が仕事として事業に携わり社会参画ができるようにサポートし、福祉の増進と地域の活性化に寄与することを目的とする。
この法人は、富山市民及び富山を訪れる観光客に対し、「富山のくすり」などの伝統的産業を観光に活かす事業を行い、富山市を核とした中心市街地の賑わいのあるまちづくりの推進や経済活動の活性化に寄与することを目的とする。

法人名称	代表者名	主たる事務所の所在地
アイ・フィール・ファイン	長谷川　充	富山市八尾町新田５１８２番地２
どんぐり山共同保育園	新迫　弘康	富山市北代字伊佐波５１６５
富山県小型船安全協会	北村　貢 （清算人）	＜解散＞
利賀山川まもる	笠野　千尋	南砺市利賀村１７１番地
コミュニティサポート黒部	中田　宜臣	黒部市三日市大町３３０９番地
勇気２０１５	藤井　明美	富山市新庄町四丁目３番１３号
ありがとうの家	佐藤　恭二	富山市堀川小泉町一丁目１４番１４号
コミュニティビジネスネットワーク	有馬　辰雄	＜解散＞
難病ネットワークとやま	中川　美佐子 （清算人）	＜解散＞
立山町環境保健衛生協会	中川　孝造 （清算人）	＜解散＞
富山スポーツコミュニケーションズ	佐伯　仁史	富山市中川原８番地３
富山県在宅生活支援センター	佐々木　馨 （清算人）	＜解散＞
さくら堤の会	青木　喜代志 （清算人）	＜解散＞
エッセンスクラブ	赤穂　英吏子 （清算人）	＜解散＞

この法人は、高齢者が健康で快適な自立した生活を送るための環境と仕組みを提供し、さらにそのコミュニティが主体となった文化活動、子供や障害者のための支援活動、国際交流活動などを通して、彼らが培ってきた知恵や技術を次の世代に伝えるといった社会的役割を担うことによって、地域の活性化と社会の福祉の増進を図り、広く公益に貢献することを目的とする。

この法人は、乳幼児、学童、障害児とその親を対象に、保育、地域の子育て支援、障害児への支援などに関する事業を行い、もって地域社会に寄与することを目的とする。

この法人は、庄川・神通川流域の住民と共に、砂防事業の促進や砂防の歴史継承、地域活性化を図る事業を行い、地域住民や訪れる人々の安心・安全の確保、防災意識の向上、国際交流などを含めた、安全で活力ある魅力的な地域社会の形成に寄与することを目的とする。

この法人は、文化・教育・社会福祉・産業等各分野が協働して高齢者福祉や地域の交流促進に関する事業等を行い、地域福祉の増進とすみやすい魅力的なまちづくりに寄与することを目的とする。

この法人は、高齢者、障害者及び現役世代が互いに助け合い、ソフト及びハード面も含めた夢と希望そして勇気の持てる社会の実現を目指し、生活支援サービスに関する事業を行い、福祉の増進に寄与することを目的とする。

この法人は、介護及び看護が必要な高齢者・障害者（児）、乳幼児や児童に対してその環境、年齢及び心身の状況に応じ健やかに生活できるように、在宅福祉サービスに関する事業を行い、地域福祉の増進に寄与することを目的とする。

この法人は、自ら楽しみ、夢を追い続けられるようなスポーツ活動を望む人々を対象に、サッカーを中心とした生涯スポーツの推進を図り、心身の健全な育成を支援すると共に、様々なスポーツを通じた地域社会との交流をはじめとするスポーツ文化の振興を図り「する・見る・話す・働く・やりがい」を感じることのできるスポーツ環境整備を目的とする。

法人名称	代表者名	主たる事務所の所在地
ふらっと	宮袋　季美	射水市太閤町４番地
福光スポーツクラブ	井口　邦雄	南砺市福光６１６番地
山田牛岳スキークラブ	北浦　昭裕	富山市山田湯７８０番地
富山県腎友会	池田　充	富山市下飯野７０番地４
海竜	堀江　耕一 （清算人）	＜解散＞
障害者乗馬の会リトル・トゥリー	奥沢　弘子 （清算人）	＜解散＞
神通さくら野会	金嶋　久貴子	富山市八尾町西神通８８２番地１
ＧＲＯＵＳＥＳ．ＮＥＴ	黒田　祐	中新川郡上市町若杉新２１番地
富山ベースボールクラブ	吉田　義夫	富山市布瀬本町１４番地２
富山ＧＩＳ総研	寺島　雅峰 （清算人）	＜解散＞
かみいち福祉の里	奥井　健一	中新川郡上市町東江上２８８番地
八代地域活性化協議会	森杉　國作	氷見市磯辺６２番地１
高岡ボーイズ少年硬式野球協会	小西　友之 （清算人）	＜解散＞
ケアマネジメント結	中村　淳子	下新川郡入善町椚山４９番地８

目的
この法人は、障害者（児）、高齢者等に対して、在宅福祉サービスに関する事業を行い、福祉の増進に寄与することを目的とする。
この法人は、会員並びに地域住民に対して、運動・スポーツ活動の振興に関する事業を行い、地域の活性化を図るとともに、健全な心身の育成に寄与することを目的とする。
この法人は、全てのスポーツ愛好者に対しスキー及びスノーボードの技術指導を通じて、技術向上及び交流、親睦に寄与するとともに牛岳周辺地域の振興を図る事を目的とする。
この法人は、腎臓病に関する正しい知識の普及及び社会啓発ならびに腎臓病患者の自立と社会参加の促進を図り、もって県民の保健、福祉の向上に寄与することを目的とする。
この法人は、高齢者、障害者（児）、児童に対して、介護・保育に関する事業を行い、高齢者、障害者（児）、児童の心身の健康の増進に寄与することを目的とする。
この法人は、地域住民に対して、バスケットボールを中心としたスポーツに関する事業を行い、スポーツ文化の振興と普及および青少年の健全育成に寄与することを目的とする。
この法人は、社会人野球富山ベースボールクラブと、富山県野球界の各組織との連携のもと、野球競技の普及、推進及び技術の向上に関する事業を行い、県民スポーツの振興と、青少年の健全育成に寄与することを目的とする。
この法人は、主に地元中新川広域圏在住の高齢者、障害者(児)等に対して、グループホーム、ショートステイ、デイサービス、居宅介護支援等に関する事業を行い福祉の増進に寄与することを目的とする。
この法人は、八代を中心とした地域住民及び八代や氷見市を訪れる人々に対して、地域の交流と活性化に関する各種の事業を行い、地域交通の確保と環境を守り、元気で魅力ある地域づくりに寄与することを目的とする。
この法人は、高齢者等に対して、福祉の相談・援助に関する事業等を行い、福祉の増進に寄与することを目的とする。

251

法人名称	代表者名	主たる事務所の所在地
富山国際学院	宮田　妙子	富山市芝園町二丁目５－１３織田ビル
つばさ21	西野　崇彦 （清算人）	＜解散＞
水辺のまち新湊	本郷　俊作	射水市放生津町１７番地１
こころの輪	福田　抄湖	＜転出＞
よりどころ	仙田　國明	高岡市二塚１３１６番地
地球の夢	福本　誠 （清算人）	＜解散＞
クラブＪｏｙ	山瀬　悦郎	南砺市城端１０４６番地
ふちゅうスポーツクラブ	中谷　忠義	富山市婦中町砂子田１番１号
北陸救急災害医療機構	千田　良	富山市金屋７６７番地１８
かがやき	長澤　信治	小矢部市埴生２８３９番地９
富山の名水を守る会	青木　正樹	射水市鷲塚１４２番地２４
高岡市水泳協会	関　清嗣	高岡市長慶寺６５０番地
ケアサークルひばり	原田　ひとみ （清算人）	＜解散＞
のどか	中原　政睦	氷見市中村４４６番地１

目的
この法人は、外国人日本語学習者に対して、日本語の習得に関する事業を行うとともに、日本語教師、ボランティア日本語教師の育成の事業等を行い、外国人及び日本人の国際理解並びに定住外国人の暮らしの改善に寄与することを目的とする。
この法人は、地域住民や来街者に、住みやすいまち、そして訪れたくなるようなまちづくりを図るため、地域密着型のまちづくり事業を行うとともに、交流サロンなどのサービス供与により福祉の増進等に関する事業等を行い、まちづくりの推進、そして広く公益に貢献することを目的とする。
この法人は、高齢者や障害者、子ども等に対して、在宅福祉サービスに関する事業を行い、地域福祉の増進に寄与することを目的とする。
この法人は、南砺市城端地域を中心とする地域住民に対し、スポーツ・文化活動の普及推進に関する事業を行い、またその事業の振興を図るとともに、子どもから高齢者までの地域住民が「健全な心身」と「豊かな心」で日常生活が送ることができるよう寄与することが目的です。
この法人は、会員及び地域住民に対して、健康スポーツに関する事業を行い、会員及び地域住民の健康の保持増進に寄与することを目的とする。合わせて、会員及び地域住民が交流を深め地域社会が連帯できる環境を提供することを目的とする。
この法人は、医療従事者や一般市民に対して、地域社会における救急災害医療に関する研究及び開発ならびに普及啓発を推進し、もって地域福祉に寄与することを目的とする。
この法人は、在宅で介護及び看護が必要な高齢者及び障害者（児）に対して、在宅福祉サービスに関する事業等を行い、地域の人々の保健、医療又は福祉の増進に寄与することを目的とする。
この法人は、一般市民に対して、富山の名水を調査研究し普及を図る事、また環境汚染対策に関する事業を行い、富山の名水を守り、永く後世に残す事に寄与することを目的とする。
この法人は、高岡市を中心とした地域住民に対し、水泳の指導や水泳選手の育成強化に関する事業を行い、スポーツの振興と地域住民の心身の健康に寄与することを目的とする。
この法人は、高齢者、障害者、乳幼児及び児童など社会的弱者といわれている誰もが住み慣れた地域で、家庭的雰囲気の中できめ細やかな介護、介助、保育などのサービスを小規模で多機能な共生施設で提供をしながら、地産地消型福祉の理解を深める活動を推進し、地域福祉に寄与することを目的とする。

法人名称	代表者名	主たる事務所の所在地
親と教員の会こどものその	柳　美喜子	高岡市大町１１番１９号
工房あおの丘	西島　亜希	下新川郡入善町道古３４番地の３
新湊カモンスポーツクラブ	片岡　泰人	射水市久々湊４６７番地
ありみね	尾崎　眞佐子	富山市亀谷３５０番地１３
おやべスポーツクラブ	垣田　俊彦	小矢部市埴生字八俵２１２４番地１
立山エベレスト友好協会	佐伯　信春	中新川郡立山町芦峅寺七姫平３４番地
雪峯倶楽部	松古　誠	南砺市菅沼字仕明８５５番地
ありがた家	喜多　聡美	富山市八尾町福島三丁目７９番地
農業開発技術者協会・農道館	足立原　貫 （清算人）	＜解散＞
アイウェーブ	寺井　正次	南砺市井波７００番地１１０
富山県日中友好協会	金尾　雅行	富山市赤江町１番７号
まいど家	高畑　博行	富山市新庄町四丁目３番１３号
ハッピーウーマンプロジェクト	若杉　聡美	富山市磯部町一丁目10番12号407号

254

圭書房の本・ご注文承り書

3千円以上のご注文は送料サービス。代金は郵便振替用紙にて後払いです。

書名	本体価格	注文○
ある近代産婆の物語	二,六〇〇円	
戦国越中外史	二,六〇〇円	
越嵐 戦国北陸三国志	二,八〇〇円	
越中富山 山野川湊の中世史	五,六〇〇円	
富山城の縄張と城下町の構造	五,〇〇〇円	
石垣から読み解く富山城	一,三〇〇円	
加賀の狂歌師 阿北斎	八〇〇円	
加賀藩を考える	二,〇〇〇円	
立山信仰史研究の諸論点	二,五〇〇円	
浄土と曇鸞	一,八〇〇円	
宗教・反宗教・脱宗教〈岩倉政治論〉	三,〇〇〇円	
堀田善衞の文学世界	三,〇〇〇円	
棟方志功・越中ものがたり	三,〇〇〇円	
越中萬葉と記紀の古伝承	五,五〇〇円	
富山の探鳥地	二,〇〇〇円	
水橋町(富山県)の米騒動	二,〇〇〇円	
女一揆の誕生	三,〇〇〇円	
北陸海に鯨が来た頃	二,〇〇〇円	
加賀藩前田家と八丈島宇喜多一類	三,〇〇〇円	
加賀藩社会の医療と暮らし	三,〇〇〇円	
加賀藩の十村と十村分役	一〇,〇〇〇円	
立山の賦—地球科学から	三,〇〇〇円	
越中史の探求	二,四〇〇円	

書名	本体価格	注文○
スペイン風邪の記憶	一,三〇〇円	
地図の記憶	二,〇〇〇円	
山姥の記憶	二,〇〇〇円	
鉄道の記憶	三,八〇〇円	
有峰の記憶	二,四〇〇円	
おわらの記憶	二,八〇〇円	
となみ野散居村の記憶	二,四〇〇円	
蟹工船の記憶	二,四〇〇円	
越中の古代勢力と北陸社会	二,五〇〇円	
ためされた地方自治	一,八〇〇円	
越前中世城郭図面集Ⅰ	二,五〇〇円	
越前中世城郭図面集Ⅱ	二,五〇〇円	
越前中世城郭図面集Ⅲ	二,五〇〇円	
若狭中世城郭図面集Ⅰ	二,五〇〇円	
棟方志功 装画本の世界	四,四〇〇円	
小矢部川上流域の人々と暮らし	三,八〇〇円	
黒三ダムと朝鮮人労働者	三,〇〇〇円	
悪の日影 翁久允叢書1	三,〇〇〇円	
中世「村」の登場	二,七〇〇円	
元禄の『グラミン銀行』	二,〇〇〇円	

ご注文者 住所氏名

〒 　 －

郵便はがき

930-0190

料金受取人払郵便

富山西局
承　認

559

差出有効期間
2025年
9月30日まで
切手をはらずに
お出し下さい。

（受取人）

富山市北代三六八三－一一

桂　書　房　行

愛読者カード

このたびは当社の出版物をお買い上げくださいまして，ありがとうございます。お手数ですが本カードをご記入の上，ご投函ください。みなさまのご意見を今後の出版に反映させていきたいと存じます。また本カードは大切に保存して，みなさまへの刊行ご案内の資料と致します。

書　名		お買い上げの時期		
			年　　月　　日	
ふりがな		男 女	西暦 昭和 平成	年生　　歳
お名前				
ご住所	〒　　　　　　　　　　TEL.　　　（　　　）			
ご職業				

お買い上げ の書店名	書店	都道 府県	市 町

読後感をお聞かせください。

郵便はがき

料金受取人払郵便

富山西局
承　認
310

差出有効期間
2024年
3月10日まで
切手をはらずに
お出し下さい。

９３０−０１９０

（受 取 人）

富山市北代3683−11

桂　書　房　行

下記は小社出版物ですが，お持ちの本，ご注文する本に○印をつけて下さい。

書　名	本体価格	持っている	注文	書　名	本体価格	持っている	注文
定本 納棺夫日記	1,500円			スペイン風邪の記憶	1,300円		
童話 つららの坊や	1,000円			地 図 の 記 憶	2,000円		
越中五箇山 炉辺史話	800円			鉄 道 の 記 憶	3,800円		
黒部奥山史談	3,000円			有 峰 の 記 憶	2,400円		
孤村のともし火	1,200円			おわらの記憶	2,800円		
二人の炭焼、二人の紙漉	2,000円			散居村の記憶	2,400円		
とやま元祖しらべ	1,500円			となみ野探検ガイドマップ	1,300円		
百年前の越中方言	1,600円			立山の賦−地球科学から	1,800円		
富山県の基本図書	1,800円			富山地学紀行	2,200円		
古代越中の万葉料理	1,300円			とやま巨木探訪	3,200円		
勝興寺と越中一向一揆	800円			富山の探鳥地	2,000円		
明智光秀の近世	800円			富 山 の 祭 り	1,800円		
加賀藩の入会林野	800円			千 代 女 の 謎	800円		
越 中 怪 談 紀 行	1,800円			生と死の現在（いま）	1,500円		
とやまの石仏たち	2,800円			ホイッスルブローアー＝内部告発者	1,200円		
石 の 説 話	1,500円			富山なぞ食探検	1,600円		
油 桐 の 歴 史	800円			野菜の時代−富山の食と農	1,600円		
神通川むかし歩き	900円			立山縁起絵巻 有頼と十の物語	1,200円		
越 中 文 学 の 情 景	1,500円			長 い 道	1,900円		

桂書房の
図書目録

くやしい一心で眼もまハさず

私は落涙を禁じ得なかった。加賀金沢に生れ、親と江戸に出て巣鴨に暮らし、十三歳で十五年季の遊女に売られたカメが、年季明け一年前になって朋輩十六人と示し合わせその遊女屋に放火、自首するという嘉永二年（一八四九）一件について書かれた横山百合子氏の論文。

遊女屋の主・佐吉は統率力のあるカメの年季を長引かせようと、逃亡した遊女玉芝を捕まえた折、玄能でもって頭を打つという折檻により、逃亡はカメにそそのかされたと玉芝にウソの証言を強要、カメを朋輩三十八人の前に引き出し、裸にするや縄に縛り上げ、弓の折れで四十五も叩き、飯も食わさぬという折檻で二年の年季延長を認めさせた―という事の次第。見出しはカメの日記に出る語で、「えり首や手のくびれるほど」締めあげられたけど、死んでたまるもんかと眼を回さなかった。序列筆頭の遊女が朋輩の前でウソを認めさせられる悔しさは、体の痛苦に勝った。朋輩たちの協力で玉芝の白状をうち捨て、火刑を覚悟に迫る年季明けをうち捨て、佐吉の非道と冤罪を訴え放火を仕組んで、佐吉の非道と冤罪を訴え

る、恥辱を晴らす道を選んだ。人間はかくも誇り高い。

私は晴らすことがかなわなかった。四十年前のある出版社。借りた写真一枚を私が紛失。社長は社員を集め、皆の前でもう一度、探すよう命じた。編集長の私は、部下たちの前で一時間、探し尽したデスク周りの再捜索をした。微夜残業の頃の、私に非のある責め苦であったが、人前にさらされ、逃亡できない空間に居続けさせられるのが拷問であることを身に刻んだ。落ち度のないカメの受けた恥辱はいかほどであったか。

南町奉行・遠山は佐吉と放火に直接かかわった遊女三人には遠島、カメたちには軽い禁固を命じている。

カメの日記原文は平仮名ばかり。なぜ日記を書くのか。「それが、人をその先に進ませる力をもつ」からではないかと横山氏はいう。私の祖母は鉛筆で平仮名ばかりの置き文をして何度か家出した。孫の前でその母親（と祖母は仲が悪い）から受ける何かの譴責から逃れるためだっただろう。書くという行為は切ない。

（勝山）

一前悦郎　湯浅直之　　　　　　　2023.5刊

加賀百万石御仕立村始末記
―越中砺波郡広瀬舘村年貢米史　　2,000円

「御仕立村」とは飢饉等で立ち行かなくなった村を再建するための加賀藩の善政ともいえる政策のことである。かつて砺波郡広瀬舘村の肝煎だった湯浅家に、広瀬舘村が天保の飢饉で立ち行かなくなった際、加賀藩が広瀬舘村を救済するためとった政策の一部始終の書類が残されていた。著者はこの資料を7年間かけて解析し、あわせて鎌倉時代から近代までの広瀬舘村の歴史を明らかにした。　A5判・241頁

真山美幸　　　　　　　　　　　　2023.6刊

老いは突然やってくる
1,100円

「たとえ孤立することになろうとも、私は自分に正直に生きる道を選ぶ」――不自由さとは、老いることなのか？　抗いたいのは、この足の痛みなのか？　人生の折々で問い、思考をめぐらせ、試行錯誤にみちた《私》を生きていく。ふたつの掌で読む"手函小説"の第1作。　　　　四六判・148頁

堀江節子　　　　　　　　　　　　2023.7刊

黒三ダムと朝鮮人労働者
―高熱隧道の向こうへ　　　　　2,000円

前作『黒部・底方の声―朝鮮人労働者と黒三ダム』（1992年刊）が2023年に韓国語翻訳される。その続編として黒三ダムと朝鮮人の現在を記す。過去を変えることはできないが、二つの国の未来は変えられる?!――昨今の日韓関係のなかで、見つめ直す歴史と今。この本は、平和を願う人々の希望によって生まれた。　　　　　　A5判・232頁

翁久允　須田満・水野真理子編集　2023.10刊

悪の日影
翁久允叢書 1　　　　　　　　　1,000円

シアトル近郊で働きながら学校に通う文学青年戸村が、仲間たちとともに恋や人生に悩む姿を、自然主義的な作風で濃密に描いた青春群像劇。既婚者である酌婦たちとの恋愛、青年たちは異国において人生の悲哀を味わい苦悶する。サンフランシスコの邦字新聞『日米』に1915年に発表された移民地文芸の代表作。　　　　　　　　　　文庫判・342頁

若林陵一　　　　　　　　　　　　2023.10刊

中世「村」の登場
―加賀国倉月荘と地域社会　　　2,700円

中世後期に出現した「村」社会。その成り立ちには荘園制における領有主体の多元化が関係していた。外部諸勢力の関与、「郡」や「庄」等の制度的枠組とも重なり合うなか「村」はどのように織られていったのか。「村」を〈一個の交渉主体〉として捉え直し考察。A5判・232頁

湯浅直之　　　　　　　　　　　　2023.10刊

私が聞いた福光の昔話
900円

著者は、南砺市舘（福光町）で生まれた。そしてこの地域の戦中戦後、近隣の人達から聞き取った「昔話」の中から愉快な逸話を拾い上げ、温かみのある挿絵を入れて本著とした。文書も福光の方言を交えた話し言葉とし、読みやすくするため文字も大きくした。　A4判・63頁

酢谷琢磨　　　　　　　　　　　　2023.10刊

金沢の景2021
1,800円

植物、名所旧跡、菓子などのカラー画像と解説で綴る一年。①兼六園梅林梅・雪景色②金沢城雪景色③桜④ツツジ⑤薔薇・医王山嵩岩⑥アジサイ⑦兼六園梅林半夏生⑧オミナエシ・フジバカマ⑨名月と曼珠沙華⑩ホトトギス⑪兼六園山崎山紅葉⑫歳末風景。　　新書判・349頁

勝山敏一　　　　　　　　　　　　2023.11刊

元禄の『グラミン銀行』
―加賀藩「連帯経済」の行方　　2,000円

元禄10年（1697）貧民に無担保で金を貸す仕法を開始、日用人たちの米の共同購入、米価高騰期に移出船が港町に米の一部を置いていく仕法と、3つの実践が200年維持された加賀藩新川郡の〈社会的連帯経済〉を初報告。　　　　　　　　四六判・210頁

加藤享子

小矢部川上流域の人々と暮らし
未定

衣食住の多くを自給し、限りなく優しい山人に惹かれて、奥山の橋の掛け方、樹木草花の細々とした利用、昆虫食や嗜食やドブ酒、ちょんがれ踊りや馬耕、干柿や糸挽き唄まで20余年に及ぶ調査と聞き書きの集大成。63の論考。　A4変判・370頁

髙田政公

学校をつくった男の物語
未定

1933年生。苦学して司法・行政書士、土地家屋調査士、宅地建物取引などを開業、33歳でダイエー高岡店用地3000坪買収に成功。その利を測量専門学校創立に傾注し、1973年の北陸開校から10周年・辞任まで波乱の半生を語る。　四六判・150頁

齊藤大紀

"あんま"の歌はビロード色
―津村謙伝　　　　　　　　　　未定

入善町出身の津村謙（1923-61）は、「上海帰りのリル」などのヒット曲によって、戦後の大スターとなった。本書は、富山育ちの青年の心優しい少年が、類まれな美声と努力によって夢をつかみながらも、不慮の事故によって早世するまでの、夢と挫折の物語である。

記憶シリーズ

山村調査グループ編　1995・3刊　2004・11増補

村の記憶 （品切れ）

96年地方出版文化功労賞

2,400円

過疎化が進んでついに廃村となった富山の80村を探訪。元住民の声を聞き、深い闇に閉ざされた村の歴史を振り返る画期的な書。なぜ、村は消えたのか？地図や当時の写真も満載。　B5変判・341頁

竹内慎一郎編　'99・8刊　2008・8再版

地図の記憶

—伊能忠敬の越中国沿岸測量記

2,000円

忠敬が日本全国を測量したのは緯度1度の長さを確定するためでもあった。享和3（1803）年、越中沿岸を訪れた忠敬は何をし誰と会ったか、南北1度の確定と地図化はどのように具体化されたかを道中記と古絵図と文献で解明。　B5変判・250頁

鈴木明子・勝山敏一編　2001・2刊

感化院の記憶

2002年地方出版文化功労賞

2,400円

明治国家が社会福祉分野で初めて予算をつけたのが感化院。不良児の処遇や子ども観の変遷を富山での創立者柴谷龍寛、滝本助造らの足跡にみる。感化院で育った院長の娘（明治44年生）の語りが感化教育の細部を蘇らせる。　B5変判・390頁

齊藤泰助　2001・2刊

山姥の記憶

2,000円

深山に棲む山妖怪「山姥」に関する伝承は驚くほど多い。室町初期成立の謡曲の舞台となった北陸道山中の上路や新潟・長野・飛騨・尾張・奥三河にまで伝承収集の範囲を広げ、金時伝承や機織り伝承、神話や花祭りとの関連を考証する。　B5変判・200頁

草 卓人　2006・2刊

鉄道の記憶

3,800円

明治30年、県内最初の中越鉄道をはじめ、立山軽便鉄道、富山電気鉄道、富山軽便鉄道、神岡鉱山線、砺波軽便鉄道、庄川水電軌道、富山県営鉄道等、全17線の《試乗記》など当時の新聞記事を網羅。建設の背景や経営の評価も。使用写真700点。　709頁

松波淳一　2008・10刊　2010・5定本刊　2015・4重版刊

定本 カドミウム被害百年 回顧と展望

—イタイイタイ病の記憶（改題）

4,200円

世界に拡大するカドミウム被害の発生メカニズム、医学の解説や原因究明、裁判の経過、患者や家族の証言、汚染土壌復元の現状や汚染米の現状、患者認定や資料館設置等、イタイイタイ病「風化させないため」、被害の現状を伝え「拡大させないため」の最新定本版。　606頁

千保川を語る会編　2009・3刊

千保川の記憶

高岡開町400年記念出版

2,800円

砺波扇状地を貫流する大河であった千保川。薪や米や塩を載せた長舟が行き交い、前田利長公の築堤以来、幾万もの人生を映して流れ去った川水を呼び戻すような400点の写真が見もの、100人を超える地元の執筆者による華麗な文化史。　B5変判・465頁

前田英雄編　2009・8刊

有峰の記憶

2,400円

昭和3年（1928）閉村、昭和35年ダム湖に水没した有峰村の歴史と民俗を網羅、分析する。里に出た元村人の子孫に伝わる伝承と写真も掲載。常願寺源流の奥深い山里に千年を生きてきた人々のことを深く知れば、いまの人々もきっと千年は生き延びられる。　B5変判・357頁

おわらを語る会編　2013・8刊

おわらの記憶

2,800円

富山市八尾町に伝わる民謡おわらは謎が多い。そんなおわらの実像を、文献資料を基に調査研究。明治から昭和初期までのおわらの変遷を紹介し、おわらがどのように磨かれていったかを明らかにする。資料編として豊富な資料を収録。　B5変判・429頁

NPO法人 砺波土蔵の会編　2015・7刊

散居村の記憶

—となみ野

2,400円

茅葺から瓦屋根に、牛馬耕から耕転機へ、曲がりくねる道が直線的に、昭和30年代に始まり40年代に奔流となった散居村の変容を身をもって味わった人たちの、郷愁よりも根源的な、追慕と未練から成る記憶80余と写真300枚。　B5変判・349頁

橋本 哲　2022・5刊

蟹工船の記憶

—富山と北海道

2,400円

カムチャッカで海水使用のカニ缶詰の世界初の製造は1917年。その富山県練習船「高志丸」に乗った大叔父の足跡を追い、北海道の県人に会い蟹工船事件を見つめて工場法と漁業法の矛盾を生きた工船に思いを馳せる。　B5変判・240頁

歴史・社会・文化

廣瀬　誠　　　　　　　　　　　　　'84・10刊　'96・5 4版
立山黒部奥山の歴史と伝承
10,000円

立山信仰のカギ姥尊を古代に溯って照明し、立山開山・曼荼羅を史学国学民俗学の成果を駆使して解明。近世近代登山史や奥山廻り究明の日本岳史。
A5判上製・650頁

廣瀬　誠　　　　　　　　　　　　　　　　'96・4刊
越中萬葉と記紀の古伝承
5,500円

大伴家持の国守在任で花開く越中萬葉歌壇。高志の八岐の大蛇、出雲の八千矛神と高志の沼河姫との神婚、今昔物語の立山地獄等、越中を彩る萬葉歌と古伝承の世界を読みとく一書。 A5判・426頁

秋月　煌（そだしゅう）　　　　　　　　　'96・6刊
粗朶集
97年度地方出版文化功労賞
1,500円

富山のある山奥の村に暮らす作者が静謐と純潔の中で紡いだ初の短編集。収められた十三の物語は時に妖しく、どこか懐かしい。これは作者の手で開示された現代の神話だ。 四六判上製・286頁

西川麦子　第26回渋沢賞　　　　'97・9刊　2004・3 2刷
ある近代産婆の物語
—能登・竹島みいの語りより
2,800円

大正期末、門前町で開業した新産婆は出産を大変革。衛生行政と警察、人口政策と戦前、戦後の子産みの激変。みいのライフヒストリーを軸に近代の形成を地域につぶさに見る。被差別者の生業の一つでもあった旧産婆の軌跡にも光。 A5判・350頁

布目順郎　　　　　　　　　　　　　　　'99・6刊
布目順郎著作集（全４巻）
—繊維文化史の研究　　全巻セット 48,000円

氏は世界で最も多く古繊維を見た人と云われ、人骨や刀剣に付着出土する微小な繊維片から素材と産地を分析する。本著作集は繊維史に関する論文158編を網羅、繊維データも完me。総maは767点、総写真793点、付表図95頁。A5判函入・総1876頁

橋本　廣・佐伯邦夫編　　　　　　　　　2001・6刊
富山県山名録
4,800円

岳人94人が３年がかりで県内山名のすべてを網羅《585》座。20世紀後半、雪崩を打って山村は過疎化したが、山村文化の最後の砦は山名。その由来や歴史民俗まで書き及ぶ本書をもって子供たちに《山》のある生活を伝えたい。 B5判・総400頁

串岡弘昭　　　　　　　　　　　　　　　2002・3刊
ホイッスルブローアー＝内部告発者
—我が心に恥じるものなし
1,200円

業界のヤミカルテルを内部告発したトナミ運輸社員が、その後28年間昇格がなく仕事もなかった。残るも地獄、辞めるも地獄、耐え抜いて今、損害賠償請求を求めて提訴。これは身被せられた闘いだ。ホイッスルブロー法を促す痛哭の書。 四六判・228頁

佐伯安一　竹内芳太郎賞　　　　　　　　　2002・4刊
富山民俗の位相
民家・料理・獅子舞・民具・年中行事・五箇山 その他　10,000円

富山民俗の基礎資料を長年にわたり積み上げ、県市町村史に分厚い報告を続けてきた著者の初の論集。民具一つを提示するにも、資料価値をたっぷり残しつつ（写真300点）日本民俗を視野に入れた実に人間あふれた文章で描き出す。 A5判・720頁

読売新聞北陸支社　　　　　　　　　　　2002・7刊
生と死の現在（いま）
1,500円

人間らしい生と死とはどういうことか。高齢化社会における介護問題、終末期医療のあり方、難病をかかえる人の生き方など、多様な視点を紹介し、生と死を通じて命の尊厳を考える。連載記事は「アップジョン医学記事賞」の特別賞を受けた。 四六判・268頁

松本直治（元陸軍報道班員）　　　　　　1993・12刊
大本営派遣の記者たち
1,800円

「戦争がいけない」と言えるのは始まる日まで—東京新聞記者の著者（1912〜95）は1941年末、陸軍報道班員としてマレー戦線へ派遣されるや、シンガポール陥落など日本軍要員の記事を送るしかなかった。井伏鱒二らの横顔を交え赤裸々に戦中の自己を綴る。戦後は富山で反戦記者魂を貫く。 A5判・220頁

泉治夫・内島宏和・林茂 編　　　　　　2005・6刊
とやま巨木探訪
3,200円

巨樹は一片のコケラにも樹霊がこもるという。23人の執筆者が500本余のリストから334本を選択し探訪。幹周・樹高や伝説を記録して全カラー掲載。付録「分布マップ」を手に例えば「暫定日本一」魚津市の洞杉を訪ねよう。 B5変形判・300頁

青木新門　　　　　　　　　　　　1993・3初版 2006・4定本

定本　納棺夫日記

94年地方出版文化功労賞

1,500円

死体を洗い柩に納める、ふと気付くと傍らで元恋人がいっぱいの泪を湛え見ていた─人の死に絶えず接してきた人の静かなる声がロングセラーとなった。生と死を分け過ぎてはいけない、詩と童話を付した定本。　　　　　　　四六判・251頁

海野金一郎　　　　　　　　　　　　　　　　2006・4刊

孤村のともし火

1,200円

1939〜43年、飛騨山中を診療に廻った医師の三つの探訪記。加須良（白川村）では痛切な幼子の弔い話、山之村（阿曽布村）では民俗も探勝、柚が池（高根村）では伝説を詳しく紹介。ほかに民間療法と熊の語。写真満載！　　　　　四六判・160頁

松本文雄　　　　　　　　　　2006・7刊 2014・12 2刷

司令部偵察機と富山

1,500円

太平洋戦争の末期、陸軍最高性能機の生産は空襲を避け富山県の呉羽紡績工場（大門・福野・井波）に移され、さらに庄川町山麓に地下工場を建設すべく─国家が個人を踏みにじるその様は、現・国民保護法の発動時が想像されて緊要なルポ。　四六判・195頁

福江 充　　　　　　　　　　　　　　　　　2006・9刊

立山信仰と布橋大灌頂法会

加賀藩芦峅寺衆徒の宗教儀礼と立山曼荼羅　2,800円

模写関係にある２つの立山曼荼羅の構図や画像と芦峅寺文書の分析から、大灌頂法会として確立される以前の江戸中期の布橋儀式を検討。また、立山信仰の根本の尊々、数珠繰り・立山大権現祭等の年中行事を論じる。　　　　　　A５判・298頁

長山直治　　　　　　　　　　　　　　　　 2006・11刊

兼六園を読み解く

その歴史と利用

3,000円

いつ出来たのか？　命名の経緯は？　宝暦9年の大火で焼失したのか？　現在の姿になったのはいつか？等々、兼六園の歴史には多くの謎がある。藩政期の日記や記録類を手がかりに読み解き、実像に迫る。そこには代々の藩主の姿も浮かび上がる。　A５判・307頁

米丘寅吉　　**2008年地方出版文化奨励賞**　　　2007・2刊

二人の炭焼、二人の紙漉

付・山口汎一「越中蛭谷紙」　　　　　　　2,000円

昭和21年、富山を振り出しに長野県栄村・群馬県東村と夫婦で遍歴、30年で元山に戻る伝統の炭焼、奥の深い技を披露する。故郷のビルダン紙を再興した妻が難病に倒れるとその紙漉を受け継ぐ、深く切ない夫婦の物語。　　　A５判・255頁

山秋 真　**荒井なみ子賞** **やよりジャーナリスト賞**　2007・5刊
　　　　　　　　　　　　　　　　　　　　　　　　2011・8再

ためされた地方自治

─原発の代理戦争にゆれた能登半島・珠洲市民の13年　1,800円

買収、外人攻撃…国家や電力会社の攻勢、地方政治の泥仕合を、都会の若い女性がルポしながら生き方をゆさぶられていく記録。いつの間にか巨悪に加担させられている私たちの魂も揺さぶらずにいない。上野千鶴子教授、激賞！　四六判・271頁

佐伯安一　　　　　　　　　　　　　　　　 2007・10刊

近世砺波平野の開発と散村の展開

8,000円

近世を通じて砺波平野の新田開発がどのように進んだかを具体的に説明し、散村の成立とその史的展開を論証（一〜三章）。庄川の治水と用水（四・五章）。砺波平野の十町（六章）。農業技術史（七章）。巻末に砺波郡の近世村落一覧表。　Ｂ５判・371頁

尾田武雄　　　　　　　　　　　　　　　　　2008・3刊

とやまの石仏たち

2,800円

太子像が多い地区、痩せ仏の多い地区、真宗王国富山県は特色ある石仏の宝庫。30年の石仏研究を重ねた著者が、富山の石仏種のすべてを紹介。秘仏の写真や著者お薦め散策コース、見やすいガイドマップとカラー写真を満載。　　Ｂ５変判・191頁

久保尚文　　　　　　　　　　　　　　　　　2008・9刊

越中富山　山野川湊の中世史

5,600円

神通川上流山域と下流の湊を結んだ鮮烈な巻頭論、喚起泉達録と牛ヶ首用水、院政期堀江荘、小出と金剛寺、崇聖寺と金屋・鋳物師、太田保と曹洞禅、和田惟政文書、陣門流法華帯、土肥氏、佐々成政の冬季ざら越え否定論など、前者から24年、新稿12篇を含む17編。　A５判・487頁

佐伯安一　　　　　　　　　　　2009・2刊 2013・8再版

合掌造り民家成立史考

日本建築学会文化賞

1,905円

60億正三角形の小屋組、合掌造りの発祥は五箇山なのか、飛騨白川郷なのか。氷見の大窪大工はどのように五箇山に入ったのか。江戸期の普請帳などを提示しながら成立過程を明確に論証、いくつかの大疑問に決着をつける。　　A５判・180頁

千秋謙治　2009・11刊

越中五箇山　炉辺史話

800円

平地へとがる峠道、対岸と結ぶ籠の渡、念仏道場を中心とした信仰、塩硝を生産し流刑地であった江戸期、合掌造り集落として世界遺産に登録など、明治になるまでは秘境ともいえた五箇山の暮らしと信仰と歴史を語る。　新書判・228頁

高木千恵・水谷美保・松丸真大・真田信治　2009・12刊

最古の富山県方言集

—高岡新報掲載「越中の方言」(武内七郎)　2,000円

大正期の新聞連載記事。見出し語は延3218語、名詞、動詞、副詞的表現や慣用句、俚諺が扱われている。名詞類は、植物名や農具名、親族名称のほか、地名・字や馬の毛色の表現など多数。地域差や社会階層との関連にも言及。　四六判・352頁

中坪達哉　2010・4刊

前田普羅　その求道の詩魂

第25回俳人協会評論賞　2,000円

「わが俳句は俳句のためにあらず、更に高く深きものへの階段に過ぎず。こは俳句をいやしみしたる意味にあらで、俳句を尊貴なる手段となしたるに過ぎず」普羅の作句精神を、普羅創刊『辛夷』の4代目主宰である著者が伝える。　四六判・240頁

井本三夫　2010・9刊

水橋町(富山県)の米騒動

2,000円

大正7年(1918)富山県米騒動は7月初めに水橋町で起こった。女仲仕や漁師の女房、軍人や目撃者から1960年代と1980年代に聞書きされた50もの証言を組み合わせ全体像を浮き彫りにする。米騒動研究の原点となるだろう。　B5変判・276頁

勝山敏一　2010・11刊

女一揆の誕生

—置き米と港町　2,000円

大正7年、富山県の港町で起こった米騒動は漁師の妻たちの決起。なぜ女性が？　なぜ港町に？　米価高騰時、移出米の一部を貧民に置いていく特別法が天明3年(1793)新潟県寺泊港に創始され、このことと連動してきたことを突き止める。　282頁

太田久夫　2011・7刊

富山県の基本図書

—ふるさと調べの道しるべ　1,800円

地域のことは、国語辞書や百科事典をみても分からない。長年、図書館司書として郷土資料に携わった著者が、富山県のことを調べるために有用な本127冊を取り上げて紹介。生涯学習や学校の総合学習の際の必携書。　A5判・252頁

向井嘉之・森岡斗志尚　2011・8刊

イタイイタイ病報道史

17回ジャーナリスト基金賞奨励賞　3,200円

イタイイタイ病が公害病に認定されて40年余り。明治以降、日本の新聞・雑誌・放送がどのように公害病を報道したのか。「公害ジャーナリズム」の視点から、公害病と向き合ってきたメディアの真の姿を知る報道史資料満載。　A5判・425頁

米田まさのり　2011・10刊

立山縁起絵巻

—有頼と十の物語　1,200円

白鷹を立山に追った有頼が見たものとは。有頼を慕い、禁を破り女人禁制の立山へ足を踏み入れた伏姫の運命は。開山伝説の伝える真実とは。ネパールで発想、立山山頂で完成された創作ストーリー。未来へ結ぶいのちの物語。　A5判・191頁

栗三直隆　2012・2刊

浄土と曇鸞

—中国仏教をひらく　1,800円

六世紀半ば、他力信心を中国で初めて説いた曇鸞(日本の親鸞はその「鸞」字をとる)。山西省五台山近くに生まれ、60歳で玄中寺に居住、各地に赴いて念仏往生を勧めた。その生涯の全貌を初めて詳らかにする全カラーの旧蹟探訪。　A5判・132頁

藤田会編　2012・3刊

富山地学紀行

2,200円

東の立山から南の飛騨、西の能登へ延びる山稜、これら三方は古い岩石で形成、海の海岸に向かうほど新しくなる富山県。川流域ごと11に分け、天然記念物など地学スポット50ヵ所をカラーで紹介。藤井昭二富大名誉教授を囲む12名の執筆。　A5判

松木鴻諮編　2012・10刊

富山の探鳥地

—バードウォッチングに行こう！　2,000円

富山県内32ヵ所のお薦め探鳥地を春から順に紹介。各地で観察できる代表的な鳥たちをカラー写真(70点)で大きく掲載。見るだけで探鳥気分が味わえる。富山県鳥類目録は中級者以上にも役立つ最新棲息情報満載。　A5判・153頁

とやまNPO研究会編   2012·11刊

NPOが動く とやまが動く

市民社会これからのこと

第11回日本NPO学会審査委員会特別賞   3,000円

弱い人が弱さを意識することのない社会、その実現が簡単にいかないのは協同より競争が勝ってしまうからか。市民社会の思想地図とも読める県内NPOの挑戦記録。300グループの基本データも網羅、有志8名分担執筆の力作。　A5判·498頁

柏原兵三（芥川賞作家）   '83刊 2013·2 2版

長い道

  1,900円

太平洋戦末期、父の古里へ一人で疎開した少年。土地っ子の級長が除け者にしたり物語を強制したりさまざまな屈従を強いるが、いじめられっこの魂が爆発、ついに暴力が一篠田正浩監督『少年時代』として映画化された疎開文学の傑作。　四六判·460頁

飛鳥寛栗   2013·4刊

棟方志功・越中ものがたり

  2,000円

「私は富山では大きないただきものをしました。それは南無阿弥陀仏」（自伝）。福光町疎開の6年を超えて、棟方の模索と探究にかかわった中田町の真宗僧侶の懐古記。大作制作依頼から五箇山での『薬当』物語まで13編。　A5変型·全カラー223頁

保科斉彦   2013·6刊

越中草島 狐火騒動の真相

—加賀藩主往還道の農民生活   2,000円

文化8年（1811）6月から翌年4月まで88件もの不審火が発生。「狐火」の真相を肝煎文書に探ると、加賀藩と富山藩が入り混じる村の過酷な宿場負担が浮かぶ。研究者にも驚きをもたらすだろう。挿図写真は全カラー100点余。　B5変型·187頁

長山直治   2013·9刊

加賀藩を考える

—藩主・海運・金沢町   2,000円

マスコミの描く加賀藩の歴史像、たとえば藩が能を奨励したため金沢では能楽が盛ん、と説明されることがあるが、藩が直接町人に能を奨励している史料は確認できず、無条件に奨励されていたわけではない。本書では藩主、海運、金沢町という観点から加賀藩像の実像に迫る。　A5判·304頁

古川知明   2014·3刊

富山城の縄張と城下町の構造

  5,000円

利長が整備した慶長期の富山城。利次が整備した寛文期の富山城。それぞれの城郭と城下町の特色と変遷を、発掘調査の成果・絵図・文書を駆使して明らかにする。また、富山城と高岡城との比較、高岡城の高山右近縄張説を検討。　A5判·393頁

森 葉月   2014·5刊

宗教・反宗教・脱宗教

—作家岩倉政治における思想の冒険   3,000円

岩倉政治は禅学者の鈴木大拙とマルクス主義哲学者の戸坂潤との出会いにより、唯物論の学習に邁進するが、その本領は『宗教か反宗教か』『親鸞かマルクスか』にとどまらず、思想の冒険へと踏み出していくところにあった岩倉の「宗教」は、親鸞の『自然法爾』と結びつく。岩倉の生涯をたどり、その思想と文学を論じた出色の力作。　四六判·367頁

勝山敏一   2015·2刊

明治・行き当たりレンズ

—他人本位から自己本位へ、そして   1,800円

富山郊外を散歩、行き当たりばったりカメラを向け市民の応接を記していく表現記事をていねいに分析、江戸期文明の残影と明治末の富山人の価値観を掬い上げる。高岡新報・井上江花遺族宅に残った原版70点を甦らせたカラー版。　A5判·149頁

盛永宏太郎   2015·8刊

越嵐

—戦国北陸三国志   2,800円

室町幕府誕生から江戸幕府開設当初まで主な戦乱を取り込み、天下を動かした権力者たちの動向と、それに連動した北陸武将の活躍を伝える戦国物語。原則年代順に書かれているので北陸地方の歴史を知る上でたいへん面白い。　四六判·750頁

高岡新報編   2015·9刊

越中怪談紀行

  1,800円

例えば、浮世の味気なさを感じた遊女が身を沈めた「池」が放生津沖の「海」中に今もあるという。奇怪な仕掛けを持ち、庶民のうっ積した情念をみる怪談を集め、100年前の1914（大正3）年に連載された48話を現地探訪するカラー版。　A5判·153頁

真田信治   2016·2刊

変わりゆく時見るごとに

—私のライフステージ   1,500円

握りしめた何円かで初めて飴を買って帰ったら母は「欲しいものは与えるのに」と泣き、お金の働きを知りたかった四歳児は打ち震える。人に伝える難しさ、越中五箇山での幼年から奈良の老年まで言語学者に蘇る記憶はなぜかほろ苦い。　新書判·183頁

富山県建築士会 2016・3刊
建築職人アーカイブ
富山の住まいと街並みを造った職人たち 1,500円

木挽・製材・銘木・大工・宮大工・鋸目立・型枠・鉄筋・鉄工・杭打・粟石・茅葺・土居葺・瓦焼・瓦葺・板金・錺・アルミキャスト・防水・左官・鏝絵・タイル・建具・漆塗・木工・家具・畳工・配管・鑿井・電工・曳方・石貼・石工・造園・看板。36職82名の人物紹介。　A5判・219頁

磯部祐子・森賀一惠 2016・3刊
富山文学の黎明（一）
―漢文小説『蜃洲餘珠』（巻上）を読む 1,100円

高岡の漢学者、寺崎蟠洲の漢文小説『蜃洲餘珠』上巻。『始祖伝説「六治古」』は孝行息子、六治古の話。『毛倩翁』は坊主におちょくられ調子に乗る下女の話。『蟹楼』は悪女の横恋慕で引き裂かれた夫婦が竜宮王の恩返しで救われる話。全17話を翻刻、解説する。　四六判・124頁

神通川むかし歩き編集委員会編 2016・3刊
神通川むかし歩き
900円

かつて富山の町中を流れていた神通川。時々暴れるが豊かな漁場をもち鮎・鮭・鱒が多く獲れた。明治の改修により町中から消えた大河について古老の川漁師に聞書、抜群に面白い話をつむぐ。むかしの神通川を歩いてみよう。　A5判・95頁

山本勝博著、稲村修監修 2016・5刊
ホタルイカ
―不思議の海の妖精たち 1,300円

発光するイカが産卵のため沿岸に集まってくる世界でただ一ヶ所の富山湾中部、とりわけ滑川沖は国の天然記念物に指定。その発光の仕組み、目的、回遊経路など生物学的にわかりやすく解説、100点余のカラー写真を掲載。　B5判・102頁

丸本由美子 2016・6刊
加賀藩救恤考
―非人小屋の成立と限界 3,700円

早期かつ大規模に実施された救恤政策により「政治は一加賀、二土佐」と称されたその実像を検証する画期的論考。寛文飢饉、元禄飢饉、そして天保飢饉、非人小屋創設の経緯を軸に藩政がいかなる展開を見せるかを明らかに。　A5判・264頁

勝山敏一 2016・6刊
北陸海に鯨が来た頃
2,000円

明治初め突然に捕鯨を始める内灘・美川・日末の加賀沿海。定置網発祥の越中・能登では江戸中期から「専守防衛」の捕鯨が。見渡す限りの鯨群が日本海にあったことを実感する初の北陸捕鯨史。『能州鯨descriptor絵巻』や遺品もカラー紹介。　A5判・237頁

竹松幸香 2016・6刊
近世金沢の出版
4,200円

金沢の書肆が関わった出版物と金沢の書肆を悉皆調査し、三都や他地方と比較。俳人・儒者・町人・与力の日記、陪臣の蔵書や『書目』等を分析し、書物の受容と文化交流を検討。加賀藩の文化のあり方を再考する。　A5判・284頁

小倉利丸 2016・10刊
絶望のユートピア
5,000円

なぜ今の日本が、世界が、これほどまでに不安定で脆弱なのか？　ナショナリズムの不寛容、環境と生命を蔑ろにする科学技術、戦争を平和と言いくるめる政治の欺瞞を抉り、分野・領域を超えて絶望の時代からユートピアの夢を探るエッセイ群。　A5判・1250頁

深井甚三 2016・10刊
加賀藩の都市の研究
6,000円

富山藩・大野寺藩も対象にしていて前田藩領社会の研究。第一部：町の形成・展開と村・地域（氷見、八幡、城端、井波）、第二部：環境・災害と都市（氷見、西岩瀬、泊、小杉新町）；第三部：町の住民と商業・流通（井波、大聖寺、金沢、氷見、小杉）。A5判・556頁、カラー口絵6頁

桂書房Casa小院瀬見編集部 2016・12刊
越中　福光麻布
1,800円

砺波郡では八講布という麻布が織られていた。小松絹と並び、加賀藩随一の産品で集散地の名をとり福光麻布と呼ばれてきたが、昭和天皇大喪の礼の古装束布供給を最後に途絶えた。本著のため織機を復元し麻布復活の夢を託す。　四六版・192頁

磯部祐子　森賀一惠 2017・3刊
富山文学の黎明（二）
―漢文小説『蜃洲餘珠』（巻下）を読む― 1,300円

高岡の漢学者、寺崎蟠洲の漢文小説『蜃洲餘珠』下巻。既刊の上巻に続き、源義経一行の狐退治、『義經公』など全25話を翻刻、解説。『蜃洲餘珠』への清の小説『聊斎志異』の影響を論じた一文を附載。　四六判・154頁

経沢信弘
古代越中の万葉料理
2017・5刊
1,300円

プロ料理人が万葉歌と時代背景を分析、古代人の食材への向き合い方は、1300年前の料理を再現。カタクリ・しただみ・鯛・鴨・鮎・すすたけ・葦附・赤米・藻塩・寒天・蘇。当時の土器を用いたカラー撮影。論考も付く。　A5変・93頁

松波淳一
私説・イタイイタイ病は何故に女性に多発してきているか
2017・6改訂
800円

女性は血中の鉄分が少なくカドミウムの吸収率が男の三倍という事実から出発、長年弁護活動を通じて患者たちとイ病を見つめてきた筆者が医学研究の成果をとりいれ男女差形成の過程を分析、新しい問題を提起するに至る。　B6判・104頁

一前悦郎　山崎　栄
関東下知状を読む
弘長二年　越中弘瀬郷
2017・10刊
2,000円

鎌倉時代、越中弘瀬郷（富山県南砺市）に領家と地頭の争いに幕府から下された「弘長二年関東下知状」が伝わる。長文でしかも難解な裁判記録を読み解くうちに今から800年前の郷土の歴史がおぼろげに見えてきた。　A5判・216頁

木本秀樹
越中の古代勢力と北陸社会
2017・12刊
2,500円

北陸道・支道の古代跡の県内発見や三越分割以前の「高志国」木簡などをもとに在地勢力を検討、唐人の越中国補任や「喚起泉達録」の考察、災害古記録を収集し対処法から思想を見るなど、最新の古代北陸像について書き下ろす。　A5判・300頁

高野靖彦
安政飛越地震の史的研究
―自然災害にみる越中幕末史
2018・3刊
2,500円

内陸直下型の安政飛越地震は、越中では家屋倒壊や液状化現象の震害に加え、土石流による洪水を引き起こした。被害と復旧事業の記録から、減災・縮災のための道筋をさぐる。付表に安政飛越地震の被害データベース。　A5判・235頁

阿南　透・藤本武編
富山の祭り
―町・人・季節輝く
2018・3刊
1,800円

秀吉下賜の高岡御車山に始まり城端・伏木・新湊・岩瀬の曳山、福野・砺波の夜高、八尾風の盆、魚津のたてもん、福光のさんさい踊り、福岡町のつくりもんの10の祭り、その運営にまで迫る全カラーの研究レポート。　A5判・250頁

大西泰正
論集　加賀藩前田家と八丈島宇喜多一類
2018・8刊
2,000円

関ヶ原合戦に敗れた備前岡山の大名宇喜多秀家。八丈島に流された秀家親子とその子孫の実像を、加賀藩前田家との関係を通じて明快に復元する。新たな史料を駆使して描かれる没落大名の軌跡。通説を切り崩す研究成果。　A5判・188頁

綿抜豊昭・鹿島美千代
芭蕉二百回忌の諸相
2018・9刊
2,500円

近代俳句史上、重大事であった明治26年「松尾芭蕉二百回忌」について、どのようなものであったか、それに関連する道券集などの出版物にどのようなものがあったかを明らかにした、近代俳句文化を知る上での必読書。　A5判・235頁

米原　寛
立山信仰研究の諸論点
2018・10刊
2,500円

立山信仰研究の論点である開山の概念と時期、信仰景観の変容、立山信仰の基層をなす思想、立山曼荼羅の諸相と布橋大灌頂の思想、山岳信仰の受容と継承・発展の舞台となった宗教村落芦峅寺の活動などから考察する。　A5判・360頁

木越隆三
加賀藩改作法の地域的展開
―地域多様性と藩アイデンティティー―
2019・5刊
4,200円

利常最晩年に実施された改作法には、加能越三カ国一〇郡の地域多様性に配慮した工夫が随所にあった。「御開作」という農業振興理念を掲げ加賀藩政のシンボルとなった改作法の原型にメスを入れ、領民の藩帰属意識に作用した背景に迫る。　A5判・420頁

笠森　勇
堀田善衞の文学世界
2019・10刊
2,000円

文明批評家の視点をもつ堀田善衞、そのユニークな文学世界を概観。人類が築き上げてきた叡智もそこのけにして、いつでも戦争という愚行にはしる人間を描く堀田文学には、類まれなる世界的視野と未来への志向がある。　A5判・255頁

【語り部】小澤浩・吉田裕・犬島肇・山田博・鈴木明子・勝山敏一　2019・11刊

ものがたり〈近代日本と憲法〉
―憲法問題を「歴史」からひもとく　1,600円

歴史研究者と市民の有志が、立場や思想の違いを超えて「憲法問題」を語り合った座談会。執筆者を「語り部」になぞらえ、地域史の視点を盛り込むなど、歴史教科書にない面白さを追求する「近代日本」問題を提起する書。　A5判・170頁

池田仁子　2019・12刊

加賀藩社会の医療と暮らし
3,000円

藩主前田家の医療、医療政策、藩老の家臣と生活、町の暮しと医者、庭の利用と保護、安宅船の朝鮮漂流と動向、村の生活文化など、一次史料を駆使。政治史的視座の必要性を説き、医療文化の呼称を試みる。　A5判・344頁

谷沢　修編　2020・1刊

「平安時代」を読む
―平安遷都の年(794)から源氏挙兵の年(1180)まで―
4巻セット40,000円〔分売なし〕

「大日本史料」と「平安遺文」を背骨に「日本後紀」「続続紀」「文徳天皇実録」「三代実録」「類聚国史」など多数文献から史資料を時系列に立項。「朝家年表」編年目録と総2790頁すべてを検索できるCD付き。　全四巻〔各700頁〕A4判

立野幸雄　2020・5刊

富山文学探訪
2,200円

土地ごとに特産品があるように、その土地ならではの文学作品がある。県内全域から100を超える珠玉の作品と三島霜川・源氏鶏太、野村尚吾ら作家を紹介。また泉鏡花の富山での足跡や作品を探る。　四六判・417頁

盛永宏太郎　2020・9刊

戦国越中外史
2,000円

戦国時代の主に越中と越中に有縁の人々の生き様を軸にして時代の流れを描く。嘉吉元年(1441)の嘉吉の乱に始まり大坂冬の陣と夏の陣を経て、幕府の厳しい監視下で戦争のない天下泰平の世に至った174年間の戦国外史。　四六判・527頁

栗三直隆　2020・12刊

スペイン風邪の記憶
―大流行の富山県
1,300円

新型コロナ流行の現在から100年前、アメリカ発祥のインフルエンザが第一次大戦の人移動によりパンデミックに。日本でも富山県でいち早く大流行、第三波までで41万人感染、死者5500人に。その実態報告を緊急出版！　A5判・117頁

小澤　浩　2020・12刊

ひとと出会う／自分と出会う
1,300円

日本の戦後史・史学史・民衆史を個人史でいわば串刺しにした切れ味鋭い著作(一橋大学名誉教授吉田裕氏の推薦の辞)。安丸良夫・黒田俊雄・竹内好・武田清子・家永三郎・荒畑寒村ほか電気屋のロン氏まで16人を紹介。　新書判・254頁

保科斉彦編　2021・5刊

加賀藩の十村と十村分役
―越中を中心に―
10,000円

「一加賀、二土佐」と評価された加賀藩政は改法、十村制度に負う。越中の農業・農政を担った百姓代官十村役を年別・役別・組別に一覧し、制度の変遷・特色を考える。富山藩十村役も点描、加越能三ヵ国全十村名簿収録。　B5判・1000頁

川崎一朗　2021・11刊

立山の賦
―地球科学から
3,000円

立山とその周辺を近畿中央部と対照しながら、活断層と地殻変動、深部構造と第四紀隆起、小竹貝塚、大伴家持と立山、飛騨山地の地震活動などを絡め地球科学と考古学・古代史の架橋を試み、その最新データを全カラー報告。　B5判・347頁

北陸中世近世移行期研究会編　2021・12刊

地域統合の多様と複合
3,600円

北陸で地域統合が、どのような矛盾・対立、協調・連携のなかで生じ、「近世」的統合(支配)に帰結したのか。渡賀多聞・角明浩・川名俊・塩崎久代・佐藤圭・大西泰正・萩原大輔・中村只吾・長谷川裕子・木越隆三が執筆。　A5判・424頁

三鍋久雄　2022・4刊

立山御案内
3,000円

立山は大宝元年(701)佐伯有頼慈興上人の開山。大伴家持に詠まれて魅力が流布された。史料に見る立山神や仏・経典、書物に見る立山像や石仏・湖沼などが幅広く紹介。今後の基本書となろう。カラー写真図版300点余。　A4判・264頁

桜田芽依　　　　　　　　　　　　　2022·5刊
産んでくれてありがとう
　　　　　　　　　　　　　　　1,000円
「お母さん、私のこと、可愛くなかった？」幼少期より母親からの支配を受けて一人の女性が得た、人生の気づきとは。人々との出会いの中で考えた「与える幸せ」と「与えられる幸せ」について懸命に綴った、ある女性の物語。　　四六判·131頁

富山城研究会　　　　　　　　　　　2022·7刊
石垣から読み解く富山城
　　　　　　　　　　　　　　　1,300円
120万石を統べる近世最大の大名前田利長が築いた富山城。巨石5石を配した圧巻の石垣は、富山藩の改修を経て、富山城址公園に残る。本書は、解体修理工事や発掘での新知見を踏まえ、石垣の散策に必携のカラー案内書。　　B5判·100頁

森越　博　　　　　　　　　　　　　2022·7刊
妙好人が生きる
―とやまの念仏者たち
　　　　　　　　　　　　　　　2,000円
禅学者·鈴木大拙が「妙好人の筆頭」と称えた、赤尾の道宗をはじめ、現代まで富山県からは脈々と妙好人が輩出した。その事績を歴史編と史料編に分け確実な文献にもとづき紹介しつつ、妙好人の現代的意義を考察する。　　A5判·331頁

中明文男　　　　　　　　　　　　　2022·8刊
地域の歴史から学ぶ
―砺波散村を中心に
　　　　　　　　　　　　　　　1,500円
散村地域の形成は中世末から近世にかけてと言われる。肝煎の「過去記」で知る政治と土地開発。義倉にみる飢饉対策は、今日の食糧危機への対応を考えさせられる。幕末から現代まで、身近な地域の歴史から読み解く未来へのメッセージ。　　A5判·156頁

由谷裕哉編　　　　　　　　　　　　2022·9刊
能登の宗教·民俗の生成
　　　　　　　　　　　　　　　2,500円
本書では、「交通·交流」「イーミックな志向」「仏教文化」「生成することへの注目」の4つのポイントを提示し、四人の執筆者がそれぞれの視点から、能登の宗教と民俗に関するこれまでの捉え方の代案を求める。　　A5判·168頁

辛夷社　　　　　　　　　　　　　　2022·9刊
前田普羅　季語別句集
　　　　　　　　　　　　　　　3,000円
『定本普羅句集』および未収録句を精選し、季語別に編集。春·夏·秋·冬の部に分け、月別に季語を収録。巻頭に月別の目次、巻末に音訓索引が付く。作句の参考に最適の書。　　A6変判·295頁

谷沢　修編　　　　　　　　　　　　2022·11刊
「平安時代」の弁官補任の整理
(上) 延暦十三年(794)から寛弘六年(1009)まで
(下) 寛弘七年(1010)から治承四年(1180)まで　10,000円
先編著『「平安時代」を読む』の《弁官》の項の相当部を先行の刊行史料および該当期の史資料などを対校·整理しながら各年の左·右·大·中·少、権弁を逐次掲出し、単独刊行。　　A4判·830頁

とやまNPO研究会　　　　　　　　2022·11刊
新·NPOが動く　とやまが動く
―コロナ禍を越えて
　　　　　　　　　　　　　　　3,000円
人と人との分断を強いる新型コロナウイルスに市民活動やNPO活動はどのような影響を受け、これからどう動き出すのか。取り上げたNPO法人·市民団体67団体、NPOリーダー32人。新型コロナの影響に関する87団体のアンケート結果も掲載。　　A5判·320頁

木越隆三編　　　　　　　　　　　　2022·11刊
加賀藩研究を切り拓くII
　　　　　　　　　　　　　　　4,000円
小松寺庵騒動·流刑·加賀国辞遺文·走百姓·鷹匠·凶作能登·勝興寺·尻姫入輿·測量方·疱瘡と種痘·武家読書記録·国学者田中朝之·在郷町井波·十村威権·風説書分析·軍事技術·京都警衛―18名の論考。　　A5判·473頁

山本正敏編　　　　　　　　　　　　2023·3刊
棟方志功　装画本の世界
―山本コレクションを中心に
　　　　　　　　　　　　　　　4,400円
棟方の赤貧を支えた本と雑誌の装画仕業(しごと)、収録880点、その全貌がここに！「民藝」·保田與重郎·谷崎潤一郎とつらなる戦前·戦後の人脈と装画を全カラーで時系列に並べて一覧できる大型本で、ファン待望の書。石井頼子氏寄稿。　　A4判·296頁

城岡朋洋　　　　　　　　　　　　　2023·5刊
越中史の探求
　　　　　　　　　　　　　　　2,400円
「古代」蚕の真綿が400年も越中特産だったこと、中世飢饉により「立山」地獄が焦点化された様子、「富山近代化」国への建白のほとんどが20代青年であったなど、山野河海に恵まれた越中史の異彩部を発掘する新稿を含む12論考。　　A5判·310頁

日本海／東アジアの地中海　日本海総合研究プロジェクト研究報告1

金関恕/監修　中井精一・内山純蔵・高橋浩二／編　2004・3刊　A5判・300頁　3,000円

アワビを求めて日本海沿岸を移動する古代のアマ集団。冬場、集落をイノシシの狩場にする縄文人。方言の東西対立や音韻現象の分布に見る古代の文化受容。日本海沿岸文化を考古学、人類学、社会言語学などから分析する論考12篇。

日本海沿岸の地域特性とことば　—富山県方言の過去・現在・未来

真田信治/監修　中井精一・内山純蔵・高橋浩二／編　2004・3刊　A5判・304頁　3,000円

ことばは、人に最も密接した文化である。方言地理学・比較言語学・社会言語学等々ことばの分析から、サハリンから九州まで富山県を中心とした日本海沿岸地域を考える論考16篇。日本海総合研究プロジェクト研究報告2。

日本のフィールド言語学　—新たな学の創造にむけた富山からの提言

真田信治/監修　中井精一・ダニエル ロング・松田謙次郎／編　2006・5刊　A5判・330頁　3,000円

中間言語とネオ方言の比較、語彙と環境利用、誤用と言語変化の関わり、談話資料の文法研究、方言談話の地域差・世代差・場面差、方言と共通語の使い分け意識、等々、日本の言語研究の第一線で活躍する22名の論考。日本海総合研究プロジェクト研究報告。

海域世界のネットワークと重層性　日本海総合研究プロジェクト研究報告3

濱下武志/監修　川村朋貴・小林功・中井精一／編　2008・5刊　A5判・265頁　3,000円

一見、障壁のような海は、無関係のように見える各地の人々の生活を結びつける。17世紀初頭朝鮮に伝えられた世界地理情報、生麦事件〜薩英戦争に見る幕・薩・英の関係、シンガポールにおけるイギリス帝国体制の再編、上海共同租界行政、ほか。

東アジア内海の環境と文化　日本海総合研究プロジェクト研究報告5

金関恕/監修　内山純蔵・中井精一・中村大／編　2010・3刊　A5判・362頁　3,000円

石器組成から見た定住化の過程、気象語彙や観天望気にみる環境認識、龍・大蛇説話が語る開拓と洪水、観光戦略とイメージ形成。環境と文化がどのように作用するかを、考古学・言語学・民俗学・地理学・人類学から探る。

人文知のカレイドスコープ　富山大学人文学部叢書1

富山大学人文学部編　2018・3刊　A5判・149頁　1,500円

脳障害の社会学、ダークツーリズム、敬語の地域例、出土仮名文字、内藤湖南と桑原隲蔵、カントの理性批判、犯罪を人文学する、最新アメリカ映画、ドイツ語辞典重要語、甲骨文の普遍性、漢文訓読の転回など12の多分野報告。

人文知のカレイドスコープ　富山大学人文学部叢書II

富山大学人文学部編　2019・3刊　A5判・115頁　1,500円

連続体の迷宮、フランス右翼の論理、ロシア人の死生観、「宇治十帖」とジッド「狭き門」、ルールとは何か、韓国のLGBT、アメリカの生殖を巡るポリティクス、子どもの生活空間と町づくり、音声面での方言らしさの定義等。

人文知のカレイドスコープ　富山大学人文学部叢書III

富山大学人文学部編　2020・3刊　A5判・120頁　1,500円

連体修飾の幻影／英語の所有表現／コリャーク語／『ハムレット』改作／アリストテレス時間論／中央アジア近世史／スェーデン兵の従軍記録／人工知能の社会学／トークセラピー／黒人教会の音楽する身体／人間の安全保障ほか

人文知のカレイドスコープ　富山大学人文学部叢書IV

富山大学人文学部編　2021・3刊　A5判・95頁　1,300円

日本語の運用と継承、1709年のペストとスウェーデン、感染症と人文学、ハーンと感染症、20世紀初頭アメリカの感染症、パンデミックと世界文学、ボランタリーな地理情報の可能性、新型コロナウィルスがもたらす心理。

人文知のカレイドスコープ　富山大学人文学部叢書V

富山大学人文学部編　2022・3刊　A5判・132頁　1,500円

ソマリランドという名称を用いる人々、承久の乱の歴史像、白バラのビラ、翻訳を通した言語対照、ワーキングメモリ、離婚後の親子関係、青少年のコロナ禍、気分・感情のコントロール、歌手・津村謙、母性という隠れ蓑。

人文知のカレイドスコープ　富山大学人文学部叢書Ⅵ

富山大学人文学部編　2023・3刊　A5判・89頁、1,300円

朝鮮語の處格と屬格、日本語の文章ジャンルと文法形式、唐の帝国的支配の構造、貝原益軒の思想、テクスト化された脱北者の語り、漢詩人岡崎藍田がみた中国、出土絵馬の研究。

その他の翻刻・影印本

加賀藩料理人舟木伝内編著集　2006・4刊　A5判・290頁　4,000円

享保10年「舟木伝内随筆」享保17年「料理方故実ói略」享保18年「調禁忌弁略序」安永４年「五節句集解」安永５年「式正膳部集解」寛政６年「ちから草」「力草聞書」「料理ちから草聞書」の翻刻。

〈加賀料理〉考　陶智子・笠原好美・綿抜豊昭編　2009・4刊　A5判・217頁　2,800円

加賀料理を藩主の御前料理に限定して、じぶ・燕巣・麩・豆腐・鱈・鮭・鯛・鯉について考察８編。そしてお抱え料理人・小島為善（1816〜93）の編著から公的な献立・作法を記した『真砂子集』、調理方法をまとめた『真砂子集聞書』を翻刻。付・小島為善—編著集

フラーシェムN・良子 校訂・編集	2016・4刊	200石取り加賀藩士が日々ひろげる交友関係は夥しい。政治向き文化向き多層の武士・町人の往来記録は多様な研究観点に応えよう。元治の変や慶応三年鳥羽伏見の戦い、戊辰の役など、歴史的証言も貴重。詳細な人名註が付く。　A5判・210頁
榊原守郁史記		
—安政５年〜明治22年	2,400円	

監修・長山直治　編者（解読）・髙木喜美子	2011・4刊	加賀藩の奏者番（1650石）をつとめる上級武士の日記の全翻刻（原本32巻は金沢市立玉川近世史料館蔵）。公務や諸藩士の動き、江戸や他藩の情報の出入りから家内の暮らしまで、史料の少ない近世中期の得がたい資料集。綱文・人名索引あり。
大野木克寛日記 (本編６巻＋別巻１)		
—享保元年（1716）〜宝暦４年（1754）	46,000円	

政隣記　津田政隣編、校訂・編集＝読む有志の会（代表 髙木喜美子）　A5判・平均400頁

天文７年から文化11年（編者没年）まで加賀藩政を編年体でまとめた重要史書。公刊の「加賀藩史料」が多くを拠ったもので、誤記・省略点少なからずとされていたところ、校訂者が全翻刻を企画。随時続刊。

—享保元年〜二十年	2013・2刊	3,000円	—寛政二年〜四年	2018・6刊	3,000円
—元文元年〜延享四年	2013・10刊	3,000円	—寛政五年	2019・5刊	2,500円
—延享四年〜宝暦十年	2014・3刊	3,000円	—寛政六年〜七年	2020・1刊	3,000円
—宝暦十一年〜安永七年	2015・2刊	3,000円	—寛政八年〜十二年	2020・5刊	3,000円
—安永八年〜天明二年	2016・4刊	3,000円	—享和元年〜三年	2021・1刊	3,000円
—天明三年〜六年	2017・6刊	3,500円	—文化元年〜二年	2021・6刊	3,000円
—天明七年〜九年	2017・10刊	3,000円	—文化三年〜四年	2023・3刊	4,000円

麦仙城烏岬著　富山郷土史会編	2020・9刊	安政３年（1856）刊の俳諧選集。画工・守美の越中名所図絵31枚を配し、高岡・氷見・新湊・小杉・岩瀬・上市・三日市・泊・滑川・井波・福野・福光・水橋・富山と各地俳人の句を紹介。当時を偲ぶ貴重な歴史史料。　A4判・95頁
「俳諧　多磨比路飛」影印・翻刻	1,600円	

太田久夫・仁ヶ竹亮介編	2022・3刊	幕末に越中高岡の蘭方医・長崎家に生まれ、パリで世界的な美術商として成功、東西美術の交流に尽力した忠正が実家の長崎家に宛てた書簡等52通の翻刻を初公開。付録に忠正関連の文献・記事目録や口述自伝も収録。　A4判・111頁
林忠正等書簡集 （翻刻）	1,800円	

越中資料集成

A5判 上製函入

富山藩侍帳／町吟味所御触書

越中古文書／越中紀行文集

喚起泉達録・越中奇談集

黒部奥山廻記録

旧新川県誌稿・海内果関係文書

越中真宗史料

越中立山古記録 I・II・III・IV

城郭図面集

佐伯哲也　2012・5刊
越中中世城郭図面集 II
―東部編(下新川郡・黒部市・魚津市・滑川市)　2,000円

全国の中世城郭を調査してきた著者が、富山県の城館を紹介するシリーズ第2弾。鎌倉時代以降に築城され慶長20年(1615)以前に廃城となった東部の中世城郭41ヵ所を、松倉城(魚津市)を中心に縄張図や故事来歴で解説。　A4判・81頁

佐伯哲也　2013・11刊
越中中世城郭図面集 III
―西部(氷見・高岡・小矢部・砺波・南砺)・補遺編　5,000円

鎌倉期以降に築城、慶長20年(1615)以前に廃城の県西部の城館85ヵ所の縄張り図を掲げ、故事来歴も解説。有名な増山城や高岡城は特別増頁で紹介。これで219ヵ所を網羅することになるファン待望の三巻目完結編。　A4判・277頁

佐伯哲也　2015・8刊
能登中世城郭図面集
4,000円

旧能登国(珠洲市・輪島市・能都町・穴水町・志賀町・七尾市・中能登町・羽咋市・宝達志水町)の城郭119城を、すべて詳細な縄張図を添付して紹介。加えて文献史学・考古学の最新成果も解説。能登城郭を一覧できる決定版。　A4判・274頁

佐伯哲也　2017・3刊
加賀中世城郭図面集
5,000円

「百姓の持ちたる国」加賀国では一向一揆城郭と織田軍城郭がいりみだれて存在、最新知見をとりこみ従来報告の多くを訂正する。初源的な惣堀の残る和田山城(能美市)、北陸街道を扼する堅田城(金沢市)など63城、他28遺構。　A4判・229頁

佐伯哲也　2018・5刊
飛騨中世城郭図面集
5,000円

三木・江馬・姉小路氏が激突した舞台の城郭を、新視点から切り込み、新説を多く取り入れ解説。特論「松倉城の石垣について」は従来説を大きく覆す。全114城に詳細な平面図・推定復元図を添付して説明するので研究者必携。　A4判・300頁

佐伯哲也　2019・7刊
越前中世城郭図面集 I
―越前北部編
(福井県あわら市・坂井市・勝山市・大野市・永平寺町)　2,500円

詳細な縄張図を付した中世城郭51城。ほぼ無名だった越前北部の城郭を新視点から優れた城郭だったことを証明。また特論で、馬出曲輪の存在が朝倉氏城郭の特徴の一つという新説も発表。越前研究必携の3部作第1作。　A4判・143頁

佐伯哲也　2020・8刊
越前中世城郭図面集 II
―越前中部編(福井市・越前町・鯖江市)　2,500円

全53城館。有名な朝倉氏代々の居城・一乗谷城の詳細な縄張図はもちろん、谷を包囲する出城・支城すべての縄張図を紹介(足掛け30年を要した)。一乗谷城に関する特論(新説)も記載して、朝倉氏研究必携の一冊。　A4判・165頁

佐伯哲也　　　　　　　　　　　　　　　　　2021・12刊
越前中世城郭図面集 Ⅲ
―越前南部編
（越前市・池田町・南越前町・敦賀市）　3,000円

怨み文字瓦が出土し、さらに初期天守の貴重な遺構のある小丸城。豊臣秀吉の名を高らしめた金ケ崎城、北陸・近畿の分岐点となる木ノ芽峠城塞群など、名城・堅城を満載。越前シリーズの完結編。　　　　　　　　　　　　　　　　A4判・189頁

佐伯哲也　　　　　　　　　　　　　　　　　2022・10刊
若狭中世城郭図面集 Ⅰ
―若狭東部編（美浜町・若狭町）　3,000円

北陸図面集シリーズの完結編。東部として、美浜町・若狭町の中世城郭54城を紹介する。『国吉籠城記』で有名な国吉城や、朝倉軍が築いた陣城群、織田信長が宿泊した熊川城等を詳細に記載する。若狭中世城郭研究待望の一冊。　A4判・120頁

桂新書　● 本体800円

1 勝興寺と越中一向一揆　久保尚文 '83・10刊 '90三刷 180頁

前身土山坊、兄弟寺の井波瑞泉寺、二俣本泉寺に深くたち入り、文明13年一向一揆とのかかわりを分析し、加賀教団・一向衆徒、守護勢力などとの拮抗の中から越中教団の頂点にのしあがっていく勝興寺の発展原理を析出し歴史像を提示する。

11 加賀藩の入会林野　山口隆治 '08・12刊 171頁

村の負担する山銭に応じて加賀藩は林野の利用を認めたが、入会山地の地割も行ったので百姓の所有意識は地域によって異なった。引地と切高の関係を含めて入会地は誰のものかを分かりやすく解説。

13 油桐の歴史　山口隆治 '17・5刊 157頁

種一斗から油が三升とれたというアブラギリ。ゴマ・エゴマ・菜種・綿実について灯用や食用をになってきたその生産実態を近江・若狭・越前・出雲・加賀・上総・駿河などに探り、販売や用途を含めて昭和30年代までの大要を解明。

14 加賀藩の林政　山口隆治 '19・8刊 155頁

農政改革に成功した加賀藩は、林政では成功したのか。森林管理の実態とともに、これまで取り上げられてこなかった建築土木用材や漆器用材、製塩燃料、陶器燃材などの林産物の生産・流通を明らかにすることで、加賀藩の林政に迫る。

15 越中・能登・加賀の原風景―『俳諧白嶺集』を読む　綿抜豊昭 '19・8刊 150頁

「息災に薬打つ音や梅の花」老親の元気を気付かれぬよう窺うこの句、人の感情にも歴史があると気づかせる。明治期『俳諧白嶺集』から現代とかなり異なる暮らしの感情をひろいだし、私たちはどこから来たのか、原風景を探る。

16 明智光秀の近世―狂句作者は光秀をどう詠んだか　綿抜豊昭 '19・9刊 173頁

明智光秀は、江戸時代、どのような武将と思われていたのか。光秀を詠じた狂句（川柳）を編集し、その解説をほどこすことによって、近世の「明智光秀像」を明らかにした本書は、日本文化における人物像の形成の仕方を知るに必見。

17 七尾「山の寺」寺院群―豊かなるブッディズムへの誘い　酢谷琢磨 '22・4刊 300頁

密集する浄土宗3、曹洞宗4、日蓮宗6、法華宗1、真言宗1、合わせて16の寺について由緒・本山・開基・本尊・重要文化財を解説、寒中水行から紅梅・桜・涅槃会、牡丹・ツツジと、花と行事が重なり移る様子を宝重する参詣ガイド。　　　　　　　　　　　　　　　　　1,000円

18 加賀の狂歌師　阿北斎　綿抜豊昭 '22・5刊 193頁

文化文政期に活躍、もじりと縁語の躍る狂歌集の中で最も写本の多いのが「あほくさい」左源次の歌集。そこから約150首を紹介して、笑いが人々を仕合せにした江戸期と、笑いに不寛容になりつつある現代とを浮き彫りにする。

ちょっとした記文

古代神話の世界はたいへん面白く、つい引き込まれてしまう。越中では大国主命が活躍し、砺波郡では、越中一宮・高瀬神社の祭神は大国主命である。そして南砺市高宮にある比咩神社は、大国主命と多紀理昆命(九州沖ノ島の祭神)の間に生まれた下照姫命。医王山(いおうぜん)には大国主命の国造りを手伝った、少名昆古那命が祭られている。大国主命の神話は特に面白く、大国主命を訪ね島根県から鳥取県を良く旅する。この地域の霊峰は大山(だいせん)であり、この地域では山を「やま」と呼ばず「せん」と呼ぶことが多い。

色々考えながら、大国主命のお妃、三穂津姫命と大国主命の子、事代主神が祭られた三保神社に向かっていた時でふと海を眺めると海面遥かに大山が見えた。そしてあっと思った。その姿は医王山そのものではないか。なるほど謎の一つが解けた。

(堀)

ひとは日々「忘れない」ことに執心して生きかけると、つい、懐かしく見つめしまうことがある。傷つけられた思い出の反芻から切れた調味料の心配まで、安心するために前頭葉を大稼働している。

と、蝶が夢中で蜜を吸っていた。その様子を立ち止まって見ていたが、蝶が次の花へと飛び立っていった時、ふいに後ろを振り返っていた。別の蝶が蜘蛛の巣に掛かって喰われていた。私の体を軸に挟んでこのように存在している事を、何となく覚えていような気がした。けれど大切なことは忘れていくような気がしている。だから、ここの記文に書いて遺しておくことにした。世界のすべてはきっとどうでもいい。だけどわざわざ留めては意味を叫び、栄養にしようとして私たちは生きのびてきたのかもしれない。文字はまさしく人間の業だ。いつかその業が消えゆくのかは知らないが、「忘れたくない」——ひとという願いの種を憶う。

(実)

高校時代に電車通学だった私は、学校帰りに、ほぼ毎日、駅の二階改札の前にあった書店で電車がくるまでの時間を過ごしていた。おかげでお小遣いのほとんどは文庫本と漫画にかわり、当時のあの書店の売り上げにかなり貢献していたのでは…。同じように電車を待つ友達と棚を眺め、時々手に取っては、この本が面白いだとか、この作者が好きだと話すのは、とても幸せな時間だった。そんな時間を過ごしたことは、今、私が本に関わる仕事をしていることと無関係ではないと思う。ちなみに、当時あの書店には入口の正面に、小社の本が並ぶコーナーがあった。レジにも近く、とても目立っていたのでよく本が売れたのだと、と勝手に想像している。残念ながら今は駅の中に書店はない。

(圭)

小社の本を書店〈富山県外〉で御注文いただく場合は「地方小出版流通センター扱いの本」とお申し込み下さい。
なお、直接注文も承りますので、下記へ御連絡下さい。
●書店の方は「地方小出版流通センター」へ。
FAX〇三(三二三五)六一八二
●本通信の価格表示は「本体価格」です。

桂通信 NO.65　二〇二三年十月一〇日発行
発行 桂書房　編集 勝山敏一
〒930-0103 富山市北代三六八三ノ一一
TEL〇七六(四三四)四六〇〇　振替〇〇七八〇ー四ー一六七　FAX〇七六(四三四)四六一七

目的
この法人は、広く一般市民に対して、子どもと親の健全育成に関する事業などを行い、地域社会に寄与することを目的とする。
この法人は、障がい者が地域で自立し、充実した生活が送れる社会の実現を図るため、障がい者の自立生活支援に関する事業や、障がい者の福祉に関する啓発・広報事業を行い、ノーマライゼーション社会の実現に寄与することを目的とする。
この法人は、受益者負担の精神と自主運営に基づいた地域密着型の生涯スポーツの拠点組織として、多世代、多種目、多目的なスポーツ及び文化メニューを地域住民に提供することにより、子供たちの健全な心身の育成に寄与し、生涯にわたりスポーツに親しみ、元気で連帯感あふれる「まちづくり」に資することを目的とする。
この法人は、高齢者、障害者（児）、児童に対して、居宅福祉サービスに関する事業を行い福祉の増進に寄与することを目的とする。
この法人は、小矢部市を中心とする地域住民に対してスポーツ・健康づくり活動と文化活動の振興に関する事業を行い、会員が健康の保持増進を図り、親睦を深められるようにするとともに、会員のみならず地域住民の健全な心身の育成に寄与することを目的とする。又、そのことを通して活力あるまちづくりに貢献することを目的とする。
この法人は、立山地域とネパール国エベレスト地域で活動する人々に対して、山岳を基調とした教育、文化、登山、自然環境保全等に関する交流支援事業を行い、両地域の国際交流に寄与することを目的とする。
この法人は、南砺市周辺に住む人や訪れる人に対して、世界文化遺産に登録された合掌造りのある五箇山を核として、富山の文化と環境が共生する地域経済や次世代の人づくりに関する事業を行い、地域の活性化とより良い社会の発展に寄与することを目的とする。
この法人は、乳幼児・障がい者（児）・高齢者をはじめとする地域に住むすべての人々に対して、楽しみや生きがいを持ちながら住みなれた地域で暮らして行けるよう、在宅福祉サービスに関する事業等を行い、福祉の増進に寄与することを目的とする。
この法人は、会員及び地域住民に対して、文化・スポーツ活動の振興に関する事業を行い、地域の活性化を図るとともに、会員及び地域住民の健全な心身の育成に寄与することを目的とする。
この法人は、日本国と中華人民共和国両国民の間の相互理解と友好関係を増進するため、富山県民及び国内外の中国人に対して友好交流及び相互理解推進事業を実施し、もって日本とアジア及び世界の平和と繁栄に貢献することを目的とする。
この法人は、障害者総合支援法に基づく障害福祉サービス事業を行い、福祉の増進に寄与することを目的とする。
この法人は、主に女性と子どもに対して、保健、医療に関する事業を行い、その健康（身体的・精神的・社会的に良好な状態であること）の増進に寄与することを目的とする。

法人名称	代表者名	主たる事務所の所在地
越路まちづくり協議会	髙瀬　米光 （清算人）	＜解散＞
よらんまいけ	黒田　弘美 （清算人）	＜解散＞
南砺の山々を守る実行委員会	桃野　忠義	南砺市高儀３８７番地の４
ささえ愛	岡本　繁良	富山市中島三丁目１番１号
ケアマネジメントかがやき	新田　和子	黒部市生地神区４９５番地３
ワークハウス劒	内山　太一	中新川郡上市町中江上９９番地１
富山カウンセリングセンター	櫻井　ひろみ	富山市大泉本町一丁目２番３号大泉ビル３３
れいんぼーみさき	寺田　秀雄	富山市針原中町９０５番地
南砺市医師会	矢島　眞	南砺市荒木１５５０番地南砺市福光庁舎別館４階
住環境工事研究会	宮崎　外男	＜転出＞
茶道清風の会	辻　やす子	高岡市伏木中央町１番１２号
やすらぎ	杉山　多恵子	富山市町村５３番地６
まちなかライフスタイル研究会	室伏　昌子	富山市五福５３１番地

この法人は、調和のとれた南砺地方の自然環境を自らの手で守り、次代にその意義と価値を伝えるとともに、南砺市全体の山々を守る広葉樹林再生事業を通じて、身近な場所の保全が地球全体の環境を守る最良の方法であるという意識を広め、市民の自然との共生意識向上と地域社会の良識ある発展を促し、随時にＮＰＯ・行政・企業との真摯なパートナーシップを結ぶことにより、周辺自然林の恩恵を感じる生活空間を構築できるような市民社会の実現に寄与することを目的とする。

この法人は、援助を必要とする高齢者等に対して、訪問介護及び居宅介護支援等に関する事業を行い、利用者の自己実現を支援することをはじめとし、ノーマライゼーションの理念のもとに地域社会に福祉文化が浸透するために必要な活動を行うことを目的とする。

この法人は、高齢者等に対して、介護保険の理念に基づく在宅介護の相談・援助に関する事業を行い、高齢者福祉及び地域福祉の推進に寄与することを目的とする。

この法人は、障害者及び高齢者が、個人の尊厳を保持しつつ、地域で自立した生活を営むことができるよう社会参加を支援し、多様な事業や活動を行うことにより、誰もが安心して暮らせる福祉の町づくりの推進及び地域福祉の増進に寄与することを目的とする。

この法人は、原則として富山県内に居住する人々並びに会員に対して、カウンセリングに関する事業を行い、心のケア並びにカウンセリング技術の習得と普及を図ることをもって社会福祉に寄与することを目的とする。

この法人は、障害を抱える人々が、地域で当たりまえに生活していけるような社会参加促進事業を行うことにより、障害者福祉、地域福祉の増進をはかり、地域全体の利益に寄与することを目的とする。

この法人は、南砺市における、公衆衛生の向上及び医学技術の発達普及を図るため、情報提供、講演会等の開催、地域医療に関する連絡調整及び医療関連施設への助成等を行い、もって住民が安心して暮らせる地域保健医療の環境整備に寄与することを目的とする。

この法人は、青少年や次代を担う子供たち並びに一般社会人に対して、茶道の精神に基づいてより豊かな日常生活の創出に関する事業を行い、社会教育活動に寄与することを目的とする。

この法人は、精神障害者に対して、地域の一員としてさりげなく、自由に生活していく場を提供し、地域生活支援事業及び社会復帰や社会参加の促進を図るための事業を行い、障害を抱える人たちの福祉の増進に寄与することを目的とする。

この法人は、おもに県内に住む幅広い年代層の生活者に対してまちなかで暮らす魅力や重要性を知ってもらうため、まちなかで安心して暮らせる良質な暮らし方の提案や、新しい生活スタイルの研究及び支援事業を行うことで、まちなかの賑わい創出と富山らしい魅力あるまちづくりに寄与することを目的とする。

法人名称	代表者名	主たる事務所の所在地
なんと-eユビキタスネットワーク協議会	北村　孝志 （清算人）	＜解散＞
上野方地域活性化協議会	馬場　均 （清算人）	＜解散＞
松倉地区バス運行協議会	道音　唯夫 （清算人）	＜解散＞
F-site	稲林　忠雄	富山市下冨居二丁目７番３７号
買物くらし応援団	田向　晴夫	高岡市大坪町三丁目７番３１号
憩いの家	片町　隆夫	高岡市高陵町８番４９号
アートセッションとなみ野	木村　正和 （清算人）	＜解散＞
日本吟謡歌曲舞踏総連盟	伊藤　幸雄 （清算人）	＜解散＞
ゆめさぽーとらいちょう	本田　徹	富山市蜷川１５番地
あすなろ滑川	島川　進	滑川市野町１６５６番地
工房ジョ・イン	石黒　信治	高岡市佐野新町１６６６番地
黒部市ひまわり福祉作業所	松岡　洋 （清算人）	＜解散＞

この法人は、高度な技術と豊富な経験を有する会員相互の協力により、一般市民に対して映像および演劇などをはじめとする芸能に関する分野を機軸にした文化の向上を図るための調査研究・教育普及を幅広く行うとともに、市民や各種団体に助言や提案、支援・協力を行うための仲介役として機能し、自らも新たな文化の創造、スポーツの振興、次世代を担う人材の育成を推進することをもって社会教育、健全なまちづくり、市民生活の向上とホスピタリティーの醸成、国際協力等の公益の増進に寄与することを目的とする。

この法人は、少子高齢化社会が現実化してくる今日、毎日のお買物が負担と感じる一人住まいの高齢者、子育て中で日々の買物が出来ない人々に対して、買物を代行するサービスや自宅までお届けする事業を行い、我々が社会に役立ち、働き甲斐に対して充実感を感じる事業を推進し、もってすみやすい街づくりに寄与することを目的とする。

この法人は、障害者が地域社会で自立し充実した生活を送れるよう、自立支援及び社会参加事業を行い、地域社会に対し障害者の福祉に関する啓蒙、広報を行い、ノーマライゼーション社会の実現に寄与することを目的とする。

この法人は、障害を乗り越えて自立したいという夢を持つ人たちや、その人を支え続ける家族の人たちに対して、自立の夢を限りなくサポートする会である。障害を抱える人たちが、地域であたりまえに生活していけるような社会の実現を図るため、自立支援に関する事業や、障害者の福祉に関する啓発・広報事業を行い、社会福祉の増進に寄与することを目的とする。

この法人は、回復途上にある精神障がい者が、地域で自立し社会復帰が出来るように、自立生活支援に関する事業を行い、ノーマライゼーション社会の実現に寄与することを目的とする。

この法人は、障害者に対して、障害者が地域で自立し、より充実した人生を築くことができるよう、障害書の自立支援及び社会参加に関する事業や、障害者の福祉に関する啓発・広報を行い、ノーマライゼーション社会の実現に寄与することを目的とする。

法人名称	代表者名	主たる事務所の所在地
ワークホーム悠々	片町　隆夫	射水市三ケ３７２１番地８
えいぶる	神島　健二	高岡市城東一丁目９番２９号
安靖氷見共同作業所	嶋尾　正人	氷見市阿尾９５番地
北陸福祉会	高澤　和浩	南砺市二日町２０８５番地１３
森林総合支援センター	鶴巻　登志広	富山市婦中町鶚谷７番地
市民オンブズ富山	青島　明生	富山市堀端町１番１２号
まま	木村　吉秀	砺波市庄川町金屋２８３３番地１
とやま市民水車を創る会	竹内　肇 （清算人）	＜解散＞
つくしの森	酒井　幸子 （清算人）	＜解散＞
富山あさひ会	中田　隆志	富山市東黒牧270番地３
わかくさ会	吉田　兼三	魚津市大光寺1010番地14
あかりハウス	田中　和弘	富山市安養坊６７９番地２号
おおしまスポーツクラブ	島上　淳	射水市新開発３００番地大島体育館内
しもむらスポーツクラブまいけ	芝田　次男	射水市加茂中部８４３番地

目的
この法人は、精神障害者やその家族及び地域住民等に対して、精神障害者等が自立した日常生活・社会生活を営むことができるよう、普及啓発や相談・生活訓練等に関する事業を行い、障害者も健常者も共に安心して生活ができる地域社会の実現に寄与することを目的とする。
この法人は、障がい者に対して、就労支援や福祉サービスに関する事業を行い、地域のノーマライゼーションの実現に寄与することを目的とする。
この法人は、障害者に対して、障害者が地域で自立生活できる社会の実現を図るため、障害者の自立支援に関する事業や、社会参画推進事業を行い、社会福祉の増進に寄与することを目的とする。
この法人は、高齢者や障害者等に対して、地域で自立した生活を営んでいくために必要な事業を行い、地域社会の福祉の増進を図り、広く公益に寄与することを目的とする。
この法人は、幼稚園児から成人に対して、自然環境教育に関する事業を行い、環境保全の啓蒙に寄与することを目的とする。
本会は、地方公共団体等にかかわる情報公開を推進させ、不正・不当な行為を監視・是正し、もって健全な住民の自治、住民によるまちづくりに寄与することを目的とする。
この法人は、高齢者、障害者（児）をはじめとした地域のみなさまに対して、福祉事業を行い、公共の福祉の増進に寄与することを目的とする。
この法人は、障害者に対して、障害者が地域で自立生活できる社会の実現を図るため、障害者の自立支援に関する事業や、障害者の福祉に関する啓発・広報事業を行い、社会福祉の増進に寄与することを目的とする。
この法人は、障害者・児に対して、障害者・児が地域で自立生活できる社会の実現を図るため、障害者・児の自立支援に関する事業や、障害者・児の福祉に関する啓発・広報事業を行い、社会福祉の増進に寄与することを目的とする。
この法人は、障害者に対して、障害者が地域で自立生活できる社会の実現を図るため、障害者の自立支援に関する事業や、障害者の福祉に関する啓発・広報事業を行い、社会福祉の増進に寄与することを目的とする。
この法人は、スポーツの場と機会を提供することで会員をはじめとする地域住民の健康の保持増進を図り、スポーツ・文化活動を通じて地域の明るい・健康的なまちづくりに寄与することを目的とする。
この法人は、会員及び地域住民に対して、スポーツや文化活動の普及啓発活動を展開することにより、健全な心身の育成と相互の交流を図り、健康で活力ある地域づくりに寄与することを目的とする。

法人名称	代表者名	主たる事務所の所在地
こすぎ総合スポーツクラブきらり	三上　久男	射水市黒河７１２番地
となみ野後見福祉会	穴田　清	小矢部市綾子5596番地
遊・Ｕクラブ	石黒　光祐	高岡市福岡町三日市５７９番地１
ネットワークアシストたかおか	澤村　力也	高岡市京田４０９番地
山田の案山子	若林　秀美	富山市山田小島２６００番地
やつおスポーツクラブ	石森　正人 （清算人）	＜解散＞
山の店	片山　則光	小矢部市荒間６６３番地
わかくさ	加瀬　愛子 （清算人）	＜解散＞
だいもんスポーツクラブ	山崎　秋夫	射水市二口３１４２番地
わいわいサポート	清水　剛志	富山市大場９８番地３
みどりの風	本田　徹	富山市丸の内二丁目３番８号
とやま医薬・健康情報ライブラリーネットワーク	酒井　秀紀	富山市杉谷２６３０番地

目的
この法人は、射水市小杉地区を中心とする地域住民に対して、健康・スポーツに関する普及啓発活動を展開する事業を行い、地域住民の健康の保持増進、青少年の健全育成、地域の活性化を図り、地域住民一人ひとりの社会生活の創造、人が響きあうまちづくりに寄与することを目的とする。
この法人は、障害者及びその家族に対し、障害者の人権擁護並びに成年後見制度に関する理解啓発事業等を行い、障害者福祉に寄与することを目的とする。
この法人は、地域住民に対して、スポーツ活動の振興に関する事業を行い、会員の資質向上及び会員相互の親睦と交流を図り、会員のみならず子どもから高齢者まで、地域住民の健全な心身の育成に寄与することを目的とする。
この法人は、高岡市周辺住民に対して、情報リテラシーの向上や、情報ネットワーク社会を生きるための知識の習得やモラルの醸成、といった地域の情報化に貢献する諸事業を行い、市民生活の質的向上と地域の活性化に寄与することを目的とする。
この法人は、近郊の都市住民に対して、山田地域内での自家用農産物やそれらを用いた加工食品の販売、及び特産加工品の研究開発、都市住民とのふれあい交流を促進する事業を行うことで、お年寄りの生き甲斐に繋がるとともに活き活きした地域社会の形成に寄与し、又、地域産物の販売を通じてまちづくりの推進を図ることを目的とする。
この法人は、南谷地区を中心とした周辺地域住民に対して、森と木や食文化等を通じて都市と山村の交流、地域のコミュニケーションの促進、環境の保全などの実践事業を行い、心豊かに安心して支えあうことのできるまちづくり及び里山の保全に寄与することを目的とする。
この法人は、地域住民に対して、スポーツ・健康づくり活動の振興に関する事業を行い、会員の健康の保持増進を図り、親睦を深められるようにするとともに、会員のみに限らず、地域住民ひとり１スポーツの実践を目指し、健康づくり、仲間づくり、地域づくりに寄与することを目的とする。
この法人は、年齢・障害を問わず市民等に対して、福祉の相談・援助・啓発に関する事業を行い、地域福祉の増進に寄与することを目的とする。
この法人は、一般市民に対して、保養の多角的な実践と調査研究に関する事業を行い、より良い心身の休養、知識の習得、相互援助、並びに健康促進のための人材の育成に寄与することを目的とする。
この法人は、薬学教育の充実に関する支援と教育研究資源の活用による地域企業支援、医学教育の充実に関する支援と教育研究資源の活用による地域医療関係者支援、和漢医薬に関する総合情報システムの構築と活用及び医薬・健康情報提供システムの構築による保健医療人・健康業関係者の生涯学習環境基盤整備、県民への情報サービス等に関する事業を行い、学生・地域企業・保健医療人・健康業関係者の支援、県民の健康づくり等に寄与することを目的とする。

法人名称	代表者名	主たる事務所の所在地
すずかぜ工房	笹原　健司	富山市城村１４７番地の３
坪野北山バス運行協議会	清河　茂雄 （清算人）	＜解散＞
元・気・楽	平井　元	中新川郡上市町丸山１１番地
魚津市西部地域振興協議会	江幡　岩雄	魚津市下椿８番地
野の花	山田　和子 （清算人）	＜解散＞
道しるべの会	栗原　啓允	高岡市問屋町５３番地２
天神地域活性化協議会	中田　進 （清算人）	＜解散＞
北陸パフォーマー協会	川添　和寛	富山市呉羽町3595番地
キャリアシストジャパン	尾山　謙二郎 （清算人）	＜解散＞
Ｎプロジェクトひと・みち・まち	大坪　久美子	高岡市東下関６番15号
松桜閣保勝会	川村　昭一	黒部市若栗１１８０番地１

目的
この法人は、何らかの障害を持つ人に対して、その生活全般の支援に関する事業等を行い、社会の福祉の増進に寄与することを目的とする。
この法人は、介護が必要な高齢者・障害者（児）・乳幼児に対して、在宅支援サービスに関する事業を行い、福祉の推進に寄与することを目的とする。
この法人は、魚津市西部地域を中心とした住民及び当地域や魚津市を訪れる人々に対して、地域の交流と活性化に関する各種事業を行い、「活動拠点づくり」の実現と元気で魅力ある地域づくりに寄与することを目的とする。
この法人は、身寄りのいない人や身寄りがいても頼りにできない人、また高齢の人や障害を持った人のために、家族に代わって悩み事や心配事の相談に応じてトータルな支援を行い、元気なうちの日常から人生の終末を迎える最後のときまで安心して生活ができるように、人生の「道しるべ」となることを目的とする。
この法人は、広く一般市民に対して、大道芸、マジック、音楽、舞台芸術、伝統芸能等の表現活動の普及、振興に関する事業を行い、前記各種表現活動を行う者等への出演要請の窓口となることを通して、地域活性化、賑わい創出、福祉活動の促進に寄与することを目的とする。
この法人は、女性の視点をいかしたひと・みち・まちづくりを推進するために、以下のことを目的とする。 （1）私たちの生活基盤である自然生態系を大事に活かすこと、暮らしやすい社会環境を整えること、併せて、これらを促進する循環経済を成り立たせること、この3つがバランスよく連動する地域社会を追求する。 （2）人間が人間として尊重され、誰もが個々の可能性を発揮できる男女平等・共同参画社会の形成を促進する。 （3）道路や施設など社会資本整備の質的転換について具体的場面を通して考え、思いやりや楽しさを感じるまちの環境を創造する。 （4）官・民・産・学など様々な立場の人の得意分野を活かすため、コミュニケーションとネットワークづくりを促進し、互いに知恵を出し合うことでよりよいものを生み出す。 （5）子ども、孫、その次へと、持続可能な未来をみすえた責任ある地域づくりを進める。
この法人は、黒部市指定文化財である「松桜閣」及び「松桜閣庭園」の維持・管理並びに保勝に関する事業を行い、地域社会の文化の発展に寄与することを目的とする。

法人名称	代表者名	主たる事務所の所在地
経田道下地区バス運行協議会	葉勢森　正之 （清算人）	＜解散＞
ＳＥＩＢＵスポーツクラブ	大野　榮作	砺波市柳瀬２４１　西部体育センター内
ＵＯＺＵ　ＦＯＯＴＢＡＬＬ　ＣＬＵ Ｂ	大崎　浩二	魚津市北鬼江３２０
日本タッチウェルネス協会	乙津　馨	富山市根塚町三丁目７番１号
Ｊａｍ	柴田　万希子	高岡市宮田町２１番地２３号
富山県フットサル連盟	大野　浩伸	富山市新根塚町一丁目１番62号
富山県ロシア人材交流友好協会	表嶋　宏昌	富山市城川原三丁目３番４０－２０１号信 開ドムス城川原
労働安全衛生支援センター	佐賀　弘 （清算人）	＜解散＞
ひがしスポーツクラブ	髙﨑　浩二	富山市石金一丁目２番３３号
浦島倶楽部	田中　輝男	富山市水橋辻ヶ堂2679番地28地先
黒河竹炭友の会	髙林　信二 （清算人）	＜解散＞
Ｅｎ－Ｃｏｕｎｔｅｒ	石川　和雄	小矢部市八和町１３番１５号
大長谷村づくり協議会	村上　光進	富山市八尾町庵谷１０番地

この法人は、会員及び地域住民に対して、豊かなスポーツライフの実現を目指しスポーツの振興に関する事業を行い、健全な心身の育成及び健康づくりと親睦交流に寄与することを目的とする。

この法人は、青少年をはじめとした一般市民に対しスポーツの普及と推進に関する事業を行い、スポーツの振興と、新しい社会を担う健全な青少年の育成に寄与することを目的とする。

この法人は、すべての人々に対して、肌と肌のふれあい、身近な人の肉声での語りかけなどを通じて不安や不満の解消と心の安らぎを与えることに関する事業を行い、地域社会の発展と人々の健康増進に寄与することを目的とする。

この法人は、障害者・児に対して、その生活全般の支援に関する事業を行い、障害者の社会的認知と地域の障害者福祉の増進に寄与することを目的とする。

この法人は、広く一般市民に対して、フットサルなどのスポーツの普及に関する事業を行い、スポーツを通したコミュニケーションの楽しさを理解してもらうとともに、青少年の健全育成やスポーツを通して地域社会の活性化に寄与することを目的とする。

この法人は、日本とロシアの両国民に対し、情報提供、文化交流事業を行い、両国民の相互理解と友好関係の増進に貢献することを目的とする。

この法人は、地域のスポーツ振興と子供たちの心身の健全育成を図るとともに、地域のスポーツ文化の発展と地域住民の生涯スポーツの推進により活力と連帯感にあふれた地域づくりに寄与することを目的とする。

この法人は、海、河川及び海岸の環境美化活動の向上と海難事故を未然に防ぐための活動や海の資源育成を図ること及びマリーナを活性化の拠点とした地域の賑わい形成に寄与することを目的とする。

この法人は、広く一般市民に対して、介護保険法に基づく小規模多機能型居宅介護事業、高齢者及びその家族に対する日常生活・就労等についての相談・支援に関する事業等を行い、高齢者とその家族が安心して暮らしていくことのできる環境の整備を図り、もって地域福祉の増進に寄与することを目的とする。

この法人は、都市住民に対して、大長谷地区の豊かな自然環境や農業、農村文化などの地域資源を活用した都市農村交流に関する事業を行い、農林業の振興と地区の活性化推進及び定住促進に寄与することを目的とする。

法人名称	代表者名	主たる事務所の所在地
地域学習プラットフォーム研究会	柵　富雄	富山市湊入船町３番３０号
ホスピス・心のケアを考える会	江口　富子	富山市栃谷２４６番地
紅梅	松本　敬祐	小矢部市藤森５００８番地１
モモのところにいってごらん	小西　恵子	＜解散＞
カナル水辺倶楽部	松本　啓造	富山市中島三丁目７番２０号
おおしま熱中塾	島田　重太郎	射水市大島北野２５２番地
サポネット共働	宮﨑　昭子	＜解散＞
米蔵の会	慶野　達二 （清算人）	＜解散＞
ハートビート	黒﨑　健司	富山市西長江三丁目５番１８号
なんとの環境保全と新エネルギーを考える会	中藪　淳一	南砺市和泉１９０番地の１
脳鐘飛越倶楽部	桑名　明光	富山市黒瀬４３７番地１
黒部市パークゴルフ協会	能登　榮一 （清算人）	＜解散＞
AWESOME ONES	岡崎　達也	富山市五番町７番２６号
ワン・ファーム・ランド	大口　繁敏	富山市横樋８番地

268

この法人は、富山から全国に広がったインターネット市民塾等を通じて、ＩＣＴ等を活用した新しい教育モデルと地域学習プラットフォーム（学習基盤）の研究・開発に関する事業を行い、変革の時代に対応した人づくりおよび地域活性化への支援をもって、活力あふれる社会の発展に寄与することを目的とする。

この法人は、地域住民に対して、ホスピスや心のケアへの理解を深めることに関する事業を行い、地域住民、社会の保健・福祉に寄与することを目的とする。

この法人は、高齢者に対する地域密着型在宅支援サービスに関する福祉事業や、生きがいづくりに関する事業を行い、福祉の増進に寄与することを目的とする。

この法人は、富岩運河の周辺住民をはじめ、広く関心を持つ人に対して、水辺を活用した親水事業や環境整備事業を行い、地域一帯の環境保全、まちづくりの推進等に寄与することを目的とする。

この法人は、地域住民に対して、伝統・文化の普及啓発活動に関する事業を行い、地域住民同士のコミュニケーションを促進し、地域における連帯感の醸成と男女共同参画の推進に寄与することを目的とする。

この法人は、障害の有無に関係なく、地域での持続的な生活と社会参加を希求する人に対して、生活支援、就労支援および福祉についての情報提供等に関する事業を行ない、「バリアフリー社会」の実現に寄与することを目的とする。

この法人は、南砺地域を中心とした市民・事業者相互による連携のもと、環境保全・新エネルギー等に関する知識の向上及びその交流を図り、環境保全を推進し、快適な環境作りに寄与することを目的とする。

この法人は、地域に固有の職芸の継承に関する事業を行い、日本の伝統的建築の振興や自然環境の保全、人々の健康と安全に寄与することを目的とする。

この法人は、アイス・スポーツの普及を中心とした活動を行ない、冬の健康的なスポーツライフを提供することによって、誰もが気軽にアイス・スポーツを楽しめるコミュニティーを創造し、冬の富山を元気にすることを目的とする。

この法人は、障害者や地域住民等に対して、障害者の自立支援及び社会参加支援として、農作物栽培、セラピー犬の育成、塗装などを行うほか、各種教室を開催する事業を行い、地域の障害者福祉の増進と地域の活性化に寄与することを目的とする。

法人名称	代表者名	主たる事務所の所在地
ほがらか	寺田　妃登美	滑川市下島１４３番地３
大町地域振興会	平内　幸典	魚津市本町一丁目１番１０号
ピース・アニマルズ・ホーム	宮腰　和佳	高岡市能町南３丁目４１番地
PEACEとなみ野	神下　正弘	南砺市荒木５０５番地の１
富山湾を愛する会	加治　秀夫	射水市片口久々江字錦６７４番地２
ブライトファーム	北川　浩美	＜解散＞
富山自然エネルギー研究会	野村　幸三	富山市黒崎１７２番地
ゆきあかり	野村　博	下新川郡朝日町草野１１８番地３号
小勢地区活性化協議会	広地　功信	高岡市小竹４２３番地
富山の結婚とまちづくりを考える会	田口　丈	富山市堀端町３番４号
パトリーズ	野村　博	魚津市経田西町１０番７３号
富山グリーン・ニューディール政策研究会	廣川　幸八郎（清算人）	＜解散＞
ニューグレープの会	今村　千賀子	高岡市袋町４番１号

目的
この法人は、高齢者、障害者（児）及び乳幼児等に対して、在宅福祉サービスに関する事業を行い、福祉の増進に寄与することを目的とする。
この法人は、大町地域住民が信頼と協同により、地域の特長を生かした明るく住みよいまちづくりに関する事業を行い、地域社会の発展と安心・安全で豊かな住民生活の形成に寄与することを目的とする。
この法人は、人と動物の関係を考え、社会に向けて動物の飼育に関する啓蒙活動や迷い動物の保護活動の実施、行政と諸関係機関への働きかけや協力体制の確立等に関する事業を行うことにより、理想的な人と動物の共生社会の実現に寄与することを目的とする。
この法人は、となみ野を基点とし、子供たちや地域の人々を対象に、体験学習や研修会等を開催することにより、「生きる力」溢れる子どもの育成と、地域の活力となる人材の養成を図り、社会の発展に寄与することを目的とする。
この法人は、身近な海域の藻場の造成および実践活動から得られる海洋関連情報を広く富山県民に提供するとともに、海洋資源の活用さらに富山湾の環境保全に寄与することを目的とする。
この法人は、産業廃棄物の内の再利用可能品及び既存の手近な物品を利用した新たな自然エネルギー発電装置の研究開発及び普及や風車・水車の手作り工房の運営に関する事業を行い、二酸化炭素の削減や、環境保護思想の普及に寄与することを目的とする。
この法人は、高齢者、障がい者（児）及び乳幼児に対して生まれ育った地域でその人らしく自由に生きられるよう、居宅支援サービスに関する事業を行い、地域福祉の増進及び人間性豊かな人と地域社会の形成に寄与することを目的とする。
この法人は、小勢地区住民に対し、バス運行に関する事業を行い、生活の足の充実を図るとともに、地域の新たな公共交通のニーズを開拓し、地域の活性化と福祉の増進に寄与することを目的とする。
この法人は、晩婚、未婚、少子高齢化による街の活力の低下、経済活動の悪循環を改善するため、地域の特徴を生かした結婚や出会いの環境を創出し、適齢期男女の晩婚・未婚化を解消し、出生率減少傾向の現状を改善、正常化することを目的とする。
この法人は、農山漁村の地域資源を生かした地場の経済活性化及び人材の育成と、他地域やグループとの連携による地域再生の支援活動を通した互いの地域の発展に寄与することを目的とする。
この法人は、広く一般の生活者に対して、戦時中に多くのユダヤ人の命を救った杉原千畝の業績に関する一人芝居や講演会の開催を通して、人類愛の尊さを学ぶ機会を提供する事業を行うことにより、参加者の視野を広め、柔軟で豊かな人間関係の形成を図るとともに、子供たちの健全育成にも寄与することを目的とする。

法人名称	代表者名	主たる事務所の所在地
利賀飛翔の会	中西　邦康	南砺市利賀村阿別当２０１番地
富山地域医療教育支援センター	村口　篤 （清算人）	＜解散＞
富山県ヤングベースボール協会	島倉　正	高岡市広小路５番２号
富山ストローベイルハウス協会	吉本　宏明 （清算人）	＜解散＞
アートＮＰＯヒミング	林口　砂里	氷見市朝日本町15番地８号
おらちゃのたまり場	中嶋　幸之丞 （清算人）	＜解散＞
ゆうきの会おやべ	齋藤　寛明 （清算人）	＜解散＞
天瀬防犯協力会	畠山　信博 （清算人）	＜解散＞
障害者アート支援工房ココペリ	米田　昌功	高岡市伏木古府元町２番５号
小島バラ会	山元　美喜雄	射水市小島７９９番地２
ポケットキッズ	藤田　悦子	富山市婦中町下轡田872
北陸ACLS協会	小倉　憲一	＜解散＞
砺波土蔵の会	尾田　武雄 （清算人）	＜解散＞

目的

この法人は、五箇山の自然環境に対する理解促進と保全整備及びその解説に関する事業を行い、自然保護と啓蒙活動に寄与することを目的とする。

この法人は、野球を愛好する青少年に対して、野球競技の普及推進と環境保全の社会奉仕に関する事業を行い、将来社会を担う健全な青少年の育成に寄与することを目的とする。

この法人は、全国の地域住民や団体等を対象とし、広く国内外において多方面で活躍している美術家や伝承技術を持つ市民等の協力により、あらゆるジャンルの創造活動や表現活動に関する調査研究・教育普及・交流支援事業等の支援を実施する。また、これらの作品の提供を通じて、創造者・表現者に対して、助言・支援・協力活動を行なうことで、活動の場の拡大と技術水準の高揚を図り、次世代の人材育成を推進し、魅力あるまちづくり、文化芸術などの公益の増進に寄与することを目的とする。

この法人は、知的障害者に対して、芸術作品の創作活動などの表現活動を支援したり、作品を発表する場を提供することにより、知的障害者の経済的・社会的自立を促進し、障害者アートの振興を図ると共に、地域住民に対して、これらの表現の生命力・創造性に触れる機会を提供することにより、精神的に豊かで健全な地域社会の形成を目的とする。

この法人は、バラを核とした植物の栽培や各種教室の開催を通して、地域住民同士の交流を活発にするとともに、花卉で溢れた美しい街づくりに寄与することを目的とする。

この法人は、小学校に就学している留守家庭の児童に対して、放課後および長期休暇中の健全な育成を図る学童保育事業を行い、保護者の仕事と家庭の両立を支援することを目的とする。

法人名称	代表者名	主たる事務所の所在地
富山県就労支援事業者機構	米原　蕃	富山市西田地方町二丁目９番１６号
とやまアウトドアスポーツクラブ	浅岡　弘彦	富山市平吹町２番１４号平和どうり接骨院内
じゆう	児玉　巧	中新川郡上市町野島４番地３
えん	島崎　ひろみ	滑川市大浦６０１番地
コーポラティブハウス木の実	新原　野草	＜解散＞
水橋ふれあいコミュニティバス	岩田　昌夫	富山市水橋辻ヶ堂１９１９番地２
スポーツ育成協会	辻　成芳	高岡市泉町４番２７号
無漏路	近藤　宗明	魚津市吉島５５２番地８
すこやか26	作道　和宏	高岡市伏木古国府七丁目６番地
ひまわり	稲荷　護	富山市太田２１３番地
Bamboo saves the earth	澁谷　秀樹	富山市下冨居二丁目７番２９号
速川地域支援センター	坂田　恒男	氷見市小久米93番地

目的

この法人は、犯罪者や非行少年（更生保護事業法第2条第2項各号に掲げる者及びこれに準ずる者をいう。以下「犯罪者等」という。）が善良な社会の一員として更生するためには、就職の機会を得て経済的に自立することが重要であることにかんがみ、事業者の立場から犯罪者等の就労を支援し、犯罪者等が再び犯罪や非行に陥ることを防止することにより、犯罪者等の円滑な社会復帰と安全な地域社会の実現を図り、もって個人及び公共の福祉の増進に寄与することを目的とする。

この法人は、障害者、高齢者、子ども等を含むすべての人々に対して、富山の自然の中で、スポーツや余暇活動に参加できる場を提供すると共に、正しいスポーツ知識に基づいた指導を行うことで、健康の保持増進、健全育成、環境教育、スポーツ振興に寄与することを目的とする。

この法人は、乳幼児、児童、成人、障害児（者）に対して、体操をはじめとする各種スポーツ指導を行うことで、健康の保持増進と余暇の充実に寄与するとともに、ひきこもり・ニートに関する相談対応、就労支援事業を行うことで、青少年の自立の促進に寄与することを目的とする。

この法人は、高齢者・障害者などの要介護者に対して、ケアプラン作成や認定調査などを行い、高齢者・障害者などが住みなれた地域で在宅生活を継続させていくことで、生活の継続性・個別性の尊重、残存能力の維持などによる心理的安定を図り、ノーマライゼーションを目的とする。また独り暮らし高齢者や認知症高齢者に対する人権の擁護を行い、関係機関とのネットワークや地域との連携を図るものである。

この法人は、車社会の到来によって路線バスが廃止され公共交通の空白地帯となった地域や、便数が極端に少なくなった水橋地域において、コミュニティバスの運行に関する事業を行い、高齢者や児童の移動の足を確保することで、住環境・地域福祉の向上並びに商業の発展を図り、水橋地域の活性化に寄与することを目的とする。

この法人は、子供たちや一般市民に対して、スポーツを通じて各競技の普及、推進及び技術の向上に関する事業を行い、青少年の健全育成に寄与することを目的とする。

この法人は、すべての高齢者及び障害者（児）に対して、居宅サービスやデイケアに関する事業を行い、地域福祉の増進に寄与することを目的とする。

この法人は、障害児・障害者等に対して、地域での自立と社会参加を推進し、自立支援に関する事業又は社会参画推進事業を行い、社会福祉、健康福祉の増進に寄与する事を目的とする。

この法人は、精神障害者に対して、地域の中で自由に生活していく場所を提供するために、地域生活や自立を支援する事業を行い、障害を抱える人たちの福祉の増進に寄与することを目的とする。

この法人は、県内の荒廃した竹林の整備、伐採活動や、伐採した竹を資源として有効活用するための調査研究事業の実施など里山保全に関する活動を行うとともに、一般市民に対する環境保全活動及びボランティア活動の普及啓発に関する事業を行うことにより地域活性化に寄与することを目的とする。

この法人は、速川地域の住民に対して、支援車両の運行等と地域生活の支援に関する事業や各種教室・イベント開催、農地の保全・活用に関する事業などを行い、相互扶助の精神により地域内の連携を高め、地域産業の発展や環境保全、安全で心豊かな地域社会作りなど、地域の活性化に寄与することを目的とする。

法人名称	代表者名	主たる事務所の所在地
日本ボランティア活動推進機構	久保　大憲 （清算人）	＜解散＞
木ここち	亀田　司	黒部市立野129番地1
セラピー犬TOYAMA	大村　正和	富山市本郷町２０２番地１
ビスケット	脇坂　せつ子	小矢部市芹川３８８８番地
ＧＯＮＯ	五野　和之	砺波市表町１４番１号
こば	上野　恭男	富山市小羽２７９番地
ベビーシッターサービスなぁーにーママ	丸山　久美子	富山市五福３５００番地
太陽	谷口　スミ子	＜解散＞
康友会	谷崎　康夫 （清算人）	＜解散＞
余川谷地域活性化協議会	林　朝夫	氷見市上余川３１５４番地
きららの森	北山　朝茂	富山市呉羽町３４７５番２号
ひまわりの花	飯田　信雄 （清算人）	＜解散＞
神通川を楽しむ会	相馬　恒雄	富山市二口町一丁目９番２アール・ビル６F

この法人は、地域の認知症高齢者に対して、居宅介護支援や認知症対応型共同生活介護に関する事業を行うと共に、その家族や福祉事業関係者に対して、認知症介護方法の普及に関する事業を行うことで、地域福祉の保持増進に寄与することを目的とする。

この法人は、高齢者、障害者、更生必要者に対して、セラピー犬の慰問によるアニマルセラピーに関する事業、セラピー犬の育成事業及び食品、雑貨品の生産販売を通した就労支援事業を行い、社会福祉の増進及び雇用機会の拡充に寄与することを目的とする。

この法人は、地域の高齢者及びその家族に対して、居宅介護支援に関する事業を行うとともに、福祉団体や新たに起業する団体に対して、運営についての助言、援助に関する事業を行い、地域福祉の保持増進に寄与することを目的とする。

この法人は、高齢者をはじめとした地域住民に対して居宅サービスに関する事業を行うとともに、地域福祉ボランティアの育成に関する事業を行い、地域福祉の保持増進及び暮らしやすい町づくりに寄与することを目的とする。

この法人は、小羽地区内外の住民に対して、地域行事の活性化や自然体験教室等の開催、地域の環境整備に関する事業を行い、地区内外の豊かな交流を促進し小羽地区の活性化に寄与することを目的とする。

この法人は、子どもを持つ保護者に対して、ベビーシッティングなど子育て支援に関する事業を行い、子どもの健全な育成に寄与することを目的とする。

この法人は、碁石地域を中心とした地域住民や碁石地域の出身者及び碁石地域や氷見市を訪れる方々に対して、地域住民との交流促進や地域活性化に関する各種の協議や事業を行うとともに、地域交通の確保や環境保全への取り組みも実施するなど、地域の魅力作りと住民の安心・安全な生活の確保に寄与することを目的とする。

この法人は、共働き家庭の児童に対して、放課後や学校の長期休業時を安全に過ごせるよう、学童保育事業を行い、児童の健全な育成とその保護者に対し仕事と家庭の両立を支援することを目的とする。

この法人は、神通川の自然環境や歴史に興味を抱く人たちに、自然観察や河川を利用した自然体験活動を行うとともに、河川環境整備に関する事業を行い、神通川の豊かな自然とそれを守る事の大切さへの理解促進を図り、河川環境の保全に寄与する事を目的とする。

法人名称	代表者名	主たる事務所の所在地
いみず花いっぱいセンター	東保　力	射水市松木725番地3
富山のくすし	服部　征雄	射水市赤井95番地1
何でも相談ざくろちゃん	杉森　勝志	富山市上冨居三丁目6番3号
ひびき	岩橋　久美	＜解散＞
ぽかぽか	岩井　純子（清算人）	＜解散＞
母笑夢	土生　惠美子	南砺市法林寺585番地1号
キャリア教育サポートとやま	坂下　裕子	高岡市佐野1254番地
いみず市民メディア	柴田　茂樹	射水市中太閤山一丁目1番地1号
花街道薬膳のまちを夢みる会	今井　壽子	富山市内幸町2番14号内幸ビルA館3F
ちゃれんじ	山吉　衛（清算人）	＜解散＞
きんたろう倶楽部	二階堂　敏雄	富山市西金屋6717番地くれは山荘保養館内
こっころ	黒﨑　直美（清算人）	＜解散＞
とやまホーム管理サービス	冨野　敏子（清算人）	＜解散＞

	目的
	この法人は、菊を中心とした花卉栽培・販売に関する事業及び花壇作り等、地域の環境整備に関する事業を通して地域住民の交流を促進するとともに、農地を利活用することにより地域農業の活性化や地域の雇用拡充を図り、花一杯の明るい豊かな射水地域のまちづくりに寄与することを目的とする。
	この法人は、薬業関係者や一般市民を対象に、伝統医薬に関する啓蒙普及活動及び薬用植物の有効利用に関する各種研修会開催事業を行うとともに農業従事者を対象に、薬用植物栽培法などの普及に関する事業を行い、広く県民の保健衛生の向上、並びに健康増進のための人材の育成に寄与することを目的とする。
	この法人は、独居老人をはじめ、日常生活を行うに当たって困っていることや悩み事のある方に対して、カウンセリングから問題解決のためのコンサルティング活動等に関する事業を行い、地域社会に住まわれる方が希望に満ち、且つ安心した生活ができる社会づくりに寄与することを目的とする。
	この法人は、介護保険受給者に対して、居宅介護支援に関する事業を行い、慣れ親しんだ地域や在宅での生活を支援することで地域福祉の保持増進に寄与することを目的とする。
	この法人は、小学校、中学校、高等学校及び大学等の児童、生徒、学生等並びに社会人に対して、発達の段階に応じたキャリア・職業教育の実施や職業観・勤労意識の育成に関する事業を行い、社会教育の推進、職業能力の開発、学校から社会・職業への円滑な移行及び雇用機会の拡充に寄与することを目的とする。
	この法人は、射水市及び隣接地域の住民に対し、住民参加による映像・音声・文字情報の制作及び情報発信に関する事業を行い、地域活性化と安心安全な地域づくりに寄与することを目的とする。
	富山駅前市電通りから城下町千石町に、花の種・花苗・球根を植込み、花街道を創出・維持を図りながら全市・全県・全国へと拡げる啓蒙活動を行っていきます。薬膳や健康に関するセミナーを開催・ＨＰ開設と共に、医農商連携により滞在型薬都づくりを推進していきます。
	この法人は、里山を再生し、森と街をつなぎ、持続的な循環の流れを構築するとともに、いのち輝く森づくり、人づくり、街づくりを行い、森林の再生や利活用を考え、さまざまな人と連携を図りながら、未来を担う子どもたちへ誇りを持って託せる森林都市富山の創造に寄与することを目的とする。

法人名称	代表者名	主たる事務所の所在地
かみとも	松田　久男	富山市婦中町友坂２４４番地２
立山ココロビレッジ	小島　路生	＜解散＞
市民活動サポートセンターとやま	能登　貴史	富山市婦中町速星１０７０番地
ｂ－らいふ	永森　栄一	氷見市幸町4574番地
脳外傷友の会高志	山　加代子	氷見市上田子７９６番地
みどりの会高岡	加茂　輝隆	高岡市博労町２番１７号
ＧＰネットワーク	橘　泰行	富山市総曲輪三丁目6番１５－２３号
ロシナンテ	石川　真一	氷見市朝日本町２３番地２０
デイサービスなごみの里	岩田美　惠子 （清算人）	＜解散＞
富山県レクリエーション協会	弓部　裕明	富山市舟橋北町７番１号
ちびっこきらら保育園	松倉　孝	黒部市堀切１３８９番地5
はっぴーファーム	石王　純子 （清算人）	＜解散＞
TEAM appreciate	山下　朋之	富山市五艘９５２番地8

目的

この法人は、友坂地区における重要な資産である農村地域を保全し、支援を必要とする人々に対して、地域の農林業資源や環境の保全並びに地域活性化に関する事業を行い、持続可能な農林業と自然環境を次世代へ継承するとともに安全・安心な食糧供給の場の確保、農村の多面的な機能の維持を図ることにより、広く公益に寄与することを目的とする。

この法人は、市民活動を継続させ、社会経済の担い手として本格的に「新しい公共」「より豊かな地域生活」を実現させ、多様な市民活動を啓発・育成支援し、より豊かな地域社会の実現に寄与することを目的とする。

この法人は、障がい者（児）に対して、地域生活を支える仕組みづくりに関する事業を行い、ノーマライゼーション社会の実現に寄与することを目的とする。

この法人は、不慮の事故・脳血管障害・低酸素脳症・脳炎などによって脳に損傷を負い、後遺症として高次脳機能障害を持った者及びその家族並びに高次脳機能障害者と家族が参加している支援団体等に対し、それぞれの障害についての正しい知識の普及と情報の提供を行ない、障害者本人の社会復帰、社会参加の促進を図る。一方、一般市民が脳障害に対し理解を深めることによって高次脳機能障害者とその家族が安心して社会生活を営める環境を築くことに寄与することを目的とする。

この法人は、高岡市民に対して、緑に対する理解と知識を深める事業を行い、みどりを取り入れた安全・安心な人にやさしいよりよい街づくりに寄与することを目的とする。

この法人は、富山市のまちなかを拠点として、賑わい創出のための自主的な事業の開催、イベント開催に不慣れな市民等への助言や助力、市民等にまちづくりの学習の機会を提供するセミナーの開催などの活動を市民や行政と連携して行うことで、文化・芸術・スポーツの振興、子どもの健全育成、経済の活性化を図り、市民交流を促進し、市民生活を応援し、まちの賑わい創出に寄与することを目的とする。

この法人は、障がい者（児）が地域で自立し、充実した生活が送れる社会の実現を図るため、障がい者（児）の自立生活支援に関する事業や、障がい者（児）の福祉に関する啓発・広報事業等を行い、ノーマライゼーション社会の実現に寄与することを目的とする。

この法人は、富山県民に対して、レクリエーションの健全な普及発展を図り、余暇を利活用して健康を増進し、教養を高め文化生活の向上に寄与することを目的とする。

この法人は、子育てに関わる全ての方に対して、乳幼児、障がい者（児）の保育や、放課後児童の学童保育に関する事業を行い、地域社会の貢献と男女共同参画社会の形成に寄与することを目的とする。

この法人は、就職を希望する障がい者に対して、職業訓練、就職活動支援、職場定着支援、日常生活支援に関する事業を行い、障がい者の雇用促進、社会参加に寄与することを目的とする。

法人名称	代表者名	主たる事務所の所在地
九転十起交流会	山崎　健 （清算人）	＜解散＞
地域における知識の結い	冨樫　豊	中新川郡上市町若杉３３番
人間力向上研究所	高見　貞徳	＜解散＞
地域福祉協会	高橋　憲三	魚津市大字大海寺新村２７７０番地２３
むらのなか	辻　美穂子	中新川郡舟橋村舟橋１０７番地１
障がい者生活支援グループフレンズ富山	滝上　松夫	富山市牛島本町一丁目３番２８号
徳秀会	堀　末男	射水市鷲塚５５８番地
富山サイクル交流倶楽部	上野　茂	富山市清水町四丁目４番２号
スポーツクラブ・スマイルパワー	石丸　純一	富山市高屋敷５６４番地９
大佛三郎	関本　尚彦	高岡市片原町３９番地
全国元気まちづくり機構	川西　宗一 （清算人）	＜解散＞
北祐会	姜　国男	＜解散＞
地域社会活性化協会	竹田　信良 （清算人）	＜解散＞
青い鳥	安田　正 （清算人）	＜解散＞

目的

この法人は、社会教育・まちづくり・人づくり・子どもの健全育成について、学術・芸術・文化の面から調査・研究事業を行い、その成果を社会に還元し、市民生活の知識向上に寄与することを目的とする。

この法人は、地域住民に対して清掃・森林整備・介助等のボランティア派遣事業を行い、地域の相互扶助の向上といった地域福祉に貢献することを目的とする。

この法人は、乳幼児、障がい者（児）、高齢者等に対して、在宅福祉サービスに関する事業を行い、福祉の増進に寄与することを目的とする。

この法人は、障がい者（児）及び高齢者・児童が地域で、公・私の医療・保健・福祉サービスを利用して生活をするに際して分け隔てのない生活ができる幅広い環境づくりに寄与すると共に、障がい者の就労支援を含む社会参加を目指すための支援を行うと同時に、障がい者自身が社会に貢献できる機会を構築することを目的とする。

この法人は、介護等が必要な高齢者・障がい者(児)・乳幼児や児童に対して、在宅福祉サービスに関する事業を行い、福祉の増進と地域の活性化に寄与することを目的とする。

この法人は、地域住民や自転車愛好家に対して、健康増進・環境保全などにおいて潜在価値が再認識されている自転車に関する事業を行い、富山県内はもとより全国の自転車愛好者の交流を通じて「人と地球環境に優しい乗り物自転車」の普及、指導者・競技者・ボランティア等の育成、観光地としての富山の魅力発信などで地域貢献に寄与することを目的とする。

この法人は、子供達に対して、スポーツ・文化活動の振興に関する事業を行い、運動能力のアップや体力向上、健全な心身の育成に寄与することを目的とする。

この法人は、多種多様な主体と力を合わせ、高岡に暮らす人々等に対して、高岡大仏周辺エリアでの魅力的商業空間創出事業、地域コミュニティ育成事業、愛着・誇りの醸成事業等を行い、魅力や活気があり、人のぬくもり、愛着、誇りを実感できる地域社会の構築に寄与することを目的とする。

法人名称	代表者名	主たる事務所の所在地
災害救助犬ネットワーク	津田　光	富山市北代３９１５番地
青少年育成ネットワーク・ウイング	佐伯　喜美子	富山市八町４１８８番地
流通管理情報センター	森本　英央	＜解散＞
日幸サポートセンター	吉田　良秋（清算人）	＜解散＞
みつばち協会	山口　功	高岡市中田４３３７番地
さわらび	浅谷　敬太	小矢部市小森谷４４３９番地
放生津	林　みゆき	射水市放生津９番２４号リアン放生津１０７
日本応急手当普及員協会	海津　良勝	射水市大江211番地１
プラスワン	萩行　慎一	射水市浄土寺１０４番地１５
上市街なか元気塾	畠平　勝光	中新川郡上市町西中町１１番地
マングローブ	松下　美智子	小矢部市埴生１６７９番地１６
とやま地域福祉ネットワーク	岡本　久子	氷見市上泉５番地20
五福公園スポーツクラブさくら	堀田　朋基	富山市五福５区１９４２番
フットボールセンター富山	堀田　朋基	滑川市高月町１２９番地

目的
この法人は、災害時・平時の行方不明者に対して、捜索あるいは人命救助に関する事業を行い、社会と人々の安全に寄与することを目的とする。
この法人は、青少年健全育成の重要性に鑑み、県民会議・市町村民会議に参画する事により、青少年に自立と社会性を醸成する環境づくりを目指し、必要な知識を習得、研磨し、地域社会において青少年の健全育成に貢献することを目的とする。
この法人は、ハチミツを愛好する消費者に対して、ハチミツの安全確保に関する事業を行い、消費者の保護に寄与することを目的とする。
この法人は、[子供から高齢者・障害者]に対して、福祉事業に関する事業を行い、社会福祉に寄与することを目的とする。
この法人は、乳幼児、児童、障害者（児）、高齢者、地域の人々等に対して、福祉サービスに関する事業を行い、福祉の増進と地域の活性化に寄与することを目的とする。
この法人は、地域の人たち・企業の従業員・各学校の生徒・児童に対して、応急手当の必要性や技術習得に関する事業を行い、人が人を敬い慈しみ、共存共栄する社会の実現に寄与することを目的とする。
この法人は、障がい者（児）に対して、就労、生活、余暇に関する支援事業等を行い、社会的自立を促して行くことに寄与することを目的とする。
この法人は、広く町民に対して中心市街地に平成の市（いち）を確立する事業を行い、商店街のにぎわいを取り戻し、生産者と消費者の架け橋となって農業振興に寄与すると共に中心市街地の活性化を目的とする。
この法人は、富山県を中心とした地域住民に対して、環境保全と定住促進に関する事業を行い、住みよい町づくりに寄与することを目的とする。
この法人は、障がい者(児)に関わる従事者等に対して、障がい者（児）が、地域で自立し、充実した生活が送れる地域福祉社会の実現を図るため、障がい者（児）の自立生活支援に関する人材育成事業や、障がい者（児）の福祉に関する啓発・広報・ネットワーク促進事業等を行い、ノーマライゼーション社会の実現に寄与することを目的とする。
この法人は、利用者及び地域住民に対して、スポーツや文化活動の普及啓発活動に関する事業を行い、健全な心身の育成と相互の交流を図り、健康で活力ある地域づくりに寄与することを目的とする。
この法人は、主に富山県民に対して、サッカーを中心としたスポーツの普及および育成に関する事業を行い、スポーツ文化の振興、青少年の健全育成並びに地域の活性化に寄与することを目的とする。

法人名称	代表者名	主たる事務所の所在地
むげん	門田　晋	射水市棚田５７８番地
高岡ディスカバー協議会	水越　益夫	高岡市末広町３８番地
ピースマイルきらく	中尾　正子	氷見市稲積２５４番地
きらぴかスポーツクラブ	大納　登	富山市中川原７２番地２
健康麻将越中ひばり会	川上　浩志	射水市戸破１７１６番地１
アピア買い物応援団	本郷　俊作	富山市稲荷元町二丁目１１番１号
滑川宿まちなみ保存と活用の会	城戸　拓一	滑川市瀬羽町１８６２番地
スポーツ・ピース	安部　建太朗 （清算人）	＜解散＞
富山県精神保健福祉家族連合会	青山　正二	富山市丸の内二丁目３番８号
明日育	城　幸男	黒部市吉城寺４５４番地
とやまstyle	五十嵐　亮 （清算人）	＜解散＞
庄川峡わくわく倶楽部	小西　淳一	砺波市庄川町金屋３５３１番地１
楽器の森	宮田　健悟	富山市新庄町９番２号

目的
この法人は、障がいを持たれた方やその関係者に対して、ノーマライゼーション理念に基づき、地域において安心・安全に生活を営めるよう障がい者福祉に関する事業を行い、地域福祉の増進と向上に寄与することを目的とする。
この法人は、心豊かな生活が過ごせる地域社会を目指し、いま暮らす地域を愛する人々に対し、それらの人と人とを結び、自らの自然・環境・人的資源を活かし、それに新たな光をあてて、その魅力を発信する活動を推進する事業を行い、高岡市の発展に寄与することを目的とする。
この法人は、高齢者に対して、安全に安心して生活できる事を支援する為、在宅福祉サービスに関する事業を行い、福祉の増進に寄与することを目的とする。
この法人は、地域住民に対して運動・スポーツ活動等の振興に関する事業を行い、健康あふれる楽しいまちづくりに貢献することを目的とする。
この法人は、富山県民を中心とした健康麻将愛好家に対して、健康麻将の普及と発展に関する事業を行い、健康維持と創造力維持に寄与することを目的とする。
この法人は、日々の買物が負担と感じる人々等に対して、買物等の支援に関する事業を行い、住みよい街づくりに寄与することを目的とする。
この法人は、地域住民等に対して、旧滑川宿を中心とした歴史的建築物の保存と活用に関する事業を行い、地域の発展に寄与することを目的とする。
この法人は、精神障がい者とその家族に対して、精神障がい者の自立と社会参加及び地域社会の理解と協力を得る為の事業を行い、誰もがその人らしく暮らす事が出来る社会の構築に寄与することを目的とする。
この法人は、新しい市民参加型の地域づくり、活力ある未来の実現に寄与することを理念とし、広く市民が参画できるしくみづくりの整備や活動基盤の強化を行う。また、その原動力となるこれからの未来を担うべき人材の育成を図るため、市民、行政、教育機関、企業などの多彩な視点を取りいれた、マルチステークホルダーと共に地域独自の人材育成プログラムを開発し、人づくりと地域づくりを一体とした事業を展開し、社会に貢献することを目的とする。
この法人は、庄川峡周辺の住民及び有志とともに、庄川峡周辺の自然の保護、育成及び管理に関わる事業、イベント企画及び運営、これに関わる支援活動及び情報発信事業を行い、環境への理解を深め、地域社会の活性化と子どもたちの健全育成に寄与することを目的とする。
この法人は、「未来の子供たちへ楽器」をコンセプトに、大人から子どもまでの幅広い人々に対して、木製楽器の材料となる多様で健全な森づくりに関する事業を行い、森の恵みを生かした地域経済・社会づくりに寄与することを目的とする。

法人名称	代表者名	主たる事務所の所在地
村の音	下野　樹	富山市上本町六丁目１番
なんと元気	蓮沼　晃一	南砺市山見京願１７３９番地の２
はぁとぴあ21	高和　洋子	射水市海老江練合１６９番地３２
自然環境ネットワーク・射水市ビオトープ協会	岡田　一雄	射水市三ケ３３１３番地１１
まるまるcafeとやま	中陳　武 （清算人）	＜解散＞
中央スポーツクラブ	高見　喜義	富山市清水町八丁目１番１号
えがおでねぃ	川端　美香	富山市吉作１０２７番１
大きな手小さな手	金川　宏美	富山市蓮町二丁目９番８号
レスピラトリーディジーズカンファレンス	志甫　理	＜転出＞
くるみ	岡本　久子 （清算人）	＜解散＞
月と太陽	矢野　英和	射水市三日曽根１３番１３号
ハッピーライフプロジェクト	町村　英俊	富山市田中町一丁目１４番１２号
富山教師サークル	五十嵐　勝義	富山市婦中町希望ヶ丘７３２番地

	目的

この法人は、富山県民を中心とする一般市民に対して、音楽・芸術等に関する事業を行い、地域環境作りや社会福祉に寄与することを目的とする。

この法人は、となみ野地域を中心とした住民に対して、市民生活サポート、まちづくり活性化及び環境づくり推進に関する事業を行い、地域のまちづくりに寄与することを目的とする。

この法人は、一般市民に対して、思いやりの心や育て合う喜びなどを共有できる家庭を築き上げるためのカウンセリングに関する事業等を行い、生き甲斐を持って未来に希望と夢を抱くことのできる社会の実現に寄与することを目的とする。

この法人は、広く市民・団体・地域に対して生態系・生物多様性の理念の普及を図り、生物の生息空間であり、人と生物のふれあいの場であるビオトープの形成・維持管理の活動を行い、人と自然が共生できるまちづくりに寄与することを目的とする。

この法人は、地域住民をはじめとする多くの人々に対し、小学生の少年野球競技を中心としたスポーツに関する事業を行い、心身の健全な発達と、生涯スポーツ文化の振興と普及を図り、もって社会全体の利益の増進に寄与することを目的とする。

この法人は、高齢者・障害者（児）・児童等の社会的弱者に対して、支援サポートし、個人の尊厳を守り心身共に健やかに育成されることを目的とする。

この法人は、高齢者や障害者（児）に対して、生きがいのある心豊かな暮らしを支援するため、個々が持つ特性やコミュニケーション方法（手話など）に応じた環境の中で、それぞれに必要な在宅支援サービスや地域交流に関する事業を行い、地域福祉の増進に寄与することを目的とする。

この法人は、障がい者（児）、高齢者及びその家族に対して、居住介護に関する事業や通所介護に関する生活援助事業を行うほか、要介護者及び地域住民に対して、各種の教室の開催事業を行い、地域福祉の増進と住民の交流促進に寄与することを目的とする。

この法人は、地域住民に対して、金融、経済、経営、消費に関する教育、啓蒙普及、相談事業等を行い、物心ともに豊かで活力ある生活を送られるよう支援し、もって広く社会全体の利益と健全な市民生活の形成に寄与することを目的とする。

この法人は、子どもたち、保護者や地域住民に対して、伝統文化伝承事業、余暇活動支援事業、学習支援事業、教育に関する研究・情報提供事業及び福祉関連事業を行い、地域の教育の発展に寄与することを目的とする。

法人名称	代表者名	主たる事務所の所在地
地域活動サポート石動会	水牧　尚 （清算人）	＜解散＞
ここらいふ	杉田　由美	富山市千代田町４番５４号
ＰＣＴＦＥ－Ｊａｐａｎ	石塚　勝	富山市東中野町二丁目１番１－５０５号
しんせい会	三箇　俊臣	黒部市三日市３８７２番地１
種の会	松倉　真奈 （清算人）	＜解散＞
森のむささび	福家　義久	高岡市福岡町五位１２０７番地
一期一会とやま-さくら色の出逢いから動きはじめる夢をカタチに-	石橋　雅博 （清算人）	＜解散＞
あいわ会	尾田　久美子 （清算人）	＜解散＞
憩いの家世界一かわいい美術館	浅井　小夜子	富山市水橋伊勢屋２５７番地
吉久みらいプロジェクト	牧　亨	高岡市吉久二丁目４番１号
こころみの郷	森　敏明	富山市向新庄町四丁目１３番地３７号
富山ＩＴ支援センター	麻生　吉成	高岡市早川４３０番地７杉本ビル１Ｆ
ひみ森の番屋	鎌仲　義則	氷見市上田１５５７番地

目的

この法人は、一般市民に対して、メンタルヘルスケアに関する事業を行い、健全で安全な社会の実現に寄与する事を目的とする。

この法人は、伝熱や流体分野に関する技術者及び研究者に対して、国際的な学術交流の場を提供し、もって学術の発展に寄与することを目的とする。

この法人は、高齢者とその家族及び地域住民など広く一般の市民に対して、認知症等についての理解の促進、予防及び自立支援等の福祉事業を行い、地域福祉の増進と高齢者が社会に積極的に参加できる、魅力的なまちづくりに寄与することを目的とする。

この法人は、広く県民に対して、森林保護活動などに関する事業を行い、人々と自然のかかわりを学び、会員相互の親睦を図り、里山の環境保全に寄与することを目的とする。

この法人は、地域住民に対して、まちづくりの推進、文化・芸術の振興、子どもの健全育成、憩いの場所の提供に関する事業を行い、社会に寄与することを目的とする。

この法人は、高岡市吉久地区で生活をしている人をはじめ、吉久地区の町家・町並みに関心のあるあらゆる人に対して、関係機関とも連携をとりながら、伝統的建築物である町家を利用した交流および情報発信活動ならびに地域の歴史・文化の研修活動を行うことで、吉久地区の町家の活用を促すと共に魅力ある町並みの形成とその継承及び暮らしやすいまちづくりの促進に寄与することを目的とする。

この法人は、障害者や地域住民等に対して、障害者の自立支援及び社会参加支援として、農作物栽培を行うほか、各種教室を開催する事業を行い、地域の障害者福祉の増進と地域の活性化に寄与することを目的とする。

この法人は、サポートを要する方や障害を持つ方、孤立する方（不登校、ひきこもり等で自立が困難な青少年）などにパソコン教室やITに関する講習・研修をし、社会的自立への援助・研修事業を行い、技術者の育成や起業者の支援をして、IT業界の発展に寄与することを目的とする。

この法人は、氷見市周辺の放置森林等による里山への被害を防ぐため、森林等の整備を行い、それに伴って出る間伐材や竹の有効利用として、再生可能エネルギー等を活かした新たな産業の導入に関する事業、既存産業の高付加価値に関する事業、行政等との協働に関する事業を行い、地域環境の保全と地域活性化に寄与することを目的とする。

法人名称	代表者名	主たる事務所の所在地
おおかみこどもの花の家	山崎　正美	中新川郡上市町稗田２７番地６
とやまコミュメデ・ラボ	中村　秀人	富山市鵯島１１４１番地８
KUスポーツクラブWill	佐々木　智見	黒部市宇奈月町浦山２１１２番地
ほっと	沖村　千鶴子	富山市住吉２２０番地１
フードバンクとやま	川口　明美	射水市広上１１５９
ぴーなっつ	安井　夏来	富山市蜷川１番地３
富山情報技術支援団体	川上　慶 （清算人）	＜解散＞
かもめのノート	富野　正宏	富山市西四十物町２番20号
立山信仰ゆかりの仁王門保存の会	植木　眞人	黒部市三日市３６４６番地
富山県ダンススポーツ連盟	高田　順一	富山市西大泉１５番８号
キリン	小竹　美夏	富山市四ツ葉町２番２４号
川の音	場家　代紀江	富山市婦中町外輪野１８８番地

目的
この法人は、映画「おおかみこどもの雨と雪」の舞台モデルとなった古民家を管理公開する事により、古民家に訪れる来場者に対して観光の振興を図る。また、古民家の修繕や同じく舞台モデルとなった同地区の清掃活動などを行う事により環境の保全を図る。劇中で画かれているイメージを壊さず伝承し、イメージに即したイベント等を開催する事により、地域の魅力を発信出来るよう努めていく。
この法人は、地域医療から先端医療まで幅広い分野で活躍できる薬剤師や医療従事者を育成するため、教育・研修・研究の拠点としての事業を行い、社会福祉や医療への貢献、医療人養成、科学技術の振興、就学・就労支援を目的とする。
この法人は、地域の住民に対して、子供から大人まで誰もが気軽に参加できるスポーツの場の提供に関する事業を行い、地域の活性化と地域社会の振興、地域住民の生涯にわたる健康の増進と交流の促進、および子供の心身の健全な育成に寄与することを目的とする。
この法人は、障害者、障害児、高齢者、その他手助けを必要としているすべての人に対して、在宅支援サービスに関する事業を行い、福祉の増進に寄与することを目的とする。
この法人は、社会福祉施設及び食事を提供している非営利団体に対して、余剰食糧の分配などの支援事業を行い、また、非営利組織等の健全な発展と活動の活発化を図るとともに資源の有効活用を促進する事業を行い、要支援生活者の生活向上や明るく豊かな社会の実現に寄与することを目的とする。
この法人は、障害者（児）が、地域社会で自立した生活を営み、社会参加を確保していくための必要な事業を行うことで、誰でも楽しく地域社会で生きていくための推進を図り、社会全体の利益の増進に寄与することを目的とする。
この法人は、障害者と障害者をもつ家族、障害者に関わる人に対して、介護の相談、生活支援、外出支援、情報提供、障害者が地域で暮らしていくための啓発活動に関する事業を行い、地域社会と障害者がより良い関係で共存する社会環境の実現に寄与することを目的とする。
この法人は、黒部市民をはじめとする広く一般の人々に対して、地域の歴史や文化財に対する理解と関心を深めてもらうことを旨とし、それらを活用した情報発信と文化的な街づくりを推進する事業を行うことにより、郷土に対する愛情を育み、歴史を伝え、地域の歴史遺産や文化財を活かした街づくりを通して地域の活性化に寄与することを目的とする。
この法人は、公益社団法人日本ダンススポーツ連盟の定款に基づき、富山県のダンススポーツを統括する団体として、ダンススポーツの振興に関する事業を行い、もって県民の心身の健全な発達並びに社会貢献に寄与することを目的とする。
この法人は、全ての人に対して、スポーツ振興に関する事業を行い、子どもたちをはじめ地域住民の健全育成と、明るく豊かで住みよいまちづくりを推進し、更に、一流の競技者及び指導者の育成を目指し、より良い社会生活の実現に貢献することを目的とする。
この法人は、地域住民に対して、福祉に関する事業を行い、高齢者福祉に寄与することを目的とする。

法人名称	代表者名	主たる事務所の所在地
富山ダルクリカバリークルーズ	林　敦也	富山市岩瀬古志町１８番地
Ｔスポとやま	久留　健太郎	小矢部市小神２０４番地３
アポロン	野入　潤	射水市本江２２８０番地
ココデウェディング	西谷　富士子	富山市桜町一丁目５番１５－３０８号プレミア富山駅前
ひみきときとラボ	小島　正浩	氷見市窪１７７４番地１
速川活性化協議会	山﨑　勇二	氷見市小久米93番地
笑顔スポーツ学園	小川　耕平	富山市坂本１９４６番地１
地域ブランド後押し本舗	寺嶌　圭吾	富山市緑町一丁目４番１号
アメニティトータルマネジメントとやま	川岸　広幸	富山市総曲輪３丁目9-1-2
ジャパンスポーツデベロップメント	辻　比呂司	高岡市横田町１丁目１番１１－１１２号グランアイビスⅠ
ハサウェイ放課後クラブ	佐々木　成人	滑川市上小泉２１３９番地１
エコとやま	坂上　政子（清算人）	＜解散＞

目的
この法人は、障害者総合支援法に基づく精神障害者(障害程度区分1〜3)及びWHO規定に基づく精神障害(依存症に特化する。以下「依存症」という。)で苦しんでいる人々及び家族などに対して、回復したいという意志を基に、回復促進のためのプログラムを提供し、回復促進の手助けをする。そして、精神障害者及び依存症の人々が、自分の望む社会的役割を担うことができるように支援活動を行うことで、社会貢献に寄与することを目的とする。
この法人は、富山県民に対して、スポーツ雑誌発行等に関する事業を行い、2020年東京オリンピック・パラリンピックに向けたスポーツ振興に寄与することを目的とする。
この法人は、生活文化、伝統継承、各種表現(美術・映像・文学・音楽・芸能等)などの領域において活動する全ての人々、また趣味や教養として文化や技術等に触れたい、学びたい、交流したいと考える全ての人々、さらに古き良きものを大切に思い自然への敬いの心を持つ全ての人々を対象とし、古民家や空き家、空きスペース、空地などを積極的に活用しつつ、交流の場、制作・発表の場、講習・啓蒙の場、生産・収穫の場などを創出、運営、あるいはその監修やプロデュース等の事業を行う。このことにより、次世代の人材を育成しつつ、文化の振興、まちづくりや環境の保全を含めた地域文化の活性化に寄与することを目的とする。
この法人は、一般市民に対して、富山県内の結婚に関する情報提供を行い、多くの人が富山県内で結婚式を挙行し、両家親族ならびに友人などの相互の親睦を深め、今後より良い人生を楽しめる基盤づくりに寄与することを目的とする。
この法人は、氷見市の自然と文化を活かしたまちおこしを通して、氷見市の魅力を各地へ発信し、地域経済の活性化、地域活動の充実化及び地域福祉の増進に寄与することを目的とする。
この法人は、速川地区自治振興会や関係諸団体等と連携を図り、産業の振興、地域文化の伝承、安全・安心の確保、交流・移住促進等あらゆる活性化事業を行い、地域の創生と復活に寄与することを目的とする。
この法人は、広く市民に対して、スポーツ活動推進支援に関する事業を行い、人々が心身ともに健康でいつまでも笑顔でいきいきとした生活を送るための支援をすることを目的とする。
この法人は、富山県内において特産品による地域づくりを目指している県民や事業者に対して、地域ブランドを活用した特産品の販売戦略の指導、助言等に関する事業を行い、富山県の地域づくりに寄与することを目的とする。
この法人は、広く市民に対して、まちなか活性化に関する事業を行い、地域の賑わい創出に寄与することを目的とする。
この法人は、スポーツに親しむ全ての人々に対して、サポートを要するスポーツ事業プログラムの支援に関する事業を行い、スポーツの発展に寄与することを目的とする。
この法人は、保育が必要とされる児童や地域住民に対して、豊かで安全な生活の場を築くことに関する事業を行い、児童の心身ともに健やかな発達を支援するとともに、健全で豊かな地域社会の確立に寄与することを目的とする。

法人名称	代表者名	主たる事務所の所在地
金屋町元気プロジェクト	加藤　昌宏	高岡市金屋町1番5号
上庄谷地域協議会	江渕　兵一	氷見市触坂501番地
えがおプロジェクト	出分　玲子	富山市下新町16番24号
国際医療留学生基金	長井　弘仁	高岡市一番町36番地
富山アイススポーツクラブ	飯田　宏行	富山市太田字住吉割31番地1
あした天気になあれ	飯田　宏之	富山市西中野本町12番8号
ありそ	助田　要三	黒部市荒俣66番地
Ｂｉｏクラブ	川上　僚介	氷見市惣領1927番地
ポエム	橋本　久詩	富山市月岡町四丁目695番地
ガイア自然学校とやま	守屋　謙	富山市五福4926番地五月荘17号
立山クラフト舎	佐藤　みどり	中新川郡立山町上中197番地
ナメリカワデザイン	桶川　高明	滑川市柳原30番地26
あすなろ倶楽部	北村　憲幸	滑川市上島235番地

目的
この法人は、金屋町の地域住民や来町者に対して、まちづくりや定住促進に関する事業を行い、金屋町の認知度向上と新たな文化、ネットワーク及びコミュニティの構築に寄与することを目的とする。
この法人は、上庄谷地域を中心とする地域住民や来訪者に対して、地域住民との交流促進や地域活性化に関する事業を行い、地域の魅力作りと住民の安心・安全な生活の確保に寄与することを目的とする。
この法人は、ひとり親家庭及びすべての児童・青少年に対して、より豊かな生活につながる支援や心身ともに健やかな育成を促す支援などに関する事業を行い、助け合い支え合う地域社会の確立に寄与することを目的とする。
この法人は、中小・小規模事業者をはじめとした人手不足の深刻化により、我が国の経済・社会基盤の持続可能性を阻害する可能性が出てきているため、生産性向上や国内人財確保のための取組みを行う。また、経済的理由により学業の困難な者に対し、奨学奨励等に関する事業を行い、人財の育成及び外国との友好親善に寄与することを目的とするほか、わが国及び開発途上国の奨学奨励団体や各種教育活動団体に支援を行い、当該国の社会教育の振興と発展、貧困の削減に寄与することを目的とする。
この法人は、一般県民に対して、スポーツの普及と推進に係る事業を行い、スポーツの振興と、青少年の健全な心身の育成に寄与することを目的とする。
この法人は、身寄りのない人や生活保護受給者、施設入所者等の社会的弱者の葬祭の援助をはじめとして、老後、終焉そして死後の為の相談・支援事業を行い、社会福祉の増進に寄与することを目的とする。
この法人は、新川地区を中心とする地域住民に対して、社会福祉に関する事業を行い、地域の発展に寄与することを目的とする。
この法人は、ひみラボ水族館の管理・運営や淡水魚等の調査研究に関わるや普及啓発に関する事業を行い、環境教育の一端に寄与する事を目的とする。
この法人は、地域社会で暮らす高齢者・障害者等に対して、在宅支援サービスに関する事業を行い、福祉の増進に寄与することを目的とする。又、子供たちに対して、学童保育など放課後の安全な生活の場を提供する事業を行い、子供たちの健全育成を支援することを併せて目的とする。
この法人は、あらゆる世代に対して、自然体験及び心の教育を中心とした様々な事業を行い、環境問題及び心の成長に関心をもつ自立した人材を育成し、平和で心豊かな社会の創造に寄与することを目的とする。
この法人は、広く一般市民に対して、もの作りを通して地域の活性化に関する事業を行い、地域や人、想いを繋げ、調和のとれた循環していく社会作りに寄与することを目的とする。
この法人は、滑川市周辺のマチとモノ、コトに対して、デザインに関する事業を行い、地域活性化に寄与することを目的とする。
この法人は、障がい者に対して、就労継続支援に関する事業を行い、福祉の増進に寄与する事を目的とする。

法人名称	代表者名	主たる事務所の所在地
宇奈月自立塾	牟田　光夫	黒部市宇奈月温泉5509番地16
アンビシャス富山	佐藤　寛	富山市綾田町一丁目27番19号
halea	福原　渉太	富山市堀端町4番30号
白木峰を愛する会	奥田　初雄	富山市八尾町庵谷10番地
共同生活型自立支援機構	川又　直	黒部市宇奈月温泉5509番地16
まなびや	北島　眞由美	富山市旭町3番3号旭町ビル
とやま糖尿病療養支援機構	戸邊　一之	富山市杉谷2630番地
石動まっちゃプロジェクト	田悟　謙三	小矢部市石動町2丁目3番
多胡の里	室田　仁	氷見市上田子102番地
富山東部の地域振興界	美浪　節	魚津市大海寺野4810番地
とやま糖尿病リサーチイノベーション	戸邊　一之	富山市杉谷2630番地

目的
この法人は、さまざまな問題を抱えた若者およびその家族並びに全ての生活困窮者に対して、総合的な社会的支援・養護に関する事業を行い、社会的自立に寄与することを目的とする。
この法人は、一般市民を対象として、剣道の普及、選手・指導者の育成に関する事業を行い、青少年の健全育成と武道・スポーツの振興を図り、広く公益に寄与することを目的とする。
この法人は、広く一般市民を対象として、学童保育利用者や学童保育所を地域に開放し、集まった人々が多様な個性に触れ、お互いを認め合えるような豊かな社会性を育み、共生社会を実現させていくこと、及び、大人の元気が子どもの元気につながるようリラクゼーション事業等を通して、保護者や地域住民が気軽に交流をすることができる憩いの場を創出することで、地域全体で子どもを育成していく基盤づくりと地域住民交流の活性化に寄与することを目的とする。
この法人は、白木峰登山者や観光客及び地元住民に対して、森林保全及び観光に関する事業を行い、環境の保全、利用客の利便性と安全、中山間地域の振興に寄与することを目的とする。
この法人は、不登校児童・生徒並びに生活困窮者に対して、不登校やひきこもり等の青少年問題並びに生活困窮者に関する支援事業活動を行うと共に、支援者個人や支援団体をも支援し、子どもたちの健全育成、社会的自立及び生活困窮者への社会的自立支援に寄与することを目的とする。
この法人は、小学校等に就学している児童に対して、発達段階に応じた主体的な学習、遊びや生活が可能となるよう、当該児童の自主性、社会性及び創造性の向上、基本的な生活習慣の確立等を図る事業を行い、当該児童の健全な育成に寄与することを目的とする。
この法人は、主に富山県で糖尿病診療に携わる医師やコメディカルなどの医療従事者、糖尿病患者及び家族に対して、糖尿病診療に関する正しい知識の普及・啓発等に関する事業を行い、もって保健・医療・福祉の増進に寄与することを目的とする。
この法人は、石動駅前商店街のエリアに対して、まちづくりおよび地域活性化事業を行い、地域のにぎわい作りや若者の起業家支援、シニアの買い物難民などの社会的課題解決に取り組み、活力ある地域社会の実現に寄与することを目的とする。
この法人は、上田子地域や近郊の住民に対して、高齢者の能力を活用した食堂・喫茶店、直売所、加工場等の運営に関する事業、および地域の自然環境の維持・改善、農業生産・農業体験や文化的活動、子育て支援等を行うとともに、交流・団欒の場を提供し、もって地域コミュニティ機能の向上と高齢者が働き甲斐を感じ、生き生きと生活できる地域社会の創造に寄与することを目的とする。
この法人は、富山東部地域の居住者に対して、まちづくりの各種地域振興事業を行い、富山東部の地域経済振興とまちの賑わいに寄与することを目的とする。
この法人は、主に富山県で糖尿病に関する臨床・基礎研究に携わる人材の育成、および糖尿病研究の広報に関する事業を包括的に行うことで、糖尿病に関する基礎的・臨床的研究を促進し、地域における保健・医療・福祉の増進に寄与することを目的とする。

法人名称	代表者名	主たる事務所の所在地
自然遊育サポートとやま	戸田　雅彦	滑川市常盤町1117番地2
スペシャルオリンピックス日本・富山	鋪田　博紀	富山市布瀬町南二丁目10番地14
福祉サポート・アイオライト	岡田　龍弥	高岡市福岡町大滝930番地
空き家管理サービスあじさい	中本　さよ子	富山市新保967番地
富山県防災士会	佐伯　邦夫	富山市布市新町293番地
えがお	鳥井　謙祐	高岡市北島1545番地
ユウタウンプロジェクト	長谷川　哲	富山市総曲輪三丁目9番1号
とやまCLPネットワーク	野口　誠	富山市杉谷2630番地
りばてぃーOne	坂本　美奈子	射水市小林517番地1
太田ひまわり	稲荷　護	富山市太田213番地

この法人は、富山の未来を担う子どもと親に対し、豊かな自然環境の中で様々な野外活動を経験してもらうための体験事業・普及活動事業・支援事業を行うことにより、野外活動を通して得られる有用な非日常体験を提供し、対話力・創造力・問題解決力といった社会の中で生き抜く力を持った、人間性豊かな子どもの健やかな成長と親の更なる成長、親子の絆作りに寄与することを目的とする。

この法人は、知的障害のある人たち（以下、「アスリート」という）に対して、年間を通じてオリンピック競技種目に準じたさまざまなスポーツトレーニングと競技の場を提供することにより、アスリートの健康を増進し、自立と社会参加の促進を図るというスペシャルオリンピックス（以下、「ＳＯ」という）の使命に則り、米国ワシントン特別区の非営利法人である「スペシャルオリンピックス」（以下、「ＳＯ国際本部」という）に認証を受けた国内本部組織スペシャルオリンピックス日本（以下、「ＳＯ日本」という）と協定を交わし、認証を受け、ＳＯ日本が定める諸規則に基づき運営し、担当地域全域にその事業を拡大するものとする。また、スポーツ活動の他、教育・文化的プログラム及びレクリエーション活動や地域社会における知的障害理解促進を図る活動等を通じ、多様な人々が互いに尊重しあい共に生きていく社会の実現に寄与することを目的とする。

この法人は、高齢者に対して在宅福祉サービス事業及び生活力向上事業並びに各種相談受付・仲介事業を行い、福祉の増進及び高齢者のＱＯＬ向上に寄与することを目的とする。また、福祉事業者及び福祉従事者並びに福祉を志す者に対しては、当法人が収集・分析した、福祉に関する多様な情報を提供する事業を行うことによって、福祉事業者の経営・運営の安定化、及び福祉従事者の職場定着並びに福祉を志す者の増加に助力していくことを目的とする。

この法人は、空き家・空き地の所有者に対して、空き家・空き地の維持管理に関する事業を行い、また高齢者に対して、住まいや生活に関する困りごとの相談やお手伝いを行い、地域社会の景観や治安の維持に寄与することを目的とする。

この法人は、広く一般市民を対象として、幅広い防災啓発活動を実施するとともに、平時における地域防災力の向上と、災害時における支援活動に取り組む防災士や防災士の活動に賛同する一般市民への支援を通じて、安全で安心な社会の実現に寄与することを目的とする。

この法人は、広く国民に対して、医療情報の提供や医師の育成、カウンセリングに関する事業を行い、健康の増進に寄与することを目的とする。

この法人は、広く市民に対して、まちなか活性化に関する事業を行い、地域の賑わい創出に寄与することを目的とする。

この法人は、富山医療圏の口唇口蓋裂をはじめとする口腔・顎・顔面領域の疾患を持つ患者とその家族を対象とした、治療に関する情報提供や心理的サポートを目的とするものである。また、海外（特にインドネシア共和国において）経済的な理由で治療や手術が行えず障害に苦しむ人々への医療援助、現地医師・歯科医師・医療関係者への技術移転と教育など、国際社会に貢献することを目的とする。

この法人は、心理学を学ぶ人、心理的援助を必要とする人に対して、心理学の知識、情報の提供、心理的自立支援に関する事業を行い、心の健康づくりを通して地域保持増進に寄与することを目的とする。

この法人は、障害者に対して、日常生活や社会生活を支援する事業を行い、障害を抱える人たちの福祉の増進に寄与することを目的とする。

法人名称	代表者名	主たる事務所の所在地
富山ユニバーサルツーリズムセンター	今里　稲賢	富山市八尾町下新町206番地3
とやまヘリテージ協議会	丸谷　文惠	高岡市吉久2丁目7番33号
氷見なごみの会	橋本　正義	富山県氷見市窪852番地6
新川地区獣肉生産組合	野村　春幸	黒部市窪野910番地
おがっⅩ研究会	松原　恭二	射水市小島808番地
結の会	南部　圭祐	富山市藤の木園町64番地
大空へ飛べ	谷口　徹	小矢部市野端50番地1
お米食堂	中野　小百合	中新川郡舟橋村舟橋246番地
富山中途失聴者・難聴者友の会	福村　錦慶	富山市婦中町砂子田81-83
北陸の外科医療を向上させる会	山岸　文範	富山市杉谷2630番地
医療過疎を考える会	大野　利之	高岡市戸出町3丁目21番地39号
キッズアイ	古田　仁	富山県富山市鹿島町二丁目2番9号

目的
この法人は、全国および富山県内の障がい者や高齢者に対して、広く富山県の観光と福祉に関する事業を行い、県内観光地の活性化と障がい者や高齢者の自立と福祉に寄与することを目的とする。
この法人は、富山県ヘリテージマネージャーとその活動に賛同する個人・団体が、互いに交流・情報発信および研修を行い、関係機関とも連携をとりながら、富山県各地域の歴史的まちなみ・建造物を活き活きと残し、その文化・暮らしを将来に伝えていくと共に、文化的歴史的建造物等の発掘評価・保全活用提案をし、地域の方と一緒に暮らしやすいまちづくりの促進に寄与することを目的とする。
この法人は、氷見市大野地区住民等に対して、地域の生活環境の保全を図る活動、子どもの健全育成や地域福祉向上に資する活動を行い、豊かな地域社会づくりに寄与することを目的とする。
この法人は、野生鳥獣の食用等への利活用促進に関する事業を行い、農業、林業等の産業の振興及び地域資源の活用による地域活性の推進に寄与することを目的とする。
この法人は、木質廃材を限りなくゼロにすることに関する事業を行い、環境循環型社会の構築に寄与することを目的とする。
この法人は、地域のこども達の為の安心できる居場所づくりとして、学童保育事業を行なうとともに、子どもの健全な成長や次世代の社会づくりに広く寄与することを目的とする。
この法人は、地域住民に対して、子どもたちをめぐる教育・福祉・環境・平和などに関する諸問題に関して、文化・社会福祉・子どもの居場所づくりなどに関する事業を行い、子どもたちの健やかな成長と平和な未来に寄与することを目的とする。
この法人は、日本人が育んできた米の食文化を守り、継承米により、子供からご高齢者まで住みよい地域づくりという課題に対する対策を行い、地域の憩いの場、シンボルとなる場を開拓する事業を行い、地域の活性化に寄与することを目的とする。
この法人は、富山県内外に在住する中途失聴者・難聴者をはじめ、広く聴覚障害者全般に対して、その自立を支援し、生活・文化・福祉の向上を図るとともに、社会参加のための方法を提供・支援する事により、地域社会に寄与する事を目的とする。
この法人は、北陸の市民に良質な外科医療を提供するために、外科医師の研修・修練及びキャリアプランの支援に関する事業を行い、より良質な外科医療の発展に寄与することを目的とする。
この法人は、医療過疎改善の為に医療機関の様々な問題に対する調査・分析を行い、医療施設運営に関する総合的な適正情報の提供、求人に関する広報活動、国内外の医師及び医療関係者に対する専門的知識・手技の研修・講習による人材育成の啓発活動を通じて、広く一般市民へ安定した医療サービスの提供に寄与する事を目的とする。
この法人は、児童に対して、学童に関する事業を行い、外国籍や障害を持った子どもたちを含む児童の健全な成長、および、保護者の負担軽減を推進することにより、ふるさと富山の魅力度を向上させ、公益の増進に寄与することを目的とする。

法人名称	代表者名	主たる事務所の所在地
富山県終活支援センター	中西　潤介	富山県南砺市遊部280番地2
富山成年後見支援センター	竹田　達矢	富山県富山市大手町5番12号　野口ビル
黒部アクアアスリーツ	中島　昌之	富山県黒部市三日市992番地14
日台親交協会	山崎　勇人	富山県射水市本開発198番地CHILLOUT & SOFTCREAM畑内
キャリアネットワーク北陸	岡野　絹枝	富山県富山市高田527番地（情報ビル5階）
とやま空き家・空地対策協会	小紙　司	富山県富山市荻原412番地1 荻原事務所B 102
たかおか共創ネット	藤田　衞治	富山県高岡市本丸町3番1号
ミライのタネ	金岡　さち子	富山県富山市諏訪川原一丁目10番19号
生活困窮者を救う会	東　幸夫	富山県富山市堀端町4番4
和おん	松井　由利子	富山県富山市呉羽町6832番地18

この法人は、一般市民に対し人生の終末期における諸問題や不安を解決に導くため、各種勉強会や関連の事業活動を通して高齢者とその家族が健全で安心して暮らすことの出来る社会創りに寄与することを目的とする。

この法人は、成年後見に関する啓発及び利用の促進活動及び法人受任事業を行い、成年後見を必要とする個人が適切にその制度を利用し、判断能力の衰えがあっても個人の尊厳を守りながら生活できるよう支援していくことにより、社会福祉の増進に寄与することを目的とする。

この法人は、すべての人に対して、陸上競技を主としたスポーツ活動推進支援に関する事業を行い、スポーツ全般の運動機能と体力向上を図り、生涯にわたって健康でスポーツを楽しめる環境を整えることを目的とする。

この法人は、外国人の日本語学習者、日本での職業従事希望者に対して、日本語習得のための教育に関する事業を行うとともに、外国人に就労体験の場と生活の場を提供する。海外の大学との連携も積極的に行い、日本人が海外留学、海外進出しやすい体制整備を行う。これらの活動を通じて、国際的な交流促進、相互理解促進に寄与することを目的とする。

この法人は、北陸地域に居住する社会人が、生涯現役を目指し、より良く生きるために、仲間と出会い、学び合い、問題解決することのできる人的ネットワークを提供し、北陸地域の活性化に寄与することを目的とする。

この法人は、空き家・空地の所有者や、今後空き家・空地になる可能性が高い住宅の所有者及び、地域の安全対策や防災対策・地域振興などに懸念を示している行政機関、地域自治会、町内会、市民団体などに対し、各分野のプロフェッショナルなど実務家を集め、その集積した知恵の中から解決策を導いていくことにより、空き家・空地等の有効利用、危険家屋の安全対策を図っていく事業等を行い、まちなかの空き家・空地資源を活かし、安心して暮らせる活気あるまちづくりの推進と安全な地域環境の実現を図り、もって公益に寄与することを目的とする。

この法人は、呉西地区エリアを中心とした富山県民に対して、企業事例研究事業、オタヤ開発イベント事業、産学官連携事業、こども食堂事業を行い、地域社会の再生とそれを担う次世代のリーダーの育成を行う。また、民間企業や非営利組織の社員および市民による地域貢献活動について「共創」の理念でネットワークを構築し、地方再生による新たな市民のコミュニティ形成に寄与することを目的とする。

この法人は生活弱者（生活活動が成立しにくい子ども・大人や福祉サービスを利用している人たち）や社会参加が難しい人たちがが社会参加できるよう双方から整え（教育的配慮・啓蒙活動）、就労支援していくことを目的とする。特に人手不足分野と言われる農業・水産業・畜産業を通して地域住民と生活弱者が協働で役割を持つことにより、生きがいや経済的ゆとり・疾病予防・食の安全安心の確保は当然のことながら、地域創生、地域活性に寄与することを目的とする。

この法人は、生活困窮者に対して、住居提供を促進する事業を行い、福祉の増進及び人権の擁護に寄与することを目的とする。

この法人は障がい児者に対して、障がい福祉サービスを提供し、障がい児者の生活の自立に寄与することを目的とする。また、地域の課題に取り組み、まちの活性化に寄与することを目的とする。

法人名称	代表者名	主たる事務所の所在地
善徳文化護持研究振興会	黒川　紘紀	富山県南砺市城端405番地
富山県成年後見受託協会連合会	貫田　貞夫	富山県富山市鹿島町二丁目2番2号
富山県ウオーキング協会	野上　浩太郎	富山県中新川郡上市町四葉台1番地37
TEAM　AVANTE	宮田　真一	富山県富山市堀川町26番地21
富山地域循環共生圏研究会	稲村　修	富山市二口町一丁目9番地の2
高岡古城公園百年会議	吉岡　隆一郎	富山県高岡市丸の内1-40　高岡商工ビル6階
再生可能エネルギープロジェクト	大平　正通	富山県下新川郡朝日町沼保954番地
しっぽのこころ	宇多　利美	富山県富山市宮尾3106番地
とやま水土里支援センター	永森　雅之	富山県富山市黒崎17番地
日本道徳道標協会	林　孝樹	富山県高岡市宮脇町1003番地
コクリエ	善田　洋一郎	富山県下新川郡朝日町南保1845番地
いいね	大井　陽司	富山県岩瀬幸町505番地

目的
この法人は、城端別院善徳寺の歴史的建造物群・伝承されてきた諸文化財等の文化遺産の調査研究、保存管理と活用及び公開伝承支援活動を行い、地域文化の向上と賑わい創りに寄与するとともに会員相互の連携を図り、心豊かな気風の醸成を図ることを目的とする。
この法人は、高齢者、知的障害者及び精神的障害等の精神上の障害により、判断能力が十分でない高齢者や障害者等が、社会生活上、不利益を被らないように、成年後見制度の利用を促進することによって、権利擁護と福祉の地域作りを目指すことを目的とする。
この法人は、広く一般市民に対して、生涯スポーツとしてのウオーキング運動の普及に関する事業などを行い、健康増進と明るい地域づくりに寄与することを目的とする。
この法人は、富山県の人々に対して、トライアスロンを中心としたスポーツの普及及び育成に関する事業を行い、スポーツ文化の振興及び健康促進に寄与することを目的とする。
この法人は、国の第五次環境基本計画で示された地域循環共生圏の具現化に向け、富山県や国内外の実情や課題を研究し、その創造に貢献することを目的とする。
この法人は、高岡市民のかけがえのない貴重な財産である高岡古城公園の景観をより良くするための事業を行い、観光やまちづくり、将来を担う人材育成等に利活用でき、将来にわたって市民に愛される公園として維持することを目的とする。
この法人は、再生可能エネルギーに関する応用と振興についての推進と普及を目指すと共に、会員相互の研修・親睦および国内外の研究者等との交流を図ることを目的とする。
この法人は、動物の飼育に関する啓蒙活動や迷い動物の保護活動の実施、行政と諸関係機関への働きかけや協力体制確立等に関する事業を行うことにより、理想的な人と動物の共生社会の実現に寄与することを目的とする。
この法人は、再生可能エネルギーに関する応用と振興についての推進と普及を目指すと共に、会員相互の研修・親睦および国内外の研究者等との交流を図ることを目的とする。
この法人は、地域社会に対して、道徳学の普及に関する事業を行い、子どもの健全育成、地域社会への貢献に寄与することを目的とする。
この法人は富山県朝日町を起点に、地域に暮らす人々及び地域に関心がある人々に対して、移住定住の促進、関係人口の創出、地域振興、住環境などの整備に関する事業を行い、多様な価値観が共生し、誰もが希望や期待を感じられる持続可能な社会を共創する地域社会の実現に寄与することを目的とする。
この法人は、障害者に対して、日常生活や社会生活を支援する事業を行い、障害を抱える人たちの福祉の増進に寄与することを目的とする。

法人名称	代表者名	主たる事務所の所在地
ベイツーリズムひみ	早崎　一人	富山県氷見市間島2番4号
アレッセ高岡	青木　由香	富山県高岡市守山町35番地
シーアンドシー	坂井　俊彦	富山県富山市日方江1227番地
もったいないフードバンクとなみ	嶋村　信之	富山県砺波市深江1098番地14
統合医療と未来を考える会・富山	深井　紀美子	富山県射水市海老江54番地
リボンfromとやま	明栄　聡史	富山県富山市高畠町一丁目10番66-203号 グランドコート1
山田りんご体験農園	藤田　学	富山県富山市山田今山田1934番地
言語・生活サポート富山	西田　勇人	富山県富山市清風町252番地
神通川トライアスロンスクール	安藤　佑介	富山県富山市北新町二丁目2番地6
ワンハート野良猫応援隊	宮坂　幸子	富山県黒部市山田新482番地

308

この法人は、富山湾岸地域をメインフィールドに、自転車を活用した旅行や観光に着眼し、県及び市の枠組みにとらわれない脱炭素型の観光スタイルと共に、自転車の多面的な活用を展開し、一般市民に広く自転車活用を促す。加えて自転車愛好家の交流を基盤に、自転車の普及、指導者・競技者・ボランティア等の育成を行いながら理解・促進を深める。また、地域の人々と共に富山湾の豊かな自然と、各地域での暮らしの中での、歴史・伝統に着目しながら、活力ある地域発展を実現することを目的とする。

この法人は、CLD（Culturally and Linguistically Diverse）青少年一人一人が自らの持つ可能性を開花させ自己実現を果たすことができるよう彼らの学習やキャリアデザインをサポートすることで、国籍・民族・文化・言語・宗教等の違いにかかわらず同じ地域の住民として共に地域の課題を解決し地域の未来を築いていくための人材育成を行うこと、多様性を尊重しそれを地域の力とする社会の実現に向けた地域住民の意識の醸成を図る活動を行うことを目的とする。

この法人は、広く一般市民に対して、細胞（Cell）と温度（Celsius）を基軸に温熱療法を研究し、温熱療法に関する事業化の支援、情報提供並びに普及活動等の事業を行う。科学的根拠に基づく温熱療法の一層の発展と理解を深め、国民の健康と福祉の増進を図り、広く公益に寄与することを目的とする。

この法人は、食品ロス問題に対して、規格外食品や販売期限・賞味期限の理由等で市場に出すことはできないが、消費するには十分に安全な食品を事業者から無償で頂き、食品ロス問題に対する啓発事業等を行い、食品ロスの削減を推進して問題解決を図り、さらに生活困窮者への食料その他物的支援等、広く社会全体の利益の増進に寄与することを目的とする。

　この法人は、広く日本国民に対して、統合医療に関する研究・情報の収集・発信等に関する事業を行い、健康で快適な生活の維持に寄与することを目的とする。

この法人は、児童・保護者や福祉サービスを必要とするものならびに地域住民に対し、福祉サービスと次代を見据えた地域貢献を行い、地域福祉の向上と地域の活性化に寄与することを目的とする。

この法人は、地域資源を活用した振興事業の衰退を防ぐべく「山田りんご体験農園」を維持継続して運営し、都市部と山田地域の交流を促し、地元農業の後継者不足解消にも取り組み、地域振興および農業の活性化に寄与することを目的とする。

この法人は、事故や脳血管障害、その他脳の疾患等により意思疎通に障害のある方、特に失語症のある方の社会復帰、社会参加の促進を図るため継続的支援事業を行う。また、一般市民が障害に対する知識を深め、障害を理解することで障害者本人やその家族が安心して生きがいを持って生活を営めるよう支援することで地域福祉の増進に寄与することを目的とする。

この法人は、富山県におけるスポーツの普及・指導や、富山県内のスポーツ関連団体との連絡調整を行うことを通し、富山県及び北陸地方の住民の健康促進並びに交流を図ることを目的とする。

この法人は、動物愛護の精神に基づき、野良猫の繁殖制限や保護・譲渡に関する各種事業を行い、地域の生活環境を改善することにより、人にも猫にもやさしいまちづくりの形成に寄与することを目的とする。

法人名称	代表者名	主たる事務所の所在地
東海・北陸アジア人材支援センター	大上　昭之	富山県富山市黒瀬707番地1
富山動物愛護支援団体きょうのわんこ・あしたのにゃんこ	木村　絵美	富山県富山市婦中町広田4048番地
よってカフェ	榎木　勝規	富山県南砺市飛騨屋23番地
box　＜申請中＞	井上　健一郎	富山県富山市西中野町一丁目8番39号
園むすびプロジェクト　＜申請中＞	金岡　不二子	富山市神通本町2丁目4番30号

目的
この法人は、東海・北陸地方を中心として外国人材と企業のマッチングを図り、同人材の就労、生活環境の改善に留意すべく健康管理、メンタルの安寧に目配りし個人をサポートする。また、同地域の医療・介護施設と医療従事者とのマッチングを図り、雇用の機会の拡充を進めることにより広く公益に寄与することを目的とする。
この法人は、保護すべき動物もしくはペットやペットの飼い主に対して、動物が安心安全に暮らせる環境を提供するための事業を行い、動物やペット愛護に寄与することを目的とする。
この法人は、だれもが地域でつながりをもって幸福に暮らせる社会を造成するために、障がい者や高齢者その他、社会の中で生きにくさ、困難を抱えている人たちに対して各種支援活動を行うとともに、地域における各種課題を解決するための提案や実験を行うことを通して、住みよい地域づくりに寄与することを目的とする。
この法人は、富山県内を中心に小・中学生に対して、ボクシングやボランティアに関する事業を行い、健全な心身発達やボクシングのレベルアップに寄与することを目的とする。
この法人は、地域の子どもから大人まですべての人を対象に、人口減少等に関わる地域の課題解決を目標に、公園などの地域資源を活用しながら活動を行っていく。地域の魅力の発信や、新たな価値を創造し、地域のすべての人の心が豊かになるくらしに寄与するまちづくり事業を行うことを目的とする。

本書で取り上げたNPO法人以外の団体一覧 （掲載順）

（2022年7月31日現在）

団体名	代表者名	連絡先	目的
新・草刈り十字軍	五十嵐美樹	愛知県豊橋市東脇3-15-25	「草刈り十字軍」運動を継承し、富山県内山林の下草刈りや竹の伐採に取り組む。
まわしよみ新聞　北陸支局	村上和博	富山県立山町坂井沢3-3	日々の新聞を一緒に読み、さまざまな情報を異なる視点で意見交換、そこから「集合知」を生み出し、人と人をつなぐ体験を重ねる。
認知症の人と家族の会富山県支部	堀井隆子	富山市明輪町1-242-601勝田方	認知症の方をかかえる介護家族が励ましあい、在宅高齢者福祉について学びあいながら、介護を続けることと、認知症についての正しい理解を広める。
障害児も普通学級へ・富山連絡会　あっぷっぷの会	清水博史	富山市城村737-1	障害があっても、地域の学校へ行けるように、就学相談などを行い共に生きることを実現することを目的に活動しています。
日本ダウン症協会富山支部（つなGO）	上原公子	富山市上大久保1585-1希望の郷ケアタウン内	ダウン症に関する相談、情報提供を行い、ダウン症のある人たちがずっといきいきと生活できるように共に考え進んでいくことを目的としています。
メルシー メルシー	相山昌紀	富山市水橋川原町2538	工賃ではなく最低賃金を、労働の対価として渡したいと思い、個人事業主となり、障害者の人と働ける場を作ることを目的に立ち上げた。
とやま子どもの権利条約ネット	明橋大二	富山県射水市三ケ3652-2	「子どもの権利条約」の普及・啓発や市町村への子ども条例制定の促進等に取り組む。
株式会社ママスキー	土肥恵里奈	富山市町村195-4	未就学児ママのための情報サイトの運営、ママのコミュニティスペース「mamasky house」の運営、イベント企画等。

団体名	代表者名	連絡先	目的
オカヘルスアップクラブ	大家三穂	富山市根塚町1-8-16	お母さんの健康づくりのクラブの運営。
タカチ動物園	高地匡樹	facebook.com/タカチ動物園-102850884402557	自然や野生動物を守ることや、生き物の魅力を伝えること。生きた爬虫類や両生類、くも類、その他、標本等の展示、観察。
小さな泉の村	瀬戸泰子	Koizumi55.mura@gmail.com	貧困に苦しむ方々と交流を通じて、食生活の自立を支援する。
Kodomotachi Hiroba	シルビア・デ・ソウザ	富山県射水市善行寺31-1 BRAVES内	子どもたちへの母語教育と学習支援を柱に、さまざまな交流の機会を作って、子どもの頃から多文化共生が当たり前の環境を目指す。
富山ネパール文化交流協会	ダルマ・ラマ	富山県射水市広上 361-21	富山県民を主とした北陸在住の邦人とネパール人との交流活動を行うことを目的とする。
とやまムスリムセンター（TMC）	サリム・マゼン	富山市五福3367	文化の違いを超えて、平和のために活動する。
WELFARE SOCIAL SOCIETY TOYAMA JAPAN	ナワブ・アリ・ベーラム	富山県射水市草岡町2-16-2	ボランティア活動と地域防災訓練等の地域での活動を大切にしながら、多文化共生社会を目指す。
富山日伯交流友の会	木口実	オタヤセリオ7F 高岡市国際交流協会	日本人も日系ブラジル人も共に安全で暮らしやすい多文化共生の地域づくりをめざし、生きる喜びを分かち合っていく。
富山日越交流会	トラン・ディン・ラム	富山市鴨島1406 ハイツひよどり101	日本人とベトナム人の接点を増やし、富山の良さをベトナム人に知ってもらい、地域で共に暮らす住民としての意識を高める。
トヤマ・ヤポニカ	中河和子	富山市大泉町3丁目5-12	日本語教師の専門性が、効果的な日本語教育実施と共に、マイノリティ特に外国人との多文化共生社会実現への寄与であることを、社会的に広める。
農業界の役に立ちたい	伊東悠太郎	富山県砺波市庄川町古上野328	事業承継に関する啓発や執筆、個別支援等を通じて、農業界の世代交代を進める。

団体名	代表者名	連絡先	目的
しかんじ棚田を護る会	佐竹弘昭	富山県南砺市安室115	農業体験や人と人とのつながり、組織と組織とのつながりを通じて、先人から受け継いだ志観寺の美しい棚田を次世代につないでいく。
となみ野展望農園	舘良治	富山県南砺市立野原東1446	農業と観光の融合を通して、来ていただいた方に自然と農業の楽しさを提供する。
農業学舎	（連絡先）稲葉悟	富山県上市町広野新1141	移住就農希望者の受け入れやサポート活動を通じて、農業後継者の確保、上市町での定住、ひいては人口減少・空き家問題の解消を目指す。
clover farm	青沼光	富山県高岡市佐加野東190	美味しい牛乳を出荷すること、牛の幸せを考えること、酪農の本当の姿を伝えることを通じて、100年後も日本で酪農が当たりまえに続いている社会を実現する。
株式会社笑農和	下村豪徳	富山県滑川市上小泉1797-1	100年後も美味しいお米を食べられる未来へ。孫世代に産業として確立された農業を残す。
シャキット富山35	山本夕起子	富山県射水市赤井425-2	男女平等社会の実現を目的としたネットワーク活動。
ベアテさんの会	山下清子	富山県高岡市東下関6-15	ベアテ・シロタ・ゴードンさん（日本国憲法に男女平等を書いた）からのメッセージを若い世代に伝えていく。
選択的夫婦別姓を実現する会・富山		besseitoyama@gmail.com	民法改正し、選択的夫婦別姓（夫婦が同姓・別姓いずれでも選べる）制度の実現をめざす。
女性差別撤廃条約実現アクションとやま	本間啓子	富山市上飯野17-34	ジェンダー平等社会の実現を目指して、女性差別撤廃条約選択議定書の速やかな批准を求める取り組みを行うこと。
女性のレッドアクションとやま実行委員会		redaction_toyama@googlegroups.com	憲法9条を護り、武力に依らない国際紛争の解決を訴え、弱者が大切にされる社会をめざす女たちの平和運動。

団体名	代表者名	連絡先	目的
フラワーデモ富山	岸順子 吉岡星	https://flowerdemo. toyama-web.jp/	一人ひとりが大切にされる社会に！ 性暴力根絶を目指す。
環境市民プラットフォーム（PECとやま）	島田茂	富山市婦中町田島854-3	SDGsの普及促進。
北酸株式会社	山口昌広	富山市本町11番5号	地域資源を活用した循環型エネルギー構築事業等。
光教寺	水林慶子	富山県南砺市井波1735	真宗大谷派の寺院。多様なイベントや勉強会等を開催し、地域の新たな拠点作りを行っている。
株式会社たがやす	鈴木耕平	https://tgys.co.jp/	一人ひとりが輝く土壌を作るための対話や組織開発支援。
アースデイとやま実行委員会	横畑泰志	http://earthday-toyama. org/	地球環境を考えるイベントを毎年開催。
株式会社鶴巻育林サービス	中川透	富山県砺波市東別所5303	持続可能な森林経営及び多様な人々の活躍の場作り。
ゲストハウス泊まれる図書館 寄処	榎本理恵	富山市諏訪川原1丁目11-10	ゲストハウスを通して学生と旅人と地域の人をつなげる。
藍染め屋aiya	南部歩美	http://aiya-some.com/	藍染めの魅力を伝え、人と人を繋ぐきっかけになり、暮らし続けられる社会の在り方を問う。
FACTORY ART MUSEUM TOYAMA	梶川貴子	富山県高岡市福岡町荒屋敷525-9	町工場で造られたアート作品やイベントを通して様々な人との交流を行う。
CoCo Marche	平山尚美	www.cocomarche.net/	フランスの蚤の市をイメージにしたマーケットイベントを通して、来場したお客さんに楽しんでもらう。
櫻明堂	吉村華子	富山県南砺市福光6789	福光で、宇宙一幸せな商店街になるのを目指して、様々なイベントを実施、幸せのあり方を考える。
Like!とやま	吉野智美	https://m.facebook. com/LikeTOYAMA/	地域おこし協力隊が不安なく活動できるネットワークをつくる。
朝活ネットワーク富山	永吉隼人	https://asakatsutoya ma.net/	朝の時間の活用、学びや交流を通して、日々の生活や仕事に活かす。

団体名	代表者名	連絡先	目的
タカポケ	升方芳美	https://takapoke.com/	高岡で叶えたい夢を、参加者全員でジブンゴトとして応援する。
合同会社 善商	浜田雅弘	富山県入善町入膳5439-5	『入善ブランド』を発掘・開発・製造・販売することにより、入善町の活性化及び経済発展に貢献。
クロポッケ	黒田直美	富山県上市町横越25	電器屋のお客さん、地域の方々、講座に参加された方々との交流の場をつくる。
考えるパン Koppe	竹添あゆみ 英文	富山県氷見市中央町9-10	大好きなパンを販売し、文学や政治のことを気軽に話せる場所をつくる。

316

おわりに

　2012年、富山県内のNPO事情を調査し、その結果をまとめた『市民社会これからのこと　NPOが動く　とやまが動く』を発刊して10年になる2022年の今年、10年ぶりに富山県内の市民社会がどのようにあらたな動きを展開しているかを記録するために『コロナ禍を越えて 新・NPOが動く　とやまが動く』を発刊した。発刊のきっかけはもちろん、人と人との分断を強いる新型コロナウイルスという感染症に人類が遭遇する中で、地域と人とのつながりを最も必要とする市民活動やNPO活動がどのような影響を受けているかを調査することにもあったが、なによりも10年前に富山県内で生き生きと活動を展開し、その公共的役割を地方から発信していたNPOが10年前の心意気を失わずに、努力工夫を重ねていることを確認することにあった。

　本文で詳しく述べたように、確かに社会経済活動の「自粛」という厳しい試練を経てきたが、富山県内のNPOは世代交代やオンライン対応という課題をのり越えてこれからのアフターコロナ時代に対応する準備を整えたと言えるだろう。もちろん、各団体から指摘された「NPOの機能的ネットワークづくり」を急がなければならないのは当然である。

　地方に生きる私たちは「民間の公共マインド」という価値観醸成を追及しながら、各団体が事業の個性とアイデンティを生み出すよう努力したいと願っている。

　今回、第4章のまとめにおいて、社会福祉法人「恩賜財団済生会」理事長の炭谷茂さん、特定非営利活動法人「日本NPOセンター」常務理事・田尻佳史さんに寄稿いただいた。お忙しいなかでの寄稿にお礼を申し上げたい。また、本書の取材にご協力いただいた多くの皆様に感謝します。

　執筆は日頃から市民活動に携わる11人が担当した。10年前『市民社会これからのこと　NPOが動く　とやまが動く』の執筆に加わっていた環境問

題の専門家・本田恭子さん、また、国際交流や日本語教育を執筆した井波純子さんは今は亡く、本書を一緒に執筆できなかったのは本当に残念である。伊東悠太郎・金澤敏子・向井嘉之の3名以外は新メンバーによる執筆となった。

　前回の『市民社会これからのこと　NPOが動く　とやまが動く』に続き、企画から編集まで熱き志で本書出版にご尽力いただいた桂書房の勝山敏一代表にお礼を申し上げます。

向井　嘉之

出版協力

1、諸団体ほか

富山県

富山県生活環境部県民生活課

富山県厚生部健康対策室感染症対策課

富山県厚生部厚生企画課

認定NPO法人　日本NPOセンター

日本NPO学会

社会福祉法人　恩賜財団済生会

社会福祉法人　大阪ボランティア協会

社会福祉法人　富山県社会福祉協議会　富山県ボランティアセンター

NPO法人　富山県民ボランティア総合支援センター

2、報道機関

新聞社　　北日本新聞社

富山新聞社

北陸中日新聞社

読売新聞社

朝日新聞社

毎日新聞社

日本経済新聞社

放送局　　日本放送協会 (NHK)

北日本放送 (KNB)

富山テレビ放送 (BBT)

チューリップテレビ (TUT)

富山エフエム放送（FMとやま）

新・NPOが動く　とやまが動く

コロナ禍を越えて

2022年11月30日　初版発行	定価　3,000円＋税

編　集　とやまNPO研究会
発行者　勝 山 敏 一

発行所　桂 書 房

〒930-0103
富山市北代3683-11
電話　076-434-4600
FAX　076-434-4617

印刷／モリモト印刷株式会社

© 2022 Toyama NPO kenkyukai

ISBN 978-4-86627-127-9

地方小出版流通センター扱い

＊造本には十分注意しておりますが、万一、落丁、乱丁などの不良品がありましたら送料当社負担
　でお取替えいたします。
＊本書の一部あるいは全部を、無断で複写複製（コピー）することは、法律で認められた場合を除
　き、著作者および出版社の権利の侵害となります。あらかじめ小社あて許諾を求めて下さい。